Gisela Uhlen

Umarmungen und Enthüllungen

Gisela Uhlen

Umarmungen

und

Enthüllungen

Collage eines Lebens

Parthas Verlag Berlin

Abbildungen: Rosemarie Clausen (2), Joachim Thomas (2), Leonard Zubler (4);
alle anderen Fotos: Privatarchiv Gisela Uhlen.
Wo der Verbleib der Urheberrechte nicht geklärt werden konnte,
werden berechtigte Ansprüche selbstverständlich abgegolten.

Die Deutsche Bibliothek – CIP-Einheitsaufnahme

Uhlen, Gisela:
Umarmungen und Enthüllungen : Collage eines Lebens / Gisela Uhlen;
- 1. Aufl. - Berlin : Parthas-Verlg., 2002
ISBN 3-932529-33-2

ISBN 3-932529-33-2
© Parthas Verlag GmbH, Berlin 2002
1. Auflage 2002

Gesamtgestaltung: Ingo Scheffler
Druckvorstufe: AS Typo & Grafik, Berlin
Druck und buchbinderische Verarbeitung: Offizin Andersen Nexö, Leipzig

Printed in Germany

INHALT

Mein Elternhaus

Auf der feudalen Veranda seiner prunkvollen Villa hielt er in gepflegten Händen eine Zeitungsnotiz, auf der am Rand die Bemerkung »au Backe« mit Bleistift hingekritzelt war. Völlig unberührt von der bissigen Anmerkung des anonymen Zusenders überflog er noch einmal seine Anzeige in den »Neuesten Nachrichten«. »Melden munteres minniges Maienmädel Gisela Friedlinde, Freitag, den 16., abends angekommen. In herzlicher Freude. Fabrikbesitzer Schreck und Frau Frieda, geborene Ritter-Wappler«. Augustin schüttelte den Kopf. Der Zusender schien, ohne jeglichen Sinn für Romantik, nichts vom wagnerischen Stabreim zu ahnen. Er hingegen hatte Romantik und Richard Wagner zeit seines Lebens in vollen Zügen genossen und heute bereits im Licht des ersten Sonnenscheins dieses Morgens in seinem Park zu Ehren der Geburt seiner jüngsten Tochter eine kleine Linde gepflanzt. Restlos mit sich zufrieden strich er sich über die Glatze, so blankpoliert wie seine Fingernägel. Seine Gedanken weilten bei dem Säugling, den er am Abend zuvor, wenige Minuten nach der Geburt, so kräftig aus der Wiege zu sich emporgezogen hatte, dass er dabei den winzigen Arm auskugelte.

Er hatte den Kopf des kleinen Mädchens gehalten, dessen schwarzer Haarschopf bereits, wie bei einem Kapuzineräffchen, bis zur Nasenwurzel und über beide Ohren wuchs, während der Hausarzt die zarten Gliedmaßen wieder einrenkte. Beide Herren, vom Ereignis der Geburt und vom Alkohol animiert, waren sich einig: »Ein Baby schreit so oder so.«

Unter der wärmenden Sonne begann Augustin jetzt ein Lied zu trällern, wie einst als jugendlicher Postbeamter am Schalter des schwäbischen Örtchens Kleinsüssen. Dort reiste eines schönen Tages zufälligerweise ein Gesangsexperte vorbei und nahm das »Naturstimmenwunder« ohne Ausbildung gleich mit nach Bayreuth. Als junger Klosterschüler gefeuert, weil er einer Postbotin in den Po gekniffen hatte, dann auf ihre Empfehlung zum Postbeamten avanciert, durfte er nun in Bayreuth ebenso fleißig wie erfolg-

reich Wagners Baritonpartien schmettern. Zudem fand er noch Zeit, anläß-
lich einer Trinkkur an renommierten Brunnen eines exklusiven Badeortes,
nach einer »Ehepartie« Ausschau zu halten.

Der siebzehnjährigen, ihm in den Blick geratenen, anämisch blassen
Leipzigerin Frieda Richter bereitete es zwar einige Mühe, ein hartes P von
einem weichen B zu unterscheiden, es konnte sie aber nicht davon abhalten, den für die Tochter eines reichen Fabrikanten damaliger Prägung hoff-
nungslosen Traum zu träumen, dereinst als Schauspielerin zur Bühne zu
gehen. So warf sie sich dem großen Sänger an die Brust, den Phantasievor-
stellungen ganz hingegeben, in Duse-Gewändern an der Seite des geliebten
Mannes durch die Lande zu reisen. Er immer wieder Wagner, sie Ibsen und
Strindberg interpretierend.

Daraus wurde nichts. Kurze Zeit nach der ersten Begegnung mit dem 15
Jahre Älteren, von diesem bereits geschwängert, erreichte sie immerhin die
in ihren Kreisen skandalumwitterte Legalisierung der ungleichen Verbindung, ohne allerdings von Augustin in ihren Zukunftsplänen unterstützt zu
werden. Er hatte sich eigens darauf eingestellt, in weißen Gamaschen die
Rolle des Fabrikbesitzers und damit den Ruhm einer traditionsreichen
Firma zu übernehmen. Es hatten ihm die ätherischen Öle und Essenzen
angetan, die Friedas Vorfahren, den Gründern der Firma dazu dienten,
Geheimrezepte zu mixen, die die Basis für die Herstellung gewinnbringen-
der, international anerkannter Markenschnäpse und Liköre wurden.

Nachdem er im Sturme alle Hürden genommen hatte, durch die Vor-
urteile der zukünftigen ihm in den Weg gestellten Verwandtschaft, bewältigte Augustin alles weitere mit musikalischem Crescendo: die spektakuläre
Hochzeit, die dramaturgische Wendung im Bereich seiner Interessen und in
schöner Folge die Geburt der ersten drei Kinder. Als Major der Reserve
hatte er auch den Ersten Weltkrieg unter Wahrnehmung aller gesellschaftlichen Verbindungen bestens überstanden. Nun also wollte er sich ganz der
Ankunft des vierten Kindes erfreuen, dessen ermüdete Mutter ihre Enttäuschung nicht verbergen konnte, hatte sie sich doch einen Jungen
gewünscht!

Immer noch ihren Jungmädchenambitionen nachtrauernd, vermochte
sie dem sichtlich erkennbaren Verlauf ihres Lebens keinen rechten Sinn
abzugewinnen. Sie blieb auf der Flucht vor sich selbst. In grenzenloser Ich-

bezogenheit demonstrierte sie hektische Auftritte, um mit dilettantisch pathetischen Szenen ihren Mann einzuschüchtern und ihrer Enttäuschungen wegen zu bestrafen. Augustin jedoch schwamm an der Oberfläche eines zuvor nie gekannten Wohlstandsdaseins. Für den Verlauf des häuslichen Friedens sich jeglicher Verantwortung entziehend, war er weder darum bemüht, die Veränderung der Psyche seiner Frau zu erkennen, noch die Folgen im Hinblick auf das Heranwachsen seiner Kinder zu analysieren. Nach unaufhaltsamen Ballungen negativer Ereignisse, dem wirtschaftlichen Zusammenbruch und der restlosen Pleite der angeheirateten Firma, dann dem endgültigen Scheitern der Ehe und der Distanzierung der Kinder vom Elternhaus, dem im nebulösen Nichts Versinken einer bürgerlichen Existenz, blieb später ein alter Mann zurück, weinerlich darum bemüht, den Rest schöner Erinnerungen heraufzubeschwören. Aber die Ursachen aller Katastrophen zu erkennen, war er nicht fähig.

Das kleine Mädchen, in seiner seelischen Entwicklung unbehütet, wurde sich selbst überlassen, nur ihrem eigenen kindlichen Instinkt vertrauend. Im Blick ihrer großen braunen Augen blieben all die Fragen offen, für deren Beantwortung sie keinen Menschen finden konnte. Sehr früh hellhörig geworden gegenüber den Mißtönen Erwachsener, versank sie ständig in Betrachtung ihrer Umgebung. Die Intensität ihres Nachdenkens darüber brachte sie fast bis zur körperlichen Erschöpfung. Wieder und wieder begann sie, jede Reaktion und jedes Detail ihres Gegenübers zu beobachten. Augen, Mund, Hände. Die Erwachsenen wurden unter ihren prüfenden Blicken unsicher, und das Mädchen blieb immer mehr sich selbst überlassen. Ständiges Training ihrer Beobachtungen erweckten in ihr bestimmte Vorstellungen der Umwelt, woraus sie ihre eigene Verhaltensweise zu konstruieren begann. Es waren nicht nur bewußte oder unbewußte Reaktionen, vielmehr planmäßige Gegenmaßnahmen, regelrechte Exerzitien, die sie übte. Sie imitierte Menschen in kleinen pantomimischen Szenen, zum Teil mit improvisiertem Text, zur Kontrolle meist vor dem Spiegel, am liebsten aber unter freiem Himmel im Garten oder auf dem Weg zur Schule. In der Beurteilung dessen, was sich hinter der menschlichen Maske verbirgt, erlangte sie eine frühreife Sicherheit, eine abwartende Ruhe. Einmal stand sie, elfjährig, vor dem Krankenbett ihrer Mutter im großen Kreis der versammelten Verwandtschaft und inmitten allgemeiner Erschütterung.

Wie durch ein inneres Signal fühlte sie die Kraft zu besitzen, die ganze Szenerie entlarven zu können. Sie trat an das Bett ihrer Mutter und sagte in ganz neutralem Ton: »Ist doch alles Unsinn. Komm, wir gehen zusammen spazieren.« Die Mutter stand wortlos auf, und beide gingen wie innig verschworen davon. Die zurückgebliebenen Familienangehörigen konnten es ihr nie verzeihen, dass ein Kind konventionelle Verlogenheit so hart durchbrochen hatte; es war ihnen nicht einmal mehr die Zeit geblieben, ihre Sorge um die kranke Mutter länger zu heucheln.

Für das Mädchen aber bedeutete dieses Erlebnis einen frühen Abschied von ihrer Kindheit. Sie mußte sich mit der Erkenntnis abfinden, aus ihrem Leben die reale Existenz einer Mutter, die ihre Achtung genießt, verbannt zu haben. Geblieben waren nur die Erinnerungen an eine fremde Frau, die ihre kindliche Sehnsucht nach echter Liebe und Verantwortlichkeit nicht erfüllt hatte. Enttäuscht von diesen Wahrnehmungen hockte sie stundenlang auf einem Brett oberhalb des riesigen Kastanienbaumes im elterlichen Garten, schaute hinüber auf das rote Backsteingebäude mit den vielen kleinen Türmen auf dem Dach, das ihr Zuhause war und das ihr nichts als Angst machte, sich darin eines Tages zu verlieren.

Eines Nachts, von der älteren Schwester unsanft aus dem Schlaf gerüttelt, saß sie aufrecht zitternd in ihrem Bett. »So wach schon auf«, wurde sie angeschrien. »Ich möchte endlich schlafen. Du faselst ständig im Traum von Echappé, Attitüde, Arabesce.« Das Kinderzimmer, in hellgrünem Schleiflack, empfing durch die Vorhänge den Lichtschimmer einer Straßenlaterne. »Ich tanze doch, ich tanze immer. Mein Gott, die Schule? Alles ist sinnlos, wenn ich nicht tanzen kann.«

Zunächst hatte sie im Leipziger Konservatorium Klavierunterricht erhalten, auf Wunsch der Eltern sollte sie Pianistin werden. Doch nach langem Bitten erreichte sie von ihnen das Einverständnis, die Tanzschule besuchen zu dürfen. Sie wollte Tänzerin werden. Im Kinderkursus der Wigman-Schule für modernen Ausdruckstanz steigerte sie sich so stark in Improvisationen, dass sie entweder laut zu lachen begann oder tränenüberströmt zusammenbrach. Die anderen Kinder erschraken darüber so sehr, dass man ihr vorzeitig die Erlaubnis erteilen mußte, zur Klasse der Erwachsenen hinüberzuwechseln. Selbständig bewarb sie sich zusätzlich auch noch an der Opernschule, klassisches Ballett und Akrobatik zu erlernen. Mit falschen Angaben über ihr Alter erschwindelte sie sich die Erlaubnis, bei abendlichen Veranstaltungen öffentlich aufzutreten. Den Schulranzen auf dem Rücken, aus dem rechts und links je ein Spitzenschuh hervorragte, entfloh sie der elterlichen Festung und wurde zum Gespött der anderen Kinder. Einmal animierten diese sie dazu, aus dem Fenster des Schulgebäudes zu steigen und über dem Vordach des Klassenzimmers auf der Spitze zu tanzen. Dabei bemerkte sie nicht, wie das Fenster wieder leise hinter ihr geschlossen wurde. Man hatte sie ausgesperrt, als der Lehrer das Klassenzimmer betrat.

Die Eintragungen im Schulbuch des Klassenlehrers lauteten öfter: »Nach einer Aussprache besteht Gisela darauf, den Wichtigkeitsgrad ihrer Schulstunden selbst zu bestimmen. Sie verläßt den Unterricht, wenn er ihr unnötig erscheint, um statt dessen die Zeit für ihre berufliche Ausbildung zu nutzen, wie sie sagt.« Offensichtlich war dies eine seltsame Resignation der Lehrer gegenüber einer Vierzehnjährigen.

Der wirtschaftliche Zusammenbruch des Vaters und die häusliche Ehekrise kamen ihr zu Hilfe, sehr bald selbständig für sich entscheiden zu können. Sie gab bereits Kindern Ballettstunden, nähte sich nächtelang Kostüme, verdiente ihr erstes Geld bei Engagements in Provinzvereinen. Sie tanzte Lanner- und Straußwalzer, Humoresken und vor allem ihren geliebten Rosenkavalierwalzer auf zwielichtigem Parkett. Mit besessenem Glauben folgte sie den Anweisungen ihres Ballettmeisters, dessen gleichberechtigte Partnerin sie inzwischen geworden war. Für Abstecher-Engagements trainierten sie zusammen bis spät in die Nacht hinein im spärlich erleuchteten, kahlen Atelierraum. Am Boden liegend, fast ohnmächtig vor Erschöpfung, verspürte sie seine Nähe im Rücken, bis in der Umklammerung der gemeinsame Rhythmus ausklang. Sie haben nie miteinander darüber gesprochen, über diese Vereinigung, wenngleich sie sich wiederholte. Sie ahnte nicht, dass die Zuneigung des Mannes ihrem noch sehr knabenhaften Körper galt. Das Mädchen wandte ihre fragenden Augen dem Mann zu, als das fahle Licht des Morgens die nächtliche Stimmung durchbrach.

Eines Tages, nach der Versteigerung der luxuriösen Villa, sollte die zusammengebrochene Mutter für immer in einem Sanatorium verbleiben und Augustin mit den Kindern in eine der üblichen modernen Etagenwohnungen ziehen. Von Geburt an im Patrizierhaus nichts anderes als das ständige treppauf, treppab gewohnt, erschien es ihr zunächst, als rutsche sie in der neuen Wohnung auf ebener Erde am Boden entlang. Ihre Geschwister gingen sehr bald ein jeder bereits den Weg des eigenen Schicksals. Die um sich greifende Beziehungslosigkeit schob Augustin von sich weg auf die Verantwortung seiner Frau, von der er sich in den entscheidensten Augenblicken seines Lebens im Stich gelassen fühlte.

Seine fortschreitende Senilität wurde hin und wieder von hellwacher Kombinationsgabe unterbrochen, so auch, als er erkannt hatte, inwieweit die beruflichen und privaten Interessen des Herrn Ballettmeisters zu verflechten seien. Er fühlte sich veranlaßt, mit diesem einen regelrechten Vertrag hinsichtlich der Zukunft seiner Tochter abzuschließen. Jeder der Herren verpflichtete sich, zur Hälfte für die Lebenskosten des Mädchens aufzukommen, wobei die Verantwortung für seinen Lebenswandel allerdings allein nur ihrem zukünftigen Manne zugeschoben wurde.

Während sie das notwendige Pensum der Mittelschule absolvierte, gehörte sie bereits dem Ballettensemble an, blieb aber ständig auf der Flucht vor den Jugendbehörden, die ihre Auftritte noch nicht genehmigen wollten. Hin und wieder versteckte sie sich im Badezimmer einer Freundin, schlief in der Badewanne und fragte sich in durchwachten Nächten, welche unumgänglichen neuen Entschlüsse ihr bevorstehen.

Während des Tanzens hatte sie das Bedürfnis, abgebrochene Sätze stammeln oder monotone Melodien singen zu müssen.

Eines Morgens fand der Herr Ballettmeister einen Zettel auf seinem Schreibtisch vor: »Tanzen allein ist für mich nicht genug. Ich werde Schauspielerin. Ich bin heute nacht nach Berlin gefahren, alle Konsequenzen trage ich selbst.«

Um sie zur Rückkehr zu bewegen, wurde ihr der Vertrag zwischen dem Vater und ihrem zukünftigen Mann nachgesandt. Von ihm hatte sie bisher nichts gewußt. Als einzige Reaktion blieb ihr die bittere Erkenntnis, von keiner Seite je Hilfe erwarten zu können.

Zäh und verbissen machte sie sich in der großen Stadt auf, eine Schauspielschule zu finden. Vom letzten Geld, das ihr geblieben war, besorgte sie sich Fahrkarten für den Omnibus. Öfter verzweifelte sie darüber, ab der Endstation wieder zurück einen noch größeren Weg zu Fuß zu ihrem eigentlichen Ziel machen zu müssen. Sie hatte sich immer wieder in ihre Träume versponnen und dabei die eigentliche Haltestation versäumt.

Sie sah den Menschen ins Gesicht, sah Hände, verfolgte Sprachmelodien. Das war ihr Material, daraus wollte sie gestalten. Aber wer verhalf ihr dazu, die Voraussetzung für ihren zukünftigen Beruf als Schauspielerin zu erlernen?

Nachts wurde sie von Angstträumen verfolgt. Die ehemaligen Schulen erschienen ihr wie riesige, düstere Gefängnishöfe, Zwangsjacken beengten sie, »Schreckensnachricht, schrecklich, Schrecksekunde«, tönte es. Aus der hintersten Schulbank emporgeschnellt, glaubte sie, beim Namen gerufen zu sein – unter Hohngelächter.

Um endlich innere Ruhe zu bekommen, suchte sie nach einem anderen Namen. In den Papieren der Vorahnen entdeckte sie eine Tante mit dem Namen Luise Ule, den sie etwas abwandelte. Gisela Uhlen, das klang weiblich, warm und harmonisch. Das sollte ihr neuer Name sein. Damit begann ihr Leben erst richtig.

Ein verlassenes, verlorenes Kind

Ich schrieb, immer und immer wieder, meinen Künstlernamen auf Zettel, überallhin. Ich war wie neu geboren, als ich zur Aufnahmeprüfung der Schauspielschule des Berliner Staatstheaters wanderte. Die große Lucie Höflich als Leiterin empfing mich.

Ich schmuggelte mich an bürokratischen Fragen, Aufnahmeformularen usw. vorbei. Ich war eine der ersten, die vorsprechen durften. Natürlich das Gretchen in Goethes »Faust«. In der großen Dom-Szene hatte ich darauf bestanden, den »Bösen Geist« (gewöhnlich von einem sonoren Charakterdarsteller gesprochen) selbst mitzuspielen, als innere Stimme meines Gewissens. Die Höflich kam danach sofort zu mir: »Kind, warte in meinem Zimmer, bei dir geht das in Ordnung, du bist aufgenommen.«

Ich war wie im Taumel. Geschafft! Dann aber kam das dicke Ende. »Was, du bist noch nicht 16?« Das ist gegen die Vorschrift, dann müssen wir die 5 Monate abwarten, bis zu deinem Geburtstag. Das heißt, du kannst erst im nächsten Jahr in die Anfängerklasse.« Sofort packte mich eine heilige Wut. Begabt, aber zu jung? Vorschriften wie beim Arbeitsamt sollten mir im Wege stehen? Ich hatte mich in der Höflich getäuscht, wurde wieder einmal allein gelassen.

Wovon sollte ich leben? Wenig zu essen hatte ich sowieso – aber ohne ein nahes Ziel? Ich musste es durchstehen. 50 RM mussten ausreichen, die wurden mir monatlich aus Leipzig zugesandt, als »Unterhalt«.

Ich ernährte mich von »Aschinger«, ein Lokal in der Joachimsthaler Straße, wo es Brötchen zum Verzehr gratis gab. Ich bestellte eine Suppe, die ich nicht bezahlen konnte, raffte die Brötchen in meine Taschen und verschwand, ehe die Suppe kam. Nur ein Kleid besaß ich, hellblau, das färbte ich im Waschbecken schwarz ein, als es nicht mehr zu reinigen war. Außerdem besaß ich noch eine Baskenmütze, über die ich, um älter zu wirken, einen schwarzen Schleier band. Eine russische Emigrantin, die wie viele ihrer Landsleute in Berlin damals Zimmer vermietete, während ihr Mann

Taxi fuhr, konnte ich dazu überreden, mir für 25 Reichsmark am Ende der Etage ihrer Kurfürstendammpension das kleinste Zimmer zu vermieten. Man musste zunächst durch das große Berliner Zimmer gehen, dann an der Küche vorbei, um es zu entdecken. Ein riesiges Rohr an der Wand entpuppte sich als Kloabfluss für das ganze Haus. An Schlaf war kaum zu denken. Stattdessen lernte ich nachts »Gretchen im Kerker«.

Im Telefonbuch fand ich die Anschrift eines alten Schauspielers, dem ich vorsprach und der sofort bereit war, mir Unterricht zu geben, auch wenn ich ihm dafür zunächst das Geld schuldig bleiben musste.

Zuerst übten wir den »Osterspaziergang«, dann »Gretchens Gebet«: »… mein Busen drängt sich nach ihm hin.« Dabei griff der alte Mime sofort nach dem meinen, ich ohrfeigte ihn und saß dann heulend noch eine Weile im Treppenhaus. Grenzenlos enttäuscht und halb verhungert in meine spärliche Behausung zurückgekehrt, klaute ich in der russischen Küche ein Hühnerhälschen, das im Suppentopf oben schwamm, und versuchte anschließend unter vielen Mühen mit dem kleinen Finger die zerbrochene Fettschicht wieder zuzukleben.

Auf meinem Küchenzettel des nächsten Tages stand: »Noch vorhandenes Kakaopulver auf dem Löffel mit kaltem Wasser anrühren.« Davon bekam ich fürchterliche Magenkrämpfe.

Eine Bühnenvermittlung in der Potsdamer Straße hatte ich angerufen, bald darauf lag eine Karte im Briefkasten, ich solle mich im Theater am Schiffbauerdamm melden, die Rolle einer »Ballettratte« war in Willi Kollos Operette »Schminke« zu besetzen.

Von vielen Scheinwerfern geblendet, standen wir im Badeanzug in Reih und Glied auf der Bühne, stellungslose, ältliche Tänzerinnen, und ich, ein verhungertes Kind. Da brüllte mich eine fette Stimme von unten aus dem Zuschauerraum an: »Und was machen Sie sonst?« Ich knickste ein wenig: »Ich werde Schauspielerin!«

»Ei fein, dann sprechen Sie uns doch gleich etwas vor«, war die zynische Antwort.

Schon warf ich mich auf den Boden und brüllte die Kerkerszene, hinter mir unbeweglich die aufgereihten Damen. Wieder von unten: »Hier brauchen sie Routine, kleines Fräulein, nicht Talent.«

Anschließend, während wir uns wieder anzogen, entschuldigte sich eine

Dicke bei mir: »Die Abmagerungskur, deshalb hat es so gestunken, ich nehme dauernd Bocksberger Pillen.«

Es war also wieder nichts, keine Ballettratte. Ich musste noch einmal versuchen, zu Gustaf Gründgens vorzudringen. Nach zweistündigem Fußmarsch, denn mein Geldbeutel war inzwischen leer, landete ich wenigstens im Büro des Dramaturgen der Preußischen Staatsschauspiele. Nach flüchtiger Betrachtung meiner Person bewegte sich der junge Mann zum Telefon.

»Lilly, ich schicke dir etwas sehr Komisches. Ein Mädchen, das aussieht, wie gerade vom Trapez gefallen.«

Wieder zwei Stunden Wanderung, zur privaten Schauspielschule. Beim Vorsprechen konnte ich mich kaum mehr auf den Beinen halten, es ging nur noch verkrampft in der Haltung der fünften Ballettposition. Der Eindruck muss zum Heulen gewesen sein, trotzdem durfte ich am nächsten Tag wiederkommen. Ich mußte unterschreiben, das Unterrichtsgeld in den ersten Engagementsjahren abzuzahlen. Außerdem verpflichtete man mich, täglich für die anderen 23 Schüler zu kochen.

Endlich was essen können! Ich kaufte ein und kochte, machte während alldem mit dem Korken zwischen den Zähnen Sprachübungen: »Mein Meister freit ein reizend Weib, er meint, es sei ein Zeitvertreib«…

Vom Kochen hatte ich nicht die geringste Ahnung, aber ich lernte sehr schnell Eintöpfe zu erfinden, auch zu waschen und zu nähen. Es gibt nichts, was man nicht kann, man muß es einfach nur machen. Das ist übrigens eine der besten Voraussetzungen für das Theater. Aber nach Meinung der anderen Schüler würde ich dort wohl kaum landen. Die legten alle die Hände in den Schoß, schauten mir zu und mimten »Geniasein«.

Während ich im Topfe rührte, machte ich Kniebeugen, dabei wurde mir endgültig schlecht, ich fiel um – totaler Zusammenbruch. Mit Leberspritzen – auch später zurückzuzahlen – wurde ich wieder fitgemacht. Ich sprach mir selbst Mut zu: »Klar, Mensch, bist doch ein Stehaufmännchen.«

Meine Mitschüler fanden mich doof. »Kochen kann sie vielleicht, sonst nichts, wird nie eine Schauspielerin. Wünscht sich Kinder, bürgerliche Haushaltskuh.« Wenn ich aber, an die Wand gelehnt, in meine Betrachtungen versank und mir dabei die Augen fast aus dem Kopf fallen wollten, waren sie doch etwas irritiert.

Mein Vater hatte mir immer großen Respekt eingeflößt, weil er ein braunes und ein schwarzes Auge besaß. Außerdem verfolgten mich seine erzieherischen Drohungen: »... oder ich werde fuchsteufelswild.« Deshalb löste ich an meinem sechzehnten Geburtstag das Versprechen ihm gegenüber ein, meinen ehemaligen Ballettmeister zu heiraten. Ich kannte den zwar kaum mehr, aber es sollte so sein.

Also auf nach Hannover im Bummelzug! Auf dem Standesamt Unterschrift geleistet. Kopie für den Vater. Die Hochzeitsnacht vor Aufregung auf dem Klo durchgekotzt. Am nächsten Morgen wieder nach Berlin, sonst hätten die Mitschüler dort »nüscht zu fressen« gehabt.

Im allgemeinen dauerte die Ausbildungszeit für Schauspieler mindestens zwei Jahre. Ich wurde bereits nach einem Jahr engagiert. Die Schauspielprüfung und die Abschlußprüfung als Tänzerin hatte ich innerhalb weniger Wochen bestanden. »Etwas anderes könnte ich mir auch gar nicht leisten«, sprach ich zu mir.

Der Intendant Saladin Schmitt hatte mich nach Bochum kommen lassen. Als ich ihm das Gretchen vorsprach in der Domszene mit der Stimme ihres Gewissens, wurde ich sofort engagiert.

Meine Antrittsrolle bei Saisonbeginn im November sollte das »Käthchen von Heilbronn« sein. Zuvor aber ließ mich noch der Ufa-gewaltige Regisseur Karl Fröhlich kommen. Man suchte die junge Hauptdarstellerin für einen dramatischen Film. Diesmal: »Kerkerszene« des Gretchens.

Als ich im großen Konferenzzimmer einen Plüschsessel mit »Heinrich, Heinrich, mir graut vor Dir« umarmte, brach der alte Fröhlich vor Lachen fast mit seinem Sessel zusammen. Er glaubte, eines der komischsten Talente entdeckt zu haben. Ich ging nach Hause und studierte auf seinen Rat hin ganz andere Rollen, wollte komisch sein, heulte aber dabei Rotz und Wasser vor Verzweiflung und Schwäche.

Mit diesem Film war es wohl nichts. Dafür durfte ich zusammen mit anderen jungen Schauspielern Probeaufnahmen bei der Ufa machen, als Test für neues Farbfilmmaterial. Natürlich ohne Gage. Im klassischen Reifrockgewand ging ich mit seriöser Miene zur Kamera vor, dann wieder zurück. Der genaue Weg war mit Latten auf dem Boden eingegrenzt worden. Nochmals vorn angekommen, bemerkte ich, dass ich etwas am Rocksaum hinter mir herzog. Ich beutelte verzweifelt meinen Rock, um die Latte, die sich im Saum gefangen hatte, loszuwerden. Dabei zeigte ich in

Großaufnahme einen seltsam verzweifelten Gesichtsausdruck, »zwischendurch aus dem Bilde nach unten schielend«. Die Aufnahmen wurden abgebrochen. Jeglicher Ernst im Atelier war verschwunden und man rief nach einem anderen Mädchen. Wieder nichts, schade!

Trotzdem noch einmal stumme Probeaufnahmen für die tragische Hauptrolle, man hatte noch kein Mädchen dafür gefunden. Als nach der Vorführung der Saal wieder hell wurde, folgte betretenes Schweigen. Nur ein Regisseur aus Sachsen seufzte: »Also Oochen hattse.« Damit war ich für meine erste Hauptrolle bei der Ufa engagiert. Eintausendzweihundert Mark für den ganzen Film! Das reichte nicht einmal für die Hälfte der Schulden, auch nicht für einen Besuch bei meiner Mutter. Auf einer Postkarte schrieb ich ihr traurig ab: »Bitte sei nicht böse, ich mache nur mal schnell einen Film. Das tut mir schrecklich leid.« Dann fuhr ich nach Bremen und Stade für die Außenaufnahmen zu meinem Film »Annemarie«, nach einem Roman von Bruno Wellenkamp, der einen viel schöneren Titel hatte: »Lauter Sonntage«. Als »Annemarie« 1938 in Berlin zur Uraufführung kam, wurde er bereits nach wenigen Monaten wieder abgesetzt. Die Geschichte spielte im Ersten Weltkrieg, und die Nazis hatten den nächsten Weltbrand bereits geplant. Ähnliche Sätze wie »Sterben ist schwer, auch fürs Vaterland« passten längst nicht mehr in ihren Kram.

»Ein Stern ist geboren« hatten nach amerikanischem Muster die Berliner Zeitungen am Morgen nach meiner ersten Filmpremiere »Annemarie« geschrieben. Ich aber getraute mich in Lokalen kaum aufs Klo zu gehen. Machte lieber in die Hose, als mich neugierigen Blicken auszusetzen. Mit meinen siebzehn Jahren hatte ich viel zu rasant Karriere gemacht, veranstaltete private Dinge, die ich später nicht mehr begriff. Ich wurde menschenscheu und depressiv. Ich kannte nur Arbeit, Arbeit, Disziplin und kein Pardon bei der Kritik meiner schauspielerischen Leistungen, obwohl ich eigentlich doch noch Anfängerin war. Außerhalb des Berufes blieb ich mir selbst überlassen, wünschte sogar zu sterben, aus Angst, nicht alles zu schaffen. Dabei waren alle so nett zu mir, besonders die Herren, die sich die Kleine unter den Nagel reißen wollten. Wie konnte ich das alles unbeschadet überstehen? Niemand passte auf mich auf, niemand wollte das »berühmte Kind« behüten. Ich schlug mich allein durch, im wahrsten Sinne des Wortes. Ich glaubte an mein Ziel.

MENSCHEN IN GÄNSEFÜSSCHEN

Jeder Mensch hat in seinem Leben eine bestimmte Funktion zu erfüllen, daran glaube ich. Jeder ist zu irgend etwas aufgerufen, ob er es selbst erkennt oder die anderen. Wenn man an einen künstlerischen Beruf herangeht, kommt das einer »Berufung« näher. Ich sehe jede künstlerische Betätigung als eine heilige Verpflichtung an.

Die Manipulationen des technisierten Erfolgszeitalters haben da verheerende Irrtümer mit sich gebracht. Künstlerische Berufe werden häufig von Managertypen besetzt, die nur äußerliche Vermarktung anstreben, vor allem kommerziellen Gewinn. Der kulturelle Abstieg ist damit vorprogrammiert. Solche Leute wissen gar nicht, worum es eigentlich geht. Sie haben so wenig Ahnung, dass der Mut sie nicht verlässt, es dennoch zu versuchen. Jemand, der diesem Missverständnis nicht unterliegt, weiß um seine Verantwortung. Weiß, was für eine Verpflichtung es ist, wie schwierig, wie umfassend. Ich bin der Meinung, diejenigen, die nicht dazu berufen sind, haben es sogar leichter, sich in künstlerischen Berufen breitzumachen, eventuell sogar erfolgreich zu sein. Inzwischen wird doch Erfolg mit Qualität verwechselt. Qualität und Erfolg haben nicht unbedingt miteinander zu tun. Natürlich kann man versuchen, durch Qualität einen gewissen Erfolg anzustreben, aber es müssen noch sehr viele andere Dinge hinzukommen. Zum Beispiel, dass die eigene Qualität auch zum richtigen Zeitpunkt eingesetzt und entwickelt wird. Der Zeitpunkt ist wichtig. Dann kommen die Umstände. Man könnte sie Schicksal nennen, es ist aber nichts anderes als der Atem des Lebens. Dieses ständige Ein- und Ausatmen zieht Begegnungen an oder stößt sie ab. Jeder Mensch hat Zeiten des falschen Atmens, in denen er verletzte Fühler nicht ausstrecken will. Doch Introvertiertsein macht unkreativ, mobilisiert Missverständnisse. Der künstlerische Mensch vor allem braucht Konflikte, muss Widerhall finden, um von innen her zu strahlen.

Das Leben des Schauspielers ist von seinem Beruf nicht zu trennen.

Schauspieler sein heißt immer totaler Einsatz deines Ichs. Natürlich haben einige weniger »Ich« einzusetzen als andere. Doch irgendwann wird es sich erweisen, wie weit die Ausstrahlung der Persönlichkeit auf der Bühne trägt. Dieser imaginäre Background ist entscheidend für einen Beruf, der vom Altern nicht begrenzt wird, so wie das üblicherweise der Fall ist. Hat man zum Beispiel als Manager alles erreicht und immer wieder dasselbe gemacht, dann ist eben Feierabend. Der Schauspieler macht auch immer wieder dasselbe. Aber er fängt immer wieder bei Null an. Sein Leben lang. Wenn er auch größte Erfolge hinter sich haben sollte, wie will er den Leuten beweisen, dass er gut war – zehn Jahre später. Schön, durch neue Medien kann man jetzt aufzeichnen und auch mehr nachweisen als früher, aber entscheidend bleibt doch immer der Augenblick des ersten lebendigen Auftritts vor dem Publikum.

Ich hatte meine Eltern vor mir gesehen und mir gesagt, so was will ich für mein Leben nicht. Keinen Hass, keine faden Lügen. Ein paar Mal habe ich mich noch eingemischt. Da wurde ich verprügelt von meinem Vater, als ich fünf, sechs oder sieben Jahre alt war. Mit der Reitpeitsche. Ich bin so verprügelt worden, dass ich oft nicht zur Schule gehen konnte. Ich musste auf dem Bauch liegen bleiben, weil der Rücken von den Striemen ganz offen war. Da fing ich an, mich von den Menschen um mich herum zurückzuziehen.

Ich stand schon als Kind an der Wand, habe die Augen aufgerissen. Die Erwachsenen wurden davon unsicher, warum, wusste ich nicht. Sie begannen an sich herumzunesteln, nur weil ich gestaunt und gestarrt habe. Ich registrierte damals schon den Kontrast älterer Hände zu jüngeren Gesichtern. Habe erkannt, dass die Bewegungen der Erwachsenen häufig ins Leere gehen. Habe mir gedacht, wie ist das passiert, was sind das für Menschen? Meine Mutter musste mich oft von ihnen wegziehen, weil die Erwachsenen baten: »Können Sie dem Kind nicht sagen, es soll nicht so gucken?« Sie waren nervös geworden.

Aber ich blieb mit meinen Blicken hängen. Ich habe mich aufgefüllt. Ja, ich habe mich aufgefüllt, mich – für meinen Beruf, mein späteres Leben. Ich ahnte, dieses Reservoir als Schauspielerin zu benötigen! Ja, die Menschen kamen mir vor, als würden sie Rollen spielen. Es war eine Personifizierung meiner Umwelt. Genau so, wie ich es später als Werkzeug brauchte, als

Handwerk für meinen Beruf. Das Leben war für mich bereits, ohne zu wissen warum, eine Bühne.

Ich habe mir nicht gedacht: dieses oder jenes ist so, nein, ich habe die Menschen ausgestellt wie Figuren. Eigentlich waren alle Menschen, die mir begegnet sind, in »Gänsefüßchen«, verdoppelt, aus ihrer in meine Welt.

Und dann wollte ich sie nachspielen, ein folgerichtiger Weg. Ein Vorgang, der natürlich auch eine gewisse Tragödie in sich barg, bei den geringsten Anlässen. Ich habe selten Liebe als Wärme empfunden und als Umarmung angenommen. Habe gedacht, ach, so ist das also. In der Erwachsenensprache würde man sagen, ich hätte von der realen Existenz der Menschen um mich herum abstrahiert. Doch habe ich natürlich auch gesehen, wie sie wirklich sind. Also, ich habe ihnen das schon geglaubt.

»So sind sie«, habe ich gedacht, »aber so muss ich das dann auch spielen«. Ich habe sie in ein Schubfach der Erinnerungen getan. Diese Art der Verhaltensweise oder jene Art der Reaktion. Auf solche Weise habe ich sehr früh Material zusammenbekommen, das mit der Zeit immer reicher und reicher wurde. Wenn ich heute irgendeine Situation auf der Bühne zu spielen habe, Situation der Freude, der Erschütterung, des Leids, egal welche, dann verfüge ich über -zig Beispiele aus meinem Leben, die mir alle im Gedächtnis geblieben sind, die mir nun auf der Bühne zur Verfügung stehen. Wenn ich an einer Rolle arbeite, versuche ich zum Beispiel aus meinem Leben Situationen zu rekonstruieren, die spezifisch dafür sind, wie sie gespielt werden müssten. Ich könnte schauspielerisch überhaupt nicht arbeiten ohne diese innere Retrospektive.

Sicherlich ist es kein Zufall gewesen, dass ich zunächst nur tanzte. Vielleicht hat es aber auch mit meiner Mutter zu tun. Sie kam aus einem groß-bürgerlichen Hause, war mit dem Opernsänger ausgerissen. In dieser Zeit total unkonventionell, jenseits der Gesellschaft. Für sich selbst musste sie deshalb alles Unkonventionelle begraben. Vielleicht war sie begabter als ich, vielleicht war sie ein Genie. Auf jeden Fall hat sie alles zugedeckt und begraben, weil sie wusste, in ihrer Generation tut das eine Frau nicht. Da geht man nicht auf die Bühne und prostituiert sich. Vielleicht hat sie deshalb alles an mich weitergeben wollen, denn sie war bereit, mich schon als Kind zu fördern. Ich tanzte ständig durch die Wohnung und machte dann irgendwelche verrückte Sachen. Sie hat dem keinen Riegel vorgeschoben, im Gegenteil. Sie hat mir von Mary Wigman erzählt und von ihren Tanz-schulen in Dresden und Leipzig. Die Wigman kam zweimal in der Woche, um den Unterricht zu überwachen. »Willst du da mitmachen?« fragte meine Mutter. Natürlich wollte ich. Ich war gerade mal fünf Jahre alt.

Und dann passierte etwas Schreckliches. Wir machten Ausdrucksstudien im Kinderkurs, so wie das bei der Wigman üblich war. Ich tanzte »den Ball werfen«, ihn wieder auffangen, lachen, sich freuen, also spielen ohne Ball. Oder »die Mutter ist böse«. und alle Kinder machten das ganz süß. Aber so, wie ich es machte, sollte das verheerende Folgen haben. Meine Mutter wurde gerufen, Mary Wigman nahm sie ins Gebet und sagte »Gisela kön-nen wir nicht mehr im Kinderkurs lassen.« – »Wieso denn nicht? Ist sie nicht gut, was macht sie, kommt sie nicht mit?« – »Doch, sie ist immer da, aber sie tanzt so exzentrisch, dass die anderen Kinder anfangen zu schreien und zu heulen.« Also: ich tanzte plötzlich »Teufel« und ging auf die ande-ren los, dass sie die Flucht ergriffen.

Mary Wigman hatte sich heimlich dazugesetzt und sich das angesehen. Ich sagte, jetzt will ich was Trauriges tanzen, »Trauer« will ich tanzen. Oder »Beerdigung« oder »einer ist tot«, und dann soll ich getanzt haben, dass auch die Wigman Tränen bekam. Ihr ist angst und bange geworden. Und da haben sie beschlossen, mich rauszunehmen aus diesem Kursus, um die anderen Kinder nicht zu gefährden in ihrem seelischen Gleichgewicht. Ich hatte mit fünf Jahren begonnen und mußte mit sieben aus dieser Klasse, weil ich der Buhmann geworden war. Sie haben mich in den Erwachsenen-kurs für Ausdruckstanz gesteckt. Einige haben gesagt, man solle das lassen. Natürlich hat man auch mich gefragt, was ich davon halten würde, nicht mehr bei den Kindern zu sein. Und da habe ich gesagt: »Ach, die sind blöde. Warum weinen die denn, wenn ich tanze? Trauer ist doch schön, schreien tut doch gut.« Dann kam ich eben mit sieben Jahren in den Erwachsenen-kurs, zu den jungen Mädchen, die tanzten den Tanz an die Freude, Tanz an den lieben Gott, was weiß ich. Und da tanzte ich mit, hüpfte herum.

Das meine ich mit »Berufung«. Alles entwickelte sich aus dem Unterbe-wusstsein, wie von selbst. Man hatte mich einmal gefragt, was ich werden wollte. »Seiltänzerin« oder »Missionarin«, habe ich gesagt. Ich habe nicht gesagt: Schauspielerin. Das ist eigentlich ganz bezeichnend. Ich bin genau das geworden: Seiltänzerin – das Risiko. Mein Leben ist ein Seiltanz geblieben. Missionarin – naja. Wenn man darunter das Ausleben einer Berufung versteht …

Schließlich bin ich zum klassischen Ballett übergewechselt, kam auf die Schule von Victor Gsovsky, der später nach Paris ging.

Im Ausklang einer Pirouette verspürte ich plötzlich das Bedürfnis, ein Wort oder einen Satz zu sagen. Wenn ich lustige Melodien tanzte, wollte ich dazu lachen oder singen. Bei einem Wirbel schreien. Aber da hätte man mich ja glatt eingesperrt! Doch auch diesmal wollte ich keinen rationalen Entschluss fassen, sondern wusste ganz einfach: ich werde Schauspielerin. Dieser Idee bin ich dann mit aller Konsequenz und Energie gefolgt. Insgeheim machte ich schon kleine Übungen, um damit die Wirkung auf Erwachsene zu testen.

In einem meiner liebsten Kinderbücher war ein Herr Hannemann der absolute Hauptdarsteller, heute würde ich ihn eine skurrile Charge nennen. Ständig schleppte er ein riesiges, altmodisches Hörrohr mit sich herum, sonst hätte er kein Wort verstehen können. Aber trotzdem gab es die blödsinnigsten Missverständnisse. Vielleicht war er sogar eine tragische Gestalt, über die ich lachen konnte, gewissermaßen eine Chaplin-Figur. Ich konnte auch nie ganz glauben, dass er überhaupt nichts hörte. Er ließ sich wohl einfach nicht aus seiner Gedankenwelt vertreiben. Höchstens dann, wenn es ihm Spaß machte. Das imponierte mir sehr. Wenn ich also Befehle, Vorwürfe oder gar Tadel der Erwachsenen ablehnte, spielte ich »Hannemann«. Ich stellte mich taub. Ich war »Frau Hannemann«.

Und es vollzog sich ein geheimnisvolles Wunder; ich konnte mit einem Male tatsächlich nichts mehr hören. Niemand konnte mich stören. Ein Rückzug in meine kindliche Welt – eine beglückende Isolation.

Viele Jahre später sollte ich leibhaftig einer Frau Hannemann begegnen. In der Boulevard-Komödie »Die Kinder Edouards« von Sauvajon hatte ich im luxuriösen Salon der Villa nicht nur eine zahlreiche Familie, sondern auch noch einige an- und abreisende ehemalige Liebhaber zu verkraften. Die Mitte des Bühnenbildes zierte im Hintergrund eine gläserne Flügeltür. Mit deren Hilfe ließen sich die Auftritte hervorragend steigern, indem sie szenenapplausreif hinter den pointenreichen Abgängen zusammenschlug. Solche Flügeltüren sind bei Schauspielern ebenso beliebt wie Treppen, auf denen man majestätisch schreiten, bedeutsam stehen bleiben, rasant verschwinden oder gar stolpern kann. Es ist ein Hochgenuss, die Dialoge derart akzentuieren zu können!

Als Frau des Hauses hatte ich im Stück ein Faktotum zur Seite, eine Wirtschafterin, die von einer alten Schauspielerin verkörpert wurde. Wenn ihr der Regisseur auf der Probe ein Kompliment gönnte, strahlte sie über das ganze Gesicht. Sobald er ihr aber Vorschriften machen wollte, wie ihre Rolle zu spielen sei, schien sie taub und tat nur das, was sie offensichtlich akzeptierte. Selbst ihrem Humor waren ganz plötzlich Grenzen gesetzt, die ihr das Gehör vorschrieb. Beim ersten Auftritt kam sie wie selbstverständlich aus der mittleren Flügeltür auf die Bühne. Sofort unterbrach der Regisseur: »Nein, um Gottes Willen! Dieser Auftritt ist doch nicht für Sie bestimmt! Sie kommen seitlich von links aus der Küche. Sie können doch nicht in der Schürze von der Straße kommen!« Die alte Dame nickte stumm, huschte ab, blieb für kurze Zeit verschwunden. Dann kam sie erneut von der Mitte der Bühne aus der Flügeltür. Dieses Proben-Schauspiel wiederholte sich einige Male, bis der Regisseur, kurzatmig geworden und sich die Haare raufend, im Parkett zusammensank. Er kapitulierte vorläufig vor der Schwerhörigkeit der alten Dame.

Nach der Probe wollte ich zusammen mit der liebenswerten alten Kollegin eine Kleinigkeit essen gehen. Kaum hatte sich die Bühnenpforte hinter uns geschlossen, verkündete sie lautstark: »Ha! Was denkt dieser Herr Regisseur eigentlich von mir! Niemals werde ich aus der Seitengasse kommen! Seit vierundvierzig Jahren trete ich stets aus der Mitte auf!«

Ich dachte an Hannemann und hüllte mich in tiefes Schweigen.

HORST CASPAR

In den Anblick eines alten Menschen verliebt, gelingt es mir in den seltensten Fällen, das verbrauchte Antlitz so zu sehen, wie es in der Jugend oder gar als Kind gewesen sein könnte. Ebenso selten scheint es mir unmöglich, sich bei einem Baby das spätere Greisengesicht auszumalen. Entdecke ich aber einen Menschen, dessen Gesichtszüge ich mir in allen Phasen seines Lebens vorstellen kann, macht mich das irgendwie glücklich.

Der Schauspieler Horst Caspar war so ein Mensch.

Sein Wesen strahlte ein »Unangefochtensein« aus. Sein schmaler Kopf, wie aus Ebenholz geschnitzt, umrahmt von dunklen, wehenden Haaren, Mund und Nase kühn geschwungen, war fast schön zu nennen. Durch seine Hagerkeit erschien die Länge von 1,93 Meter noch größer. Seine Männlichkeit übertrug sich vor allem durch seine sonore Stimme und den glasklaren Blick seiner bernsteinfarbenen Augen. Aber am stärksten beeindruckten sein Lächeln und seine auffallenden langen schmalen Hände, die konzentrierteste Vergeistigung versprachen. Seltsamerweise aber war dies gar nicht so sehr der Fall. Trotz seiner Intelligenz begnügte er sich mit dem Horizont, der seiner Phantasie genügte. Ich habe nie begreifen können, warum er trotz seines Berufes so wenig Verlangen zeigte, hinter die Gesichter der Menschen zu kommen. War es Güte oder nur Bequemlichkeit, wenn er jedes Geschehen seiner Umgebung tolerierte, ja fast kritiklos dem gegenüber stand? Für alles, was ihm und anderen angetan wurde, erfand er eine Entschuldigung, war stets bereit, wie ein Schutzengel es mit seinem Lächeln zuzudecken.

Wenn Caspar am Berliner Schillertheater unter Jürgen Fehlings Regie den Jakob in Max Halbes »Strom« spielte oder in Bochum an meiner Seite den Hellriegel in Gerhard Hauptmanns »Und Pippa tanzt«, dann verkörperte er nicht nur eine Rolle, er war ganz und gar der lautere Tor aus einer anderen Welt. Wie hätte wohl dieser junge Feuergeist später als reifer Mann und in der so veränderten Welt auf der Bühne gestanden? Ein Mensch, der niemals irgendeinem Wesen ein Haar krümmen konnte, musste allzu früh den grausamsten Schmerzenstod erleiden. Aber vielleicht wäre er inmitten der frühvergreisten heutigen Jugend, die glaubt, alles bereits zu wissen und verarbeitet zu haben, dagestanden wie der nicht verstehende »Bacchus« im gleichnamigen Stück von Cocteau.

Als Jürgen Fehling einmal nicht die rechte Art fand, ihm eine Szene zu erklären und inzwischen bereits die nächste probierte, in der Horst nicht beschäftigt war, blieb dieser versonnen inmitten der großen Bühne des Berliner Schillertheaters stehen, ohne überhaupt zu bemerken, dass man um ihn herum längst etwas anderes erarbeitete. Für ihn war die Probe noch nicht zu Ende gewesen. Er hatte eine unnachahmliche Art, etwas nicht zur Kenntnis zu nehmen, wenn er es nicht akzeptieren wollte.

Nach meinen Filmaufnahmen »Annemarie« begannen sofort die ersten Proben für das »Käthchen von Heilbronn« in Bochum. Saladin Schmitt ließ mich die Rolle barfuss spielen. Das fand man rührend animalisch, konnte sich jedoch nicht vorstellen, was er »mit diesem Kinde« sonst noch besetzen wollte. Auf ähnliche Fragen soll er zunächst lediglich geantwortet haben: »Es sind doch genügend männliche Kollegen da, sich mit der Anfängerin abzugeben.« Dann aber besetzte er eine große Rolle nach der anderen mit mir.

Nach kurzer Zeit schon spielte ich die Julia, zusammen mit Horst Caspar als Romeo. Gleich nach Beginn der Proben wurden wir fast übergangslos auch im Leben ein unzertrennliches Liebespaar. Ich kann mich überhaupt nicht daran erinnern, damals Texte gelernt zu haben. Wir liebten uns mit gleicher Leidenschaft im Leben wie auf der Bühne. Unsere Umarmungen waren im wahrsten Sinne des Wortes ein Höhenflug für mich. Wenn Horst die schmalen Hände unter meine Achseln schob, um sie auf meinem Rücken wie im Gebet zu schließen, schwebte ich mit einem kleinen Ruck zu ihm hinauf, die gestreckten Fußspitzen weit vom Boden entfernt. Nach dem Kuss glitt ich mit noch geschlossenen Augen abwärts und kam erst wieder richtig zu mir, wenn er mich wie ein Kind vor sich hingestellt hatte. Als Romeo und Julia Pater Lorenzo um die Trauung anflehten, zappelten beim Kusse in der Luft meine Füße ungeduldig unter dem langen weißen Brautrock. Aus der Umarmung entlassen, sank ich weiter hinab auf die Knie, den Oberkörper nach hinten geneigt, die Worte stammelnd:

»Wenn ich der Tag bin, dann bist du meine Sonne. Leuchte auf mich, damit ich schöner werde.« Und Romeo sagte: »Es gibt auf dieser Erde keine Schönheit, die nicht in Deinen Augen ruht.

Pater Lorenzo hatte wirklich allen Grund, die Liebesszene auf dem kalten Steinboden seiner klösterlichen Behausung abzubrechen und mit den Worten vorauszueilen:

»Kommt, kommt!«

Horst war das, was man im Theaterjargon eine Lachwurzen nennt. Je intensiver ein Schauspieler ist, desto mehr unterliegt er der Gefahr, wegen irgendeines läppischen Zufalles auf der Bühne vor Lachen völlig zusammenzubrechen. Die Überspannung verursacht diesen Nervenkitzel selbst bei den seriösesten Schauspielern.

Saladin Schmitt war in Bochum einer der größten Theaterleiter. Über die Stadtgrenzen hinaus bekannt wurden seine Klassikerwochen, Festspiele, jeweils zu Ehren aller dramatischen Werke eines Dichters. Während der Vorbereitungszeit kamen die Schauspieler kaum mehr dazu, das Theater zu verlassen. Der Protagonist der Titelrolle eines Abends war vielleicht am nächsten Tag im Chor beschäftigt. »In die Wochen gekommen«, hieß es in Bochum, und den Schauspielern rauchte der Schädel von den vielseitigen Texten. Wenn der Zyklus begonnen hatte, wurde jeden Tag ein anderer »Schinken« gespielt.

Mit 18 Jahren spielte ich zum erstenmal die Nora unter Saladins Regie. Was war das für ein gewagtes Experiment! Sicher, als Vögelchen im goldenen Käfig des »Puppenheimes« war ich glaubhaft, aber wie sollte ich die Emanzipation, die große Verwandlung der Frau, die Mann und Kinder verlässt, alle Türen hinter sich zuschlägt, bereits spielen können? Mein Regisseur war ein großer Meister, es wurde ein Erfolg. Über zwei Monate lang hatten wir jede Bewegung bis in die letzte Fingerspitze, jede kleinste Nuance eines Tones exerziert. Ich war ganz Medium geworden, ich wusste nicht immer, was ich tat, trotz größter Präzision.

Fast bewusstlos vom Lampenfieber stand ich am Premierenabend vor meinem Auftritt, als plötzlich meine Füße wie gelähmt am Boden zu kleben schienen. Aber von Ahnungen erfüllt, stand Saladin Schmitt bereits hinter mir und landete mit seinem Fuß in meinem Allerwertesten. Durch die Flügeltür flog ich auf die Bühne. Die Weihnachtspakete, die Nora ihren Kindern mitbringt, verlor ich im Fluge aus den Armen, vom Kopfe Hütchen und Schleier, plapperte munter drauflos. Erster Applaus, der Bann war gebrochen.

Ein sehr asketischer Dr. Rank war Horst Caspar, auch noch viel zu jung für diese makabre Rolle. Saladin versuchte, ihm etwas mehr Gewicht zu geben, indem er ihn ständig eine dicke Zigarre rauchen ließ. Horst meinte dazu: »Wenn ich das Ding im Munde habe, sehe ich aus wie ein Starkasten.«

Was für köstliche Erlebnisse hatten wir gemeinsam! In der Faschingszeit wollte er mir unbedingt »Jubel, Trubel, Heiterkeit« zeigen, wie es im Rheinland üblich ist. Im vornehmen »Parkhotel« fand ein eleganter Kehraus statt, aber nicht einmal für den Eintritt reichte unser Geld. Aus Jux meinte Horst, wenn ich mich im feschen Kostüm am Eingang zeigen würde, wäre sicher ein alter Genießer bereit, mich mit hineinzunehmen. Dann könnte ich ihn, Horst, ja nachträglich holen. Ich kramte also ein altes Kostüm aus meiner Tänzerinnenzeit hervor. Kurzes plissiertes Röckchen, weiß mit bunten Bändern besetzt, weiße Bluse mit sehr weiten Ärmeln, kleines rotes Samtbolero, dazu rote Lacklederstiefel. Die ungarische Krone auf dem Kopf hatte ich selbst mit bunten Steinen bestickt.

Soeben am Eingang des Hotels angekommen, vernahm ich hinter mir: »Na, Fräulein, so alleine?« Es war ein dicker älterer Herr, dem ich anvertraute, es fehle mir am Eintrittsgeld. Kurz darauf überreichte er mir eine Eintrittskarte und lud mich ein, an seinem großen, geselligen Tisch sein Gast zu sein. Das klappte ja beinahe wie in einem schlechten Film! Ich konnte Horst bald nachholen, der sich bis dahin die Nase an der Fensterscheibe plattgedrückt hatte. Der dicke Mann wurde vom Alkohol immer animierter und fing schließlich an, mit Geldscheinen um sich zu werfen. Horst spürte sofort, wie es in meiner Hand juckte, sein stählerner Blick traf mich, als er zischte: »Nein, das nun doch nicht!« Ich ließ vom Gelde ab. Der Dicke hatte sich hochgequält und, indem er seinen Gästen zuprostete, begann er, mich fixierend, zu lallen: »Verzeihung, habe mich noch gar nicht vorgestellt. Gestatten, mein Name ist Otto Genießer.« Um meinen Lachausbruch zu kaschieren, riss mich Horst rasch in die tanzende, trubelige Menge.

Eines Tages hatte Horst behauptet, wo ich auch auftauche, würde er hinter mir viele kleine hüpfende Hasen sehen. Von da an nannte er mich Hasenmutter. Wir wünschten uns für später viele kleine hüpfende Kinder, die wir alle mit in die Theatergarderobe nehmen wollten. Vom Ballettmeister war ich inzwischen im besten Einvernehmen geschieden worden.

Die ersten wohlverdienten Theaterferien fielen für mich gleich ins Wasser. Anlässlich der Festspiele sollte ich im Heidelberger Schlosshof die Julia spielen. Das war eine große Auszeichnung für eine Anfängerin, und Horst wäre auch dort mein Romeo gewesen. Im letzten Augenblick jedoch entdeckte man in seinen Papieren eine nicht ganz »rassenreine« Großmutter. Das hatte ein Verbot des Propagandaministeriums zur Folge. Wenngleich auch Romeo kein germanischer, sondern ein romanischer Held sei, so stellte man fest, wäre diese Besetzung vielleicht in Bochum möglich gewesen, aber nicht bei solchen repräsentativen Festspielen der Nazis.

Ohne über seine große Enttäuschung auch nur ein Wort zu verlieren, blieb Horst von Anfang bis Ende der Heidelberger Zeit bei mir. Er brachte mich zu jeder Vorstellung, die er sich auch immer wieder ansah, wartete anschließend nach Mitternacht vor dem Schlosseingang, um mich in seine Arme und mit nach Hause zu nehmen.

Oberhalb des Schlosses, auf dem ländlichen Kohlhof, der mit einer kleinen Drahtseilbahn zu erreichen war, hatten wir ein bäuerliches Zimmer gemietet. Hinter der alten Eingangstüre des Gasthofes wurmte sich eine Holzstiege hinauf, die unter jedem Schritt zu stöhnen schien. »Rheuma«, dachte ich, »sie ist das Opfer der Putzwut und nasser Bodenlappen geworden!«

Im Zimmer waren ein Bauernbett, ein bemalter Schrank und eine Waschschüssel mit altertümlichem Krug. Da konnte unser Glück durch nichts gestört werden.

Zufällig entdeckte ich, in dieser idyllischen Einsamkeit magische Kräfte zu besitzen. Eines der gackernden Hühner konnte ich mit einem ganz bestimmten Ton dazu bringen, sich wie selbstverständlich auf den Rücken zu legen und so erstarrt zu verharren, bis ich Lust verspürte, es durch erneute Ansprache aus seiner Trance zu erlösen. Dann sauste es davon. Zu unserem Amüsement klappte es jedes Mal.

Julias Beerdigung dauerte sehr lang. Die Inszenierung wurde von der Romantik der Naturkulisse getragen. Die verfallenen, von einem Moosteppich überzogenen Schlossmauern gaben den visionären Hintergrund ab für die Burgen der Capulets und Montagues. In der Mitte des Schlosshofes war ein zweistöckiges Bühnenhaus aufgebaut, eröffnete den Blick in Juliens Gemächer und gab zugleich einen Austritt für die Balkonszene frei. Die inwendige Treppe gab mir viele Möglichkeiten des Spieles: selig beglückt hinaufzueilen, verzweifelt, erschöpft herabzuschlurfen oder fast nur mit einem einzigen Satz die Stufen als Ausgangspunkt der Flucht zu benutzen. In einer anderen Ecke des Hofes trat Pater Lorenzo vor einem verwitterten Tor des Schlosses auf, wie aus dem Kloster kommend, um das liebende Paar in aller Eile zu trauen. Die Amme, von der herrlich vitalen Lina Carstens gespielt, rief von irgendeiner Burgzinne des Heidelberger Schlosses herab nach Julia, und ich eilte, ganz in Goldbrokat, über weite, samtene Wiesen.

Zu Beginn des Stückes wurde das Fest bei Capulets mit allem Pomp bereits in der Dämmerung gefeiert, während sich um Mitternacht bei Juliens Begräbnis bereits der klare Sternenhimmel schützend über die Szene ausgebreitet hatte. Eines Abends saß während der Liebesszene »Es ist die Nachtigall und nicht die Lerche« wenige Meter von uns entfernt ein kleiner Vogel auf einem Ast und sang sein verspätetes, nächtliches Lied. Ein anderes Mal rätselte ich, soeben gestorben und aufgebahrt, was die seltsamen Laute des Publikums, die mir wie Seufzer erschienen, zu bedeuten hätten. Ich erfuhr später, dass sich genau im Augenblick des Todes der Julia eine Sternschnuppe vom Firmament gelöst hatte und am Horizont verschwand. Während mich die Fackelträger gemessenen Schrittes, auf meinem Sarge liegend, zu Grabe trugen, war ich oft noch ziemlich atemlos und verschwitzt. Ich versuchte, die lange Zeit als Leiche dadurch zu überstehen, dass ich mich darauf konzentrierte, einzuschlafen.

Im August waren die Nächte schon kühl und zugig. Ich bekam Ziegenpeter mit Fieber, was mich allerdings nicht davon abhalten konnte, jede Vorstellung zu spielen. Ich ließ einfach etwas mehr Haare über die geschwollene Wange gleiten.

Die Vorstellung war für alle Schauspieler eine große physische Anstrengung, allein schon wegen der enormen Wegstrecken, die vor und nach den Auftritten zurückzulegen waren. Außerdem bedurfte es einer besonderen Intensität, gegen die Naturkulisse anzuspielen. Zwischendurch ein gewisses Örtchen aufzusuchen, war fast unmöglich.

So wurde gewissermaßen mitinszeniert, dass allabendlich nach einer bestimmten Szene ein Lakai der Julia in gebührlicher Distanz und in vorgeschriebener Höhe ihre lange Schleppe aus Duchesse halten musste, während ich hinter einem Busch verschwand. Hinter diesen Büschen verharrten die grün gekleideten Garderobieren, für schnelle Umzüge bereit, wobei man sich mit kleinen Handspiegeln behelfen musste. Manchmal begegnete ich »im off« einem flatternden Romeo-Hemd, das für den temperamentvollen René Deltgen auf einem Ast inzwischen trocknen sollte.

Es war dies eine Zeit unbändiger Spielfreude für mich, wenn mich Juliens Schicksal auch sehr angriff und mein abendlicher Abschiedsschmerz von Romeo mit einer Vorahnung belastet war.

Nach Beendigung der Ferien, die wahrhaftig für mich kein Ausruhen gewesen waren, ging es wieder zurück nach Bochum. Dort erwartete mich die Nachricht, Heinrich George wolle mich für die Premiere und Neueröffnung des umgebauten Schillertheaters in Berlin haben. Als Luise in »Kabale und Liebe«. Er selbst als Vater Miller, Paul Wegener als Präsident. Da Horst noch ein Jahr vertraglich an Bochum gebunden war, schien unsere Trennung unvermeidlich. Als er davon erfuhr, streichelte er mein Gesicht mit Blicken aus seinen traurigen Augen, sagte aber nichts. Obwohl auch mein Bochumer Vertrag noch für ein Jahr galt, versprach ich Horst, diese einmalige Chance für uns beide wahrzunehmen, damit er nachkommen könne. Ich erinnerte mich also plötzlich an den mir überbrachten früheren Ausspruch des Intendanten, dass die Kollegen sich mit der Anfängerin beschäftigen sollten. Ich steigerte mich künstlich in Wut, fegte in heiligem Zorn in das Intendanzbüro, fragte den erstaunten Chef: »Ist das wahr? Haben Sie …?« Ließ trotz: »Aber mein liebes Kind« nicht länger mit mir fackeln, startete und landete eine saftige Ohrfeige und hatte damit die Grundlage für den gerechtfertigten Vertragsbruch. Am nächsten Morgen stand ich auf der Probe des Berliner Schillertheaters. Eigentlich habe ich mir geschworen, diesen peinlichen Vorgang niemals zu erwähnen. Ich weiß, es war schäbig von mir. Aber die Dynamik einer Blitzkarriere hat eben auch so ihre Tücken!

BERLINER THEATERLUFT

Die Proben im Schillertheater zu Berlin begannen mit einer Katastrophe. Raimund Schelcher spielte den Ferdinand in »Kabale und Liebe«, war aber nach der ersten Probe spurlos verschwunden.

Heinrich George hatte sich die Besetzung mit diesem jungen Hitzkopf eingeredet und wollte auf keinen Fall umbesetzen, sondern abwarten, bis er wieder auftauchte. Schelcher war wegen zahlreicher Eskapaden bekannt, er leistete sich allerhand, obwohl er wegen seiner kommunistischen Gesinnung bei den Nazis schon lange ziemlich gefährdet schien. Volltrunken riss er in den Kneipen Hitlerbilder von den Wänden, verbrachte Nächte im Verhör der Gestapo, verstand es aber immer wieder, als »nicht ernst zu nehmender Suffkopp« entlassen zu werden. Nach einer Filmszene, die er zusammen mit Werner Krauss in einem Virchow-Film gedreht hatte, war er schon einmal verschwunden. Den ganzen Tag hatte er als Assistenzarzt danebengestanden, während im Film eine Leiche – von einem jungen Mädchen dargestellt – seziert werden sollte. Er tauchte erst eine Woche später wieder auf. Vorsorglich hatte er ein Telegramm geschickt: »Bin mit Leiche unterwegs.«

So kam er auch diesmal auf irgendeiner der Proben zurück, nuschelte etwas von »großer Liebe« und wurde seltsamerweise von George, der sonst nicht so leicht zu besänftigen war, in »schmelzender Güte« an seine Brust gezogen. Seine beängstigende Narrenfreiheit gipfelte später während einer »Kabale«-Vorstellung darin, dass er ein krankhaft flackerndes Wesen zur Schau stellte. Mit dämonisch aufgerissen Augen verkündete er, dies sei unser beider letztes Auftreten, es werde aber auch in die Theatergeschichte eingehen. Ich erschrak fürchterlich, als er mir im Abwanken zuraunte: »Das Gift, mein Kind, das Gift …« Es ist verständlich, dass ich beim Trinken der Limonade im letzten Akt, mit dem Rücken zum Publikum, den Becher, weit von meinen Lippen haltend, unberührt ließ. Aber auch Raimund Schelcher starb den versprochenen Theatertod nicht.

Heinrich George konnte in seinen Temperamentsausbrüchen unberechenbar sein und, wenn er wollte, alles niederbrüllen oder auch gewissen Situationen gegenüber so hilflos reagieren wie ein Kind. Wir hatten die erste Probe in Kostümen, als etwas nicht klappen wollte. Während meines Ausbruchs in der Ladyszene: »So nehmen sie ihn denn hin, Mylady« sollte mir der Umhang meines Kleides zu Boden fallen. Es war wochenlang so probiert worden. Doch diesmal ging das nicht. George brüllte vom Regie-Pult aus: »Was ist los? Schlamperei!« Ich zitterte am ganzen Körper, speicherte aber dann vor allem viel Luft, ging gelassen zur Rampe vor und brüllte ebenfalls: »Wenn Sie glauben, daß Samt auf Wolle rutscht, dann verstehen Sie nichts vom Theater!« Nach einer gehörigen Pause nuschelte George kleinlaut: »Weitermachen.«

Meine Stola war noch nicht abgefüttert gewesen.

Wir schrieben uns glühende Liebesbriefe, Horst und ich, die leider der Krieg alle verschlungen hat. Nur ein einziger blieb übrig, ich hatte ihn in das Rollenbuch »Kabale und Liebe« gekritzelt, als ich Horst die Berliner Striche schickte. Ich schrieb ihm: Wenn ich Geld hätte, würde ich den lieben Gott spielen. Ich würde mit geschlossenen Augen meine Fingerspitzen im Telefonbuch über unbekannte Namen gleiten lassen, würde auf der Post mir unbekannte Namen schreiben. Dahinter die Ziffern der Beträge und als Absender: Vom lieben Gott. Ich würde das Staunen und den Glauben an das Wunderbare verschenken, wie Nora sagte. Aber aus einigen Scheinen würde ich kleine Schiffchen falten, würde ihnen nachsehen, ob sie im Wasser untergehen. Hochoben, von einem Kirchturm würde ich andere flattern lassen, ihren Reigen in den Lüften beobachten. Wüsste endlich, wie unwichtig doch alles ist, ohne Liebe. Wenn ich Geld hätte, flöge ich zu Dir …«

Es war 1938, als ich Unfassbares erleben musste. Aus heiterem Himmel brach Gewalt in den Strassen auf. Große Schaufenster vieler eleganter Geschäfte wurden eingeschlagen, Feuer gelegt. Menschen flüchteten vor Knüppeln. Häuser brannten lichterloh.

In meinen Erinnerungen tauchten auf einmal die nächtlichen Fackelzüge wieder auf, wie ich sie als Kind erlebt hatte. Sie waren mir festlich erschienen, wie Freudenfeuer. Die, wie ich glaubte, vor Freude erhobenen Hände marschierender Menschenmassen ließen mein Herz höher schlagen. aber jetzt bekam ich Angst vor den Flammen. Warum wurden Menschen auf die Strasse gehetzt oder in die Häuser getrieben? Das waren alles nur jüdische Menschen, die ich doch als freundliche Menschen kannte, in deren Geschäften ich gekauft hatte, weil sie sich besonders entgegenkommend zeigten. Meine beste Schulfreundin hieß Vera, sie hatte einen polnischen Nachnamen, den ich kaum aussprechen konnte. Ich liebte sie, weil sie so oft herzlich lachte. Außerdem trug sie besonders bunte Kleider, in denen sie auf dem Schulhof tanzte. Was war geschehen? Was hatten die jüdischen Menschen verbrochen? Meine Schwester Beatrice lebte in Amerika mit ihrem jüdischen Mann, von dem sie fünf Söhne hatte, warum wollte sie mich in Deutschland nicht mehr besuchen? Nur vage konnte ich die Isolation begreifen, ohne Horst Caspar in Berlin war mir, als wäre ich in die Wüste geschickt.

Heinrich George verhielt sich zu mir wie ein Vater. Ich war bereits daran gewöhnt, dass er jeden Abend vor meinen Auftritten in der Kulisse meine Hand hielt und fragte: »Geht's gut?« Einmal kam ich verheult in seine Garderobe, weil Kollegen versucht hatten, mich hinter meinem Rücken madig zu machen. Er tröstete mich: »Einer starken Begabung will man immer charakterliche Mängel andichten, weil berufliche Angriffe in den Wind gehen. Wenn aber Schauspieler besonderen Wert darauf legen, einem Kollegen menschliche Qualitäten nachzusagen, dann liegt der Verdacht nahe, sie halten ihn für einen miserablen Künstler.« Ich musste noch viel lernen, wenn ich diese Hintergründe meines Berufes ganz erfassen wollte.

Über menschliche Qualitäten sollte ich öfter bereits morgens, auf der Fahrt zum Ufa-Gelände Babelsberg, belehrt werden. Der Fahrer des Wagens schwärmte mir von der herrlichen Stummfilmzeit vor: »Da habe ich die Lia de Putty gefahren, na ja, wir nannten sie alle Lia de Nutti! Na ja, bei der blieb kein Auge trocken! Da mussten wir alle ran. Schon morgens ließ sie mich hinter der Avus anhalten, na ja, ick war damals noch jung. Mensch, war das eine alte Sau – aber ein anständiger Mensch. Nee, wirklich, ein anständiger Mensch!«

Eines Tages lag ich mit einer Erkältung und hohem Fieber im Bett, George machte einen Krankenbesuch. Er saß mir im Chintzsessel gegenüber und wollte mich überreden, trotzdem am Abend aufzutreten. Ich spielte gerade meine erste Charakterrolle mit ihm zusammen in dem Stück von Selma Lagerlöf »Der Kaiser von Portugallien«. Aber diesmal ging es mir wirklich miserabel. Als er resigniert aufstehen wollte, blieb der schwere Sessel an seinem dicken Hintern kleben, und er ging mit ihm ein paar Schritte voran. Ich kroch unter die Bettdecke, um mein Lachen zu verbergen. Weil er sich dabei wie ein trauriger alter Clown umdrehte, konnte ich ihn nicht so leiden sehen, ich entschloss mich, doch zu spielen. Beim Abschied sagte er noch, sein Chauffeur habe Blumen für mich abgegeben. Ich stolperte später in der Diele über eine sagenhaft große Palme.

Meine erste eigene Wohnung, ein Atelierraum mit Nebenräumen am Sachsenplatz, wurde einstmals vom Dichter Joachim Ringelnatz bewohnt. Dort hatte er unter anderem das Gedicht »Die Nachtigall vom Sachsenplatz« geschrieben und es sich zur Gewohnheit gemacht, in regelmäßigen Abständen volltrunken das gesamte Mobiliar über den Balkon zu feuern, um sich am nächsten Tag nach »ganz neuen Ideen« einzurichten.

Raimund Schelcher hatte es endgültig auf die Spitze getrieben, als er einmal in voller Ferdinand-Uniform, mit Degen bewaffnet, während der großen Pause ein Taxi bestellte, zum Alexanderplatz fuhr, um dort in einer Kellerkneipe mit den Arbeitern zu diskutieren. Zum Glück rief der Wirt im Theater an, der Inspizient fing den »Feuergeist« wieder ein, und die Vorstellung ging ungestört zu Ende. Doch Schelcher erhielt seine fristlose Entlassung.

Ich war selig. Endlich konnte Horst Caspar zu mir kommen, er wurde sofort nach Berlin beordert, um den Ferdinand zu übernehmen. Wenig später gastierte das Berliner Schillertheater mit »Kabale und Liebe« vor französischem Publikum in der »Comédie Française« zu Paris im kulturellen Austausch eines Gastspieles mit Gérard Philipe als »Prinz von Homburg« im Schillertheater Berlin.

Die von Tradition überladene »Comédie«, schmal, hoch, mit fünf Rängen, besitzt die schönste Atmosphäre, die ein Theater überhaupt haben kann, vor allem die zarteste Akustik. Es gibt dort seit Molières Zeiten keine einzige Glocke. Der Beginn wird von einem livrierten Diener, der majestätisch durch das ganze Haus – auch an den Garderoben vorbei – schreitet, verkündet. Zuletzt stampft er, bei noch geschlossenem Vorhang, mit einem goldenen Stab rhythmisch dreimal auf den Boden, als letztes Zeichen zum Beginn. Meine Garderobe war die Loge der Madeleine Renault, Barraults Gattin. Alles in cremefarbenem Duchesse, auch die Couchette in der Mitte des Raumes war so bezogen, ringsherum nur Spiegel. Dahinter befanden sich das Fenster, die Poudereuse, der Schrank und die Türen, nach außen oder zum Bad. Vorsichtshalber ließ ich die Eingangstür angelehnt, um in diesem Spiegelkabinett nicht die Orientierung zu verlieren.

Das französische Publikum hatte die Übersetzung des Stücks offen vor sich liegen, wie eine Partitur. Wenn nach einigen Szenen und Monologen wie in der Oper begeistert »da capo« verlangt wurde, kamen wir dem Wunsche ziemlich irritiert nach.

Schade, zwischen Horst und mir war es nicht mehr so wie früher. Ich fing an, Filmkarriere zu machen, deshalb waren wir oft getrennt. Außerdem hatte sich bereits am ersten Abend, als er in Berlin ankam, ein Malheur ereignet. Unvorsichtigerweise ließ ich mich von ihm so stürmisch umarmen, dass mir ein Tuff falscher Locken herunterfiel. Inzwischen ist man an alle möglichen Prothesen gewöhnt und kann sich heute seine Reaktion kaum vorstellen. Es war entsetzlich, er fühlte sich restlos betrogen. Der Abend war verpatzt. Was half es da noch, zu erklären, dass mir die Filmarbeit kaum Zeit für einen privaten Friseurbesuch erlaubte.

Gustaf Gründgens war mein Partner in meinem zweiten Film »Tanz auf dem Vulkan«. Es war noch gar nicht so lange her, dass ich meine »Canossagänge« zu ihm unternommen hatte, um Schauspielunterricht zu erhalten. Aber das verschwieg ich ihm jetzt. Er war ein übernervöser, sehr virtuoser Schauspieler, voller Komplexe, fingernägelkauend. Außerdem litt er oft unter Trigeminusschmerzen, die ihn beim Sprechen behinderten. Unser Treffen blieb distanziert. Ich gehörte niemals zu dem Kreis seiner zahlreichen Jünger.

Nach dem »Wunderbaren«, das ich mit Horst Caspar erlebt hatte, kamen nur kleine Liebeleien auf mich zu, die mich hin und wieder beflügelten. Ich musste in »Clorinde heiratet« im Schillertheater auch singen, was eines Tages zur Folge hatte, dass meine Partner vor Staunen beinahe ihren Text verloren. Frisch verliebt, sang ich aus Versehen meine Partie eine Oktave höher als sonst.

Carl Raddatz begleitete mich einige wenige Monate, in denen die Fetzen nur so flogen, vor allem weil unsere künstlerischen Ambitionen sehr verschieden waren. Als wieder einmal deswegen mein Wortschwall nicht zu bremsen war – wir saßen inmitten eines exklusiven Restaurants – drohte er: »Noch eine Silbe, und ich stülpe dir den Sektkübel über den Kopf.« Pausenlos redete ich weiter. Plötzlich ein Aufschrei. Ich war unter dem Kübel verschwunden, vom Eiswasser übergossen. Und das mitten im Winter!

Eigentlich hatte ich überhaupt nicht mehr die Absicht, das Schauspielerinnendasein mit einem Manne zu teilen. Ich wollte Kinder haben und mit ihnen theaterspielenderweise über die Dörfer ziehen. Bereits bei meiner sechzehnten Geburtstagsfeier, vom Alkohol überfordert, hatte ich im Kreis der Schauspielschüler ausgerufen: »Sechzehn Jahre und noch kein Kind!«

Prominente Gynäkologen in Berlin und Wien wurden deshalb von mir aufgesucht. Sie erklärten einstimmig, dass es bei mir Schwierigkeiten gäbe, die aber durch eine Operation vielleicht zu beheben seien. Wenn ich darüber verzweifeln wollte, schrien die Herren mich an, ich solle doch froh sein, so toll Theater spielen zu können. Trotzdem ließ ich mich bei erstbester Gelegenheit operieren und unterzog mich monatelanger Hormonkuren für die Kinder, deren Väter ich noch nicht kannte. Nach der Operation wäre ich beinahe gestorben, viel zu früh wieder auf die Bühne geeilt, bekam ich eine Lungenembolie. Der berühmte Professor Bergmann in der Berliner Charité hatte mich für eine Woche an das Bett fesseln und unter Betäubung setzen müssen, bis sich das Blutgerinsel wieder verteilt hatte. Als ich erwachte, sagte er: »Nach dieser Strapaze werden sie sich ein langes Leben lang erholen können.« Hatte der eine Ahnung! Von Erholung konnte wohl kaum mehr die Rede sein!

Im nächsten Film musste ich autofahren und reiten können. Nie geübt, behauptete ich, beides perfekt zu beherrschen. Dieser Schwindel ist nachahmenswert! Rascher kann man es kaum erlernen als unter diesem moralischem Druck. Die erste Autofahrt vor der Kamera war souverän, der Schwung auf das Pferd gekonnt, eine Blamage wäre unter diesen Umständen undenkbar gewesen. Allerdings wollte ich dann aber auch ein eigenes Auto besitzen.

Zum Einfahren meines neuen Sportkabrioletts stellte mir die Firma einen Chauffeur zur Verfügung, den ich »Zwinker-Otto« nannte. Vom Ersten Weltkrieg hatte er ein Nervenleiden zurückbehalten, nach meiner

Meinung für seinen Beruf keine allzu gute Voraussetzung. Aber er fuhr fabelhaft und war zudem noch eine Seele von einem Menschen. Nur mit meinem Hausmädchen, Anna, die hoffnungslos schielte, lag er ständig im eifersüchtigen Streit. Anna konnte einiges, nur nicht kochen. Das veranlasste sie, beim Auftragen der missglückten Gerichte stets mit einem »Mir schmeckts« meiner Kritik vorzubeugen. Als ich mich von meiner Embolie wieder ganz erholt hatte, musste ich leider Zwinker-Otto entlassen. Mein Lebensstil war zu aufwendig geworden.

Tanz auf dem Vulkan

Krieg! Krieg ist ausgebrochen! Hitler hat der Welt den Krieg erklärt! Ich konnte meine Gedanken nicht mehr sortieren. Ich wollte glauben, es sei eine Nachricht von gestern, die heute bereits als überholt gelten musste. Mir fielen plötzlich alle Details der Erzählungen meiner Mutter ein, über eine Zeit, da ich noch nicht auf dieser Welt war. Sollte sich alles wiederholen? Die Deutschen hatten doch den letzten Krieg verloren. Also müßte der Spuk doch bald vorüber sein.!

Mein stolzes Auto war ich rasch wieder losgeworden, requiriert für Kriegseinsätze, ein flotter Stabsarzt soll es bekommen haben. Wir Schauspieler wurden verpflichtet, für eine »Winterhilfe« zu sammeln, wir glaubten noch an die gute Tat. Heinrich George stellte sich zur Verfügung, als »Goetz von Berlichingen«, in Rüstung und mit der eisernen Faust bewaffnet, stündlich einmal auf dem Balkon des Schillertheaters zu erscheinen, um das berühmte Zitat zu schmettern. Eine absurde Idee. Mir schien die beste Überlebenstaktik zu sein, Tag und Nacht in meinen Rollen zu leben, fern aller Realitäten.

Als Gründgens sich den Knöchel gebrochen hatte, mussten einige Aufnahmen für »Tanz auf dem Vulkan« verschoben werden. Inzwischen hatte ich aber bereits einen neuen Ufa-Film begonnen: »Mann für Mann« mit Carl Raddatz und Gustav Knuth. Die Nachtaufnahmen wurden nach meinen Theatervorstellungen bis zum Morgengrauen gedreht. Als nun die restlichen Aufnahmen für den Gründgens-Film auch noch dazukamen, sollte ich mein Bett tagelang überhaupt nicht mehr sehen dürfen. Da drehte ich durch, versteckte mich nachts im Hof des Theaters und entschlüpfte unbemerkt durch einen Nebenausgang und verflüchtete mich in Richtung der bekannten Schwindt-Bar in der Joachimsthaler Strasse. Dort setzte ich mich stumm neben den Pianisten. Ich brauchte Ruhe!

Es war der junge Peter Kreuder, der jede Nacht seine Melodien improvisierte, die ich so liebte.

Ich trank Sekt, freute mich wie ein Kind darüber, den Filmleuten entwischt zu sein. Ich fühlte mich vollkommen im Recht. Plötzlich jedoch tauchte ein kleiner, quirliger, trotz seiner Jugend zu barocken Formen neigender Mann, mit Knopfaugen und Wuschelkopf, im Lokal auf. Dieser »Waldschrat« war Regieassistent bei der Ufa, und ich wusste sofort, was die Stunde geschlagen hatte. Der junge Mann aber verhielt sich überraschenderweise völlig neutral. Es fiel kein Wort über den Film, er prostete mir so lange zu, bis ich anfing, schläfrig zu werden. Dann griff er liebevoll unter meine Arme, strahlte mich an und gluckste: »Nun komm aber. Der ganze Stab wartet auf dich. Die Scheinwerfer brennen bereits.« Er verfrachtete mich ins Auto. Die Aufnahmen konnten in dieser Nacht noch beendet werden; es war das Verdienst des kleinen Mannes, der später als Boleslaw Barlog die Intendanz des Schillertheaters übernahm.

An einem drehfreien Tag sah ich mir eine Generalprobe im Schillertheater an. Der mir bisher unbekannt gebliebene Regisseur saß zwei Reihen vor mir am Regiepult. Als beim Aufgehen des Vorhangs die ersten Reihen von der Bühne her Licht bekamen, drehte er sich um, sah mich und blieb so sitzen bis zur Pause, dem Bühnengeschehen abgewandt. »Das kann doch nicht wahr sein!« dachte ich und wollte schnell die Flucht ergreifen. Aber im Foyer stürzte er hinter mir her und blockierte meinen Abgang mit der Frage: »Wollen Sie meine Frau werden?« Ich sagte schlicht und einfach: »Ja.« Diese Frage erschien mir später wie seit langem erwartet. Ich wollte nicht mehr allein nach Hause gehen. Ich wollte eine Hand, die mich führt. Es war mehr eine Antwort, die ich mir selber gab. Es wurde eine Kriegstrauung, fern aller Romantik.

Da ich täglich morgens 6.00 Uhr vom Ufa-Wagen zu den Dreharbeiten geholt wurde und erst gegen Mitternacht vom Theater nach Hause kam, war mein zweiter Mann meist sich selbst überlassen, höchstens, dass wir uns einmal im Luftschutzkeller begegneten. Er war 25 Jahre älter als ich und sehr belesen, hatte viel von der Welt gesehen, war aber dem Alkohol unrettbar verfallen.

Ich stand auf der Szene für den Jannings-Film »Ohm Krüger«, als ich ans Telefon gerufen wurde. Die gute Anna keuchte: »Wieder volltrunken! Und gerade dabei, Ihre Bücher zu zerreißen. Die Schallplattensammlung liegt bereits zertrümmert am Boden.«

Der Schreck verschlug mir die Sprache. Wie erstarrt blieb ich am Telefon stehen. Als mich Jannings in dem bejammernswerten Zustand sah, begriff er sofort, dass ich unter einem schweren Schock litt. Wie ein großer Teddybär umsorgte er mich, ließ die Dreharbeiten sofort unterbrechen und fuhr mich zu einem Halsspezialisten, der einer seiner vielen Freunde war. Der Arzt konnte wunderbar Klavier spielen. Ich durfte im verdunkelten Nebenraum auf der Couch liegen, während er auf dem Flügel improvisierte. Durch die Musik löste sich der Krampf, ich konnte hemmungslos weinen und auch wieder reden.

Jannings behauptete, für diese »idiotische Ehe« müsse ich bezahlen, rief einen zweiten Freund an, einen Scheidungsanwalt, der eine schnelle Einigung über die Abfindungssumme, den sofortigen Auszug meines Mannes und den baldigen Scheidungstermin zustande brachte. Ohne viel Gefühlsduseleien hatte Jannings mir geholfen. Wir blieben von da an gute Freunde.

Meine reife Kollegin Ida Wüst hatte mir einmal gesagt: »Kind, du bist viel zu jung. So früh große Rollen gespielt zu haben, das wirst du einmal bereuen. Man wird später sagen: Na, die ist doch mindestens schon ...« Trotzdem konnte ich nicht wiederstehen, eine neue große Filmrolle zu übernehmen. Harald Braun, einstmals Assistent des Altmeisters der Regie, Karl Fröhlich, machte seinen ersten selbständigen Film »Zwischen Himmel und Erde«, mein großer Gegenspieler war Werner Krauss.

Als Harald Braun das erste Mal mir gegenübersaß, empfand ich viel Wärme und eine innere Gewissheit darüber, einem wahren Freund für mein Leben begegnet zu sein. Seine lustigen braunen Augen, wie kleine Sonnen, waren von tausend Fältchen umgeben. Seine Übersensibilität erschien mir im Filmgewerbe eigentlich fast deplaziert.

Der Film wurde in dem niederrheinischen Städtchen Xanten, die Dachdecker-Szenen original auf dem hohen Turm des Xantener Domes gedreht. Wir mussten also vor Drehbeginn früh am Morgen über 160 enge Turmstufen emporsteigen. Krauss bat mich jedes Mal, möglichst eng vor ihm zu gehen, damit er die kleinen antiken Knopfstiefelchen, die unter dem schmalen Rock der achtziger Jahre zum Vorschein kamen, sehen konnte. »Auf den Flügeln der Phantasie muss man lieben«, erklärte er mir, »Erotik, aller Geheimnisse enthüllt, ist eine traurige Angelegenheit.«

Krauss erarbeitete sich seine Rollen sehr schwer. Beinahe pedantisch probierte er jeden Schritt und jede Handbewegung aus, bis ihm die magische Verwandlung gelang. Dann aber war er nicht mehr er selbst. Die ständigen Verwandlungsprozesse vollzogen sich sogar außerhalb seiner Rollen und seiner beruflichen Sphäre, er kam nie davon los. So konnte man an freien Drehtagen oder am Feierabend auf der Strasse und in Lokalen einem Maurer, einem Schornsteinfeger oder auch einem stupiden Amtsmann begegnen, der einem irgendwie bekannt erschien. Oft, wenn diese visionären Gestalten bereits verschwunden waren, wurde es einem erst bewusst, dass es Werner Krauss gewesen war. Inmitten der verschiedensten Bevölkerungsschichten lebte er, sprach und aß mit ihnen, ohne dass sie in ihm den Schauspieler vermuteten. Es war fast ein schizophrenes Dasein, dem sich das Genie nicht entziehen konnte. Als Kollege war er zurückhaltend und liebenswert, doch voller innerer Zweifel, das spürte man. Seine privaten Tragödien, Frauen-Begegnungen waren bekannt, aber er schwieg beharrlich darüber. Ich glaube, er war ständig auf der Suche nach innerer Ruhe, die er nicht finden konnte. Wenn er in eine fremde Haut schlüpfte, war das eine Flucht vor sich selbst.

In Xanten wurden wir, gemessen an den damaligen Kriegsverhältnissen, köstlich bewirtet und verwöhnt. Ich bekam einige Pfunde zuviel und rang mich zu dem Entschluss durch, anschließend an die Dreharbeiten eine Hungerkur zu machen. Wie paradox! Eigentlich schämte ich mich dieser außergewöhnlichen Situation, mitten im Krieg, da Lebensmittelrationen den Speiseplan einschränken ließen. Immer wieder verdrängte ich den Alltag. Ich wollte einfach nicht an den Krieg glauben.

In dem Sanatorium wurde mir beim Empfang ein opulentes Mahl gereicht, dann aber nichts mehr vorgesetzt außer trockenen Brötchen, die spätestens am dritten Tag am Gaumen klebten. Dazu gab es abwechselnd einen kleinen oder einen großen Trinktag, pro Tag zwei Gläschen Schnaps oder einen Schoppen Weißwein. Das genügte, die Hungerkünstler in euphorische Stimmung zu versetzen, die bei ihren Waldläufen fröhliche Lieder schmetterten.

Vorsorglich hatte ich mir für die bevorstehenden fünf Wochen einen Schrankkoffer voller Bücher mitgenommen. Für Harald Brauns Humor war es typisch, dass er mir mit trostspendenden Worten ausgerechnet den Abenteuerroman »Die Hungerpatrouille« hinterherschickte.

Nach wenigen Tagen wurde es in meinem Kopf wunderbar klar und leicht, die Welt der Phantasien schien sich überschlagen zu wollen. Ich fing gerade an, Gedichte zu schreiben, als eine Depesche diesem Aufenthalt ein jähes Ende bereitete. Ich wurde nach Amsterdam gerufen. Dort sollte ich im Rembrandt-Film Hendrikje Stoffels spielen, eine außergewöhnliche Rolle.

Eine kurze Übergangskost, dann aber konnte ich an der holländischen Grenze einer großen Schachtel Pralinen nicht widerstehen – auch auf die Gefahr hin, auf der Stelle zu explodieren. In Amsterdam gingen wir sowieso alle nach einigen Tagen ungewohnter kalorienreichster Kost dazu über, Schlankheitstage mit holländischen Austern einzulegen. Von allen Seiten wurden uns Dinge angeboten, die wir jahrelang in Deutschland entbehrt hatten. Seifen, Parfüms, Schuhe, Strümpfe, herrliche Stoffe, Lebensmittel, Medikamente. Mit von unserem Team war die köstlich exzentrische Elisabeth Flickenschildt, die während des Krieges fast nur in sogenannter Luftschutzkellerkluft anzutreffen war, allerdings in der ihr eigenen Abwandlung. Zu ausgebeulten Trainingshosen trug sie Stöckelschuhe, natürlich ihre Chiffontücher, darüber Chenille-Schleier.

Eines Abends lud sie geheimnisvoll alle Kollegen auf ihr Hotelzimmer ein. Dort lag sie im breiten französischen Bett, zwei neu erworbene, verrückte Hüte zugleich auf dem roten Haar, mit Schleier und Pleureusen, über die Decke gebreitet lagen die herrlichsten französischen Stoffe, Seide und Sammet.

Wir feierten die Nacht durch und klammerten uns an die Illusion, wenigstens für kurze Zeit dem Abgrund des Krieges entronnen zu sein.

Eine Zeitung schrieb über Hendrikje Stoffels: »Eine echte Gisela-Uhlen-Rolle, sie verlangt bedingungslose Hingabe bis zur Selbstvernichtung.«

Ständig, vor allem aber auf der Bühne, wollte ich meine Ausdauer und meine Kraftreserven bis an die äußerste Grenze strapazieren, spielte eine dramatische Rolle nach der anderen. Meine Nerven waren bald ziemlich angeknackst.

Auch wurde mein Leben mehr und mehr von der Idee bestimmt, menschliche Tiefschläge erleiden zu müssen, um dadurch ein größeres Reservoir für künstlerische Leistungen zu erreichen. Es machte mich fast glücklich, mit meiner Person fahrlässig umzugehen. Allerdings litt ich auch zeitweilig unter Depressionen, gegen die ich mir an den wenigen freien Tagen selbst Schlafkuren verschrieb. Ich stellte alle Glocken ab und schlief mit Tabletten ein bis zwei Tage durch, wachte davon sehr erfrischt und vom gleichzeitigen Fasten entschlackt auf, bereit, mich wieder ins Leben zu stürzen. Damit hoffte ich, meine ständig wachsende Menschenscheu zu überwinden. Da sich niemand um meine Tiefs kümmerte, blieb es allein mir überlassen, immer wieder aufzutauchen wie Phönix aus der Asche.

Während des Krieges waren die Menschen mehr oder weniger fatalistisch eingestellt. Stündlich wurde unser Schiff vom Untergang bedroht. Die Bombennächte erlaubten uns wenig Schlaf, Katastrophen wurden zur Gewohnheit, übermäßiger Alkoholgenuss erschien manchem die einzige Alternative zu sein.

Im ersten Jahr der Bombenangriffe auf Hamburg drehten wir dort »Zwischen Hamburg und Haiti«. Mein Partner war Gustav Knuth. Regelmäßig morgens um sieben Uhr erschien ich beim Maskenbildner, und die Luftschutzsirenen verbannten uns gegen 21.00 Uhr in den Keller. Bald konnte ich kaum mehr aus den Augen schauen vor Müdigkeit. Aber weil ich ein heruntergekommenes Mädchen zu spielen hatte, war das alles nicht so schlimm. Hamburgs Innenstadt brannte einmal lichterloh, als ich mit jungen Leuten des Filmtrupps zusammen nachts auf das Dach des Atlantic-Hotels stieg, um das Flammenmeer zu beobachten. Vom roten Qualm taumelig geworden, bemerkten wir nicht, dass einige verstreute englische Flieger zurückgekommen waren, um erneut Bomben zu werfen. Erst als einer der Kollegen, von einem Granatsplitter getroffen, blutüberströmt zusammenbrach, stürzten wir wieder hinunter in den Keller, und auch in den Alkohol.

Für die Haiti-Bevölkerung hatte man schwarze Soldaten aus deutschen Gefangenenlagern als Statisten herangeholt. Sie standen stumm und verbissen herum. Es gelang mir, den Maskenbildnern einzureden, ich benötige wegen meiner überempfindlichen Haut Unmengen Abschminke. An einem heimlich vereinbarten Treffpunkt im Gelände übergab ich dann nach Drehschluss einem der Schwarzen die großen Fett-Tiegel der Ufa, die diese baumlangen verhungerten Menschen gierig ausleckten. Das durfte niemand entdecken.

Man mußte sich daran gewöhnen, mit Unmenschlichkeit konfrontiert zu werden. Dagegen sich aufzulehnen bedeutete für den Einzelnen akute Lebensgefahr. Jeder mußte damit rechnen, vom anderen bespitzelt zu sein, jedes Wort blieb kontrolliert, und doch waren die Menschen in gefahrvollen Situationen bereit, wie Pech und Schwefel zusammenzuhalten.

So geschah es auch bei einer kulturellen Veranstaltung, als Goebbels in einer Rede den Selbstmord des Schauspielers Joachim Gottschalk, zusammen mit seiner jüdischen Frau und seinem Kind, kalt und zynisch erwähnt hatte. Plötzlich reichte einer dem anderen nach links und nach rechts die Hand. Aus den Reihen der Anwesenden hatte sich stumm eine Kette gebildet.

Meine Freunde, alles Künstler, kamen oft zu mir in meine Wohnung, um heißen Kakao zu trinken. Diese damals seltene Kostbarkeit verdankte ich einem Studenten, dem Sohn eines kubanischen Diplomaten.

Einmal kam auch ein jugendlicher Komiker zu mir, Horst Birr. Er war lange mit mir befreundet, trank stumm seinen Becher leer, ging zurück in seine Wohnung, die in unmittelbarer Nähe lag. Bald erfuhr ich, er hatte sich mit der Schnur seines Bügeleisens erhängt, weil der Schwindel um seine Papiere aufgekommen war. Als Jude entlarvt, sollte er wenige Stunden später von der Gestapo abgeholt werden.

In dieser Zeit fing ich an, mir darüber Gedanken zu machen, wo die Grenzen sind, den Verstand zu verlieren, ob man sie vielleicht unbemerkt bereits überschritten hat. Eines Nachts, auf dem Weg von der U-Bahn nach Hause, vernahm ich den Hufschlag eines galoppierenden Tieres und sah ein riesiges Kamel mitten auf dem Fahrdamm wie eine Fata Morgana an mir vorübersausen. »Jetzt ist es so weit«, dachte ich. »Jetzt werden meine Wahrnehmungen unkontrollierbar.« Am nächsten Morgen aber empfand ich große Erleichterung. Die Zeitungen verkündeten: »Einsames Kamel raste im 50-Kilometer-Tempo quer durch Berlin.« Das Tier war tatsächlich aus einem Wanderzirkus ausgebrochen.

An einem Abend wollte ich gerade Boris anrufen, einen russischen Emigranten, der Taxi fuhr und für mich immer erreichbar war. Da heulten die nächtlichen Sirenen auf. Nun war es für mich zu spät geworden. Kein Taxi durfte sich noch in Bewegung setzen. Aber ich war mit meinen Freunden in der Jockey-Bar am Wittenbergplatz verabredet und wollte nicht allein zu Hause bleiben. Es war mir alles egal. Trotz des Alarms, trotz der weiten

Strecke von fast zwei Stunden zu Fuß machte ich mich auf den Weg Um die Orientierung in den völlig verdunkelten Straßen nicht zu verlieren, tastete ich mich an den Häuserwänden entlang. Ich lief, immer schneller, kam fast ins Stolpern. Nur ab und zu blitzte ein Flakscheinwerfer auf. Da verspürte ich plötzlich einen warmen Hauch über meinem Gesicht. Am Arm die Berührung eines Körpers. Dicht vor meinen Augen glühten zwei kleine Lichter auf, ein leises Stöhnen entfernte sich – ich war wieder allein.

Hatte ich in zwei Augen geschaut oder waren es nur Reflexe gewesen? Zum Nachdenken blieb mir keine Zeit, die Angst saß mir im Nacken. Den Rücken an die Wand gepresst gab diese allmählich nach, ich versank in einer Drehtür. Kleine Notlichter gaben mir zu erkennen, dass ich mich im Vorraum einer Kinokasse befand. Ich drehte mich wieder heraus, stolperte weiter die Tauentzienstraße entlang, erinnerte mich, Detonationen gehört zu haben. Über mir schienen sich Flugzeuge zu entfernen, links von mir, hinter der Gedächtniskirche, brannte es. Dann trommelte ich wie verrückt an die verschlossene Tür der Bar. Als geöffnet wurde, stürzte ich an die Theke, um einen Cognac hinunterzuschütten und mit einer Flasche Selterswasser das verschwitzte, verrußte Gesicht abzuwaschen.

Den Keller der Jockey-Bar benutzten während der Bombennächte einige wenige Eingeweihte und deren Freunde als Luftschutzkeller. Ich wurde mit der Nachricht empfangen, der Berliner Zoo sei von den Bomben getroffen worden. Das Elefantenhaus brenne, Raubtiere seien aus ihren Gehegen ausgebrochen.

Eine seltsame Sehnsucht nach dem warmen Körper, der in dieser Nacht zitternd an mir vorbeigestreift war, empfand ich – vom Weinen geschüttelt:

»Die armen Tiere, sie sind noch einsamer als wir«

War ich einem verletzten Tiger begegnet oder einem schwarzen Panther?

INFERNO

Die Luftangriffe auf Berlin wurden immer heftiger. Emil Jannings ließ mich abends von seinem Diener Franzl abholen. Er wollte nicht allein im Luftschutzkeller sein, seine Frau Gussi wiederum wollte den Wolfgangsee nicht verlassen. So verbrachten wir oft die Bombardements in einer Art »Separeé« des Kellers vom Hotel Adlon zusammen. Er konnte abenteuerliche Geschichten erzählen. Vor allem aus der Stummfilmzeit, als jeder Filmmeter noch ein Ereignis war. Wenn er von seiner Zeit als Weltstar in Hollywood sprach, verfinsterte sich seine Miene, das war nicht seine Welt gewesen. Er ermahnte mich, niemals der Routine zu verfallen und auch bei einer Filmkarriere stets dem Theater treu zu bleiben. Zum »innerlichen Auftanken« meinte er und kaute dabei genüsslich den köstlichen Wein. Im Luftschutzkeller sprach niemand vom Krieg. Wer konnte wissen, ob er hier wieder lebend herauskommt? Das ungewöhnliche Phänomen des Ausnahmezustandes hielt uns fest umklammert, machte stark und löschte Risikogedanken einfach aus.

So fragte mich der große Mime darüber aus, wie ich mir meine Rollen erarbeite. Ich erzählte, dass ich zuerst die Plazierung meiner Rolle, beim Überfliegen des Textes, feststelle. Dann, beim zweiten und dritten Lesen die Beziehungen der Personen zueinander untersuche. Es sei unbedingt notwendig, laut zu lesen. Dann denke ich über Kostüme und Farben nach, über Tempo und Pausen. Danach beginnt erst das mechanische Lernen des Textes, wobei ich überlege, ob es besser ist zu sitzen, zu stehen oder zu laufen. Dabei kommt mir die Choreographie des Tanzens zu Hilfe. Nach einer Pause fragte ich, ob ich auf dem richtigen Wege sei. Ich schämte mich plötzlich, und mir kamen die Tränen. Jannings brummte: »Na, na, na, Du musst doch unsere Fahne weitertragen.«

Ein außergewöhnliches Drehbuch bekam ich zu lesen. Der Film »Symphonie eines Lebens« sollte kaum Dialoge haben. Anlässlich der Uraufführung seiner Symphonie wurde das Leben des Komponisten rückblickend in den Phasen der musikalischen Sätze erzählt. Der große französische Schauspieler Harry Baur war für diese Hauptrolle vorgesehen. Harry hatte ich bereits kennengelernt, als wir in der Comédie Française in Paris »Kabale und Liebe« spielten. Im »Maxim´s« war damals ein Sektfrühstück veranstaltet worden, zu Ehren des französischen und des deutschen Interpreten der Verfilmung der Puschkin-Novelle »Der Postmeister«. Es waren Harry Baur und Heinrich George. Jetzt sollte ich Harrys junge Geliebte spielen, deretwegen er seine Frau, im Film dargestellt von Henny Porten, verlässt.

Harry Baur war kurz zuvor auf der Titelseite der üblen Nazizeitung »Der Stürmer« als angeblicher Prototyp des jüdischen Schauspielers angeprangert worden, aber der Regisseur des Films, Hans Bertram, hatte keine Mühen gescheut, den Fall zu klären. Man nahm die Anschuldigungen zurück, und Josef Goebbels bereitete dem großen französischen Schauspieler einen spektakulären Empfang. Bertram hatte zwar Fliegerfilme gedreht, aber noch nie bei einem Spielfilm Regie geführt. Mit großer Leidenschaft stürzte er sich in diese Arbeit und verliebte sich dabei in mich. Ich war viele Jahre jünger, er konnte seine Überlegenheit mir gegenüber voll ausspielen, er zog mich ganz in seinen Bann.

Während der Drehzeit ging bei Harry Baur eine mysteriöse Wesensveränderung vor sich. Seine fast naiv-kindliche Ausstrahlung, seine Offenheit wichen einer bedrückten Nervosität, er schien in erschreckendem Tempo zu altern. Was steckte dahinter? Ich erfuhr es erst, als er bereits wieder nach Paris zurückgekehrt war.

Am Abschiedsabend hatte Goebbels für ihn und seine Frau noch ein großes Essen arrangiert und ihn danach höchstoffiziell an den Schlafwagen nach Paris geleiten lassen. Am nächsten Morgen verhaftete ihn dort die Gestapo aus dem Zug heraus. Die Nazis hatten bis zuletzt ein böses Spiel getrieben, obgleich sie inzwischen von der französischen Widerstandsbewegung Unterlagen dafür erhalten hatten, seine Papiere seien gefälscht. Er war doch Jude. Diese Entwicklung der Dinge hatte er wohl geahnt. Aber was veranlasste diesen liebenswerten, einfachen Menschen dazu, sich in die verhängnisvolle Situation des Kollaborateurs und damit in die Hände der Nazis zu begeben? Nach vielen Monaten hat man ihn als kranken Mann aus dem KZ entlassen. Einen Tag später starb er.

Obwohl Bertram noch mit einem ehemaligen Mannequin verheiratet war, bat er mich, seine Frau zu werden und überreichte mir dabei eines seiner Fliegerbücher, die er in den dreißiger Jahren verfasst hatte. Aus irgendeinem Grunde drehte sich mir der Magen um, als ich »Flug in die Hölle« las. Es fiel mir auf, dass darin verdächtig oft und sentimental der liebe Gott zitiert wurde. Trotz allem ahnte ich nicht, als ich ihm mein Jawort gab, dass ich bereits zu Fuß auf dem Weg in die Hölle war. Schritt für Schritt. Von jetzt an standen mir Jahre bevor, die mir alle Erkenntnisse über menschliche Niedertracht bringen sollten und die mich fast an den Rand des Abgrunds führten. Jahre, die alle meine Kräfte erforderten, mir aber auch das vermittelten, was ich jetzt an Erfahrungen anderer Menschen weitergeben möchte.

Bertrams Scheidung kam ins Rollen. Seine Frau enthüllte so viel Peinliches aus seinem Privatleben, dass er nach einem Ehrengerichtsverfahren aus allen Kulturinstitutionen verbannt wurde und damit die Möglichkeit verlor, weiter als Regisseur zu arbeiten.

Für mich waren die Würfel gefallen. Ungeachtet aller Warnungen stellte ich mich an seine Seite. Dem erfolgreichen Regisseur hatte ich kritisch gegenüber gestanden, dem Ausgestoßenen verfiel ich mit jugendlicher Unvoreingenommenheit und mit Leichtsinn.

Zu meiner großen Freude musste er die Klotzigkeit seines Lebensstiles, die prunkvolle Villa in Zehlendorf, seiner Frau überlassen. Ich war selig, als er in meine Ringelnatz-Behausung am Sachsenplatz einzog. Ich sprach davon, als Ideal einen Turm besitzen zu wollen, eine Festung zur Vorbereitung künstlerischer Arbeit. Ich versuchte, ihm zu erklären, diesen imaginären Turm dürfe ich nie verraten, durch Spekulationen, Konzessionen oder all das, wovon ich glaubte, dass es die Seele zerstören oder die Ausstrahlung eines Schauspielers zunichte machen würde. Und nach unserer Heirat im Oktober 1942 geriet ich tatsächlich in eine ähnliche Isolation.

Noch vor unserer Hochzeit hatte Goebbels mich in das Propagandaministerium bestellen lassen. Er ließ mir mitteilen, ich hätte die Konsequenzen zu tragen, wenn ich mich mit Bertram »identifizieren« würde. Ich lehnte jedoch jede Einmischung in meine privaten Entscheidungen entschieden ab. Bald darauf erfuhr ich, worin meine groteske Bestrafung bestehen sollte. Auf das Berliner Arbeitsamt gerufen, erhielt ich dort eine

»Dienstverpflichtung« ausgehändigt, als »Arbeitseinsatz« gab man mir die tägliche Dreharbeit von sieben Uhr dreißig bis achtzehn Uhr für den Film »Die Zaubergeige« im Ufa-Studio Babelsberg zu einer Mindestgage bekannt. Dieses seltene Dokument behielt ich sorgsam verwahrt.

Auf diese Weise konnte man mich nicht kränken! Ich wollte ja spielen, immer nur spielen, egal unter welchen Voraussetzungen.

Ein Freund war mir für immer geblieben. Harald Braun hatte mir seine Bücher mit der Bitte um »einen Stehplatz in Deinem Bücherbord« geschenkt, hatte Briefe geschrieben, zart, voller Resignation. Alles in winziger Handschrift auf das Papier gestochen, fast nur mit der Lupe zu entziffern, doch voller Schwung. Ich bekam Angst, dass diese Briefe eines Tages ausbleiben könnten. Er hatte ein »beredtes Schweigen« bei mir festgestellt, seitdem ich an Bertrams Seite lebte, sei mein Mund für ihn ein »Siegel«. Er wusste alles über mich, auch dann, wenn nichts gesprochen wurde und wir uns für lange Zeit aus den Augen verloren hatten.

Unter seiner Regie sollte ich wieder einen Film machen, nach Fontanes »Unterm Birnbaum«. Ein Wiedersehen im Elsaß zu den Außenaufnahmen im romantischen Städtchen Zabern. Mein Romeo aus Heidelberg, René Deltgen, spielte diesmal meinen Mann, Rudolf Fernau die Rolle des Reisenden, der vorbeikommt, um diese Ehe zu gefährden. Durch einen ungeklärten Mord wird gegenseitiges Misstrauen geweckt, der Verdacht, der andere könnte es gewesen sein, auf die Probe gestellt. Jeder nimmt die Schuld auf sich, ohne selbst schuldig zu sein. Jeder möchte mit dem Mantel der Liebe das wirkliche Geschehen zudecken. Fontane wollte wohl zeigen, wie kleinmütig die Menschen im allgemeinen sind, wie schnell bereit zu gegenseitigem Misstrauen.

Der Titel des Filmes »Der stumme Gast« sollte für mich von großer Bedeutung werden. Es war Frühling, das Elsaß blühte, wir waren wieder einmal den qualmenden Städten für einige Zeit entronnen. Die einheimischen Wirtsleute setzten uns Töpfe vor, von denen wir in letzter Zeit nicht mehr zu träumen wagten. Mit mir ging eine entscheidende Veränderung vor sich. Ich wurde fraulicher, entspannter. René Deltgen bemerkte während einer Liebesszene, ich hätte mich vor vierzehn Tagen noch ganz anders angefühlt. Der obere Knopf meiner Bluse wollte nicht mehr halten, die Garderobiere musste die Kostüme an den Seitennähten der Brust auslassen. Den ersten freien Tag benutzte ich dazu, in Straßburg einen Gynäkologen aufzusuchen, der mir das Ergebnis so rasch als möglich nach Zabern mitteilen wollte.

Ich rutschte hinter der Glastür in der engen Telefonzelle des Hotels in die Knie, blieb lang in dieser unbequemen Haltung sitzen, um mich den Blicken der Vorübergehenden zu entziehen. – Positiv! Ein Kind, ich würde also doch ein Kind haben!

Ich telegrafierte. Mein Mann kam für wenige Stunden, war zärtlich. Die Sonne wärmte mein Leben von neuem mit ihren Strahlen, die Sterne tanzten wieder unter schützendem Himmel. Von nun an jeden Schritt behüten, wie auf Polstern gehen, jede Bewegung bemessen, nur ja nichts gefährden!

Der Filmstab tuschelte über den »stummen Gast«, der sich zwischen dem Filmteam befand. Am Ende der Dreharbeiten bereits im dritten Monat, suchte ich nichts als Ruhe! Zunächst in einem Sanatorium, wegen verschiedener gesundheitlicher Tests, ausschlafen und sich erholen!

Die ganzen letzten Jahre hatte ich so gut wie nichts für meine Gesundheit getan, hatte nur gearbeitet, ein seelisches Korsett getragen. Im Februar 1945 würde das Kind zur Welt kommen. Bis dahin musste der Krieg beendet sein, hoffte ich. Bericht an die Kulturpäpste in Berlin, dass wegen der Schwangerschaft der »Diensteinsatz als Schauspielerin« entfallen muss. Ausatmen, den Kriegswirren vielleicht endgültig entronnen?

Mein Mann war dem Bodenpersonal eines Fliegerhorstes in Sachsen zugeteilt worden. Eine groteske Situation für einen Flugpionier. Aber vor Jahren hatte er sich bei Luftaufnahmen eine Verletzung an einem Auge zugezogen, war also für den Fronteinsatz nicht tauglich.

Meine geliebte Berliner Wohnung am Sachsenplatz war inzwischen von Bomben total zerstört worden, als ich zum Glück nicht anwesend war. Wir konnten im Hotel Bristol, Unter den Linden, ein Appartement ergattern. Für einen Tag wollten wir noch nach Berlin, die nötigsten Koffer holen und dann weitereilen in das wohlbehütete Sanatorium im Allgäu. Fliegeralarm! Wir mussten bleiben und die schlimmsten Berliner Bombennächte am 22./23. November 44 miterleben. Das Hotel ging unter wie ein sinkendes Schiff.

In den Wandspiegeln des großen Speisesaales flackerte der Schein unzähliger Kerzen. Mit großer Betriebsamkeit wurde zu Abend gegessen, obwohl es erst siebzehn Uhr war. Die Zeit-Gewohnheiten hatten sich verschoben. Spätestens gegen 21 Uhr 45 heulten täglich die Sirenen auf. Dann drängten die Menschen die Stufen hinab, schoben sich durch lange niedrige Gänge, an deren Wänden und Decken große bedrohliche Wasserrohre entlang liefen. Kellerkabinen waren für die Hotelgäste reserviert, die dort zusammengepfercht nachts beieinander ausharren mussten. Ihre Gesichter waren versteinert, zeigten nur noch wenige Reaktionen. Nur die Hände suchten gegenseitigen Halt. Die dumpfen Einschläge kamen näher und näher. Den müden Kopf an die kalte Steinmauer gelehnt, glaubte ich, der Himmel werde einstürzen, da rief eine junge Frau: »Es brennt! Über uns brennt das Hotel ab!«

Alle erhoben sich, als ob etwas Alltägliches zu verrichten sei und gingen nach oben.

Der rote Velourteppich in der Halle hatte bereits Wassermassen aufgesogen und sah aus wie ein riesiger roter Schwamm. Vor der Rezeption wälzte sich ein dicker Feuerwehrschlauch, mühsam gehalten von alten Damen im Pelz, von alten gebrechlichen Männern und von Kindern. Hinter dem Direktionspult saß im dunklen, korrekten Empfangsanzug der Geschäftsführer und sortierte Zimmerschlüssel, Schlüssel zu Hotelzimmern, die bereits abgebrannt waren. Aus dem Spiegelsaal kam der livrierte Portier, auf dem Arm einen Stoß Frottiertücher für Bäder, die nicht mehr existierten. Der alte, völlig verstörte Mann legte sie auf den Bartisch, um wie in Trance die Stücke zu zählen.

Zwei Schauspieler vom Staatstheater, Hans Leibelt und Paul Henkels, hatten neben uns im zweiten Stock gewohnt. Göring hielt bis zuletzt seine schützende Hand über ihre jüdischen Frauen. »Wer Jude ist, bestimme ich«, hatte Göring verlauten lassen. Jetzt saßen die Ehepaare lächelnd Hand in Hand am Fuße der großen Marmortreppe. »Wir haben nichts mehr zu verlieren außer uns selbst. Gott sei Lob und Dank.«

Die Stufen zur Toilette hinabgestolpert, erkannte ich dort meine Freundin Annemarie Heise, die den größten Berliner Modesalon besaß und fast alle Ufa-Filme ausgestattet hatte. Im Morgenmantel stand sie vor mir, das blonde Haar offen und zerzaust, unter dem Mantel nur ein Nachthemd. »Ich besitze nichts mehr, Gisela. Das Haus ist vollkommen heruntergebrannt. Im Flur griff ich rasch noch nach zwei Schirmen. Ich schenke dir einen.« Damit überreichte sie mir einen »Knirps«.

Ich eilte die Stufen so schnell als möglich wieder hinauf. Nur nicht heulen! Oben am Eingang sah ich unseren großen Mädler-Schrankkoffer auf mich zuschwanken, darunter Bertrams Schuhe, die sich langsam fortbewegten. Aus dem brennenden Stockwerk hatte er unsere letzte Habe noch gerettet. Er stellte den Koffer später in den S-Bahn-Schacht Unter den Linden. Dort hatten sich die Menschen auf der Flucht vor den Flammen versammelt. Indem ich mir eines der sinnlos gestapelten Handtücher des Bristol nass vor den Mund band, war ich vorher durch die Straßen geirrt, um mich zu vergewissern, ob tatsächlich auch die Regierungsgebäude brannten, wie man erzählte, die Reichskanzlei des Führers und das Goebbels-Haus.

Gold- und Silber-Tafelgeschirr hatten Antiquitätenhändler und Auktionshäuser in der Mitte der Straßen abgeworfen. Es funkelte und glitzerte unter dem Flammenschein. Ich war davon fasziniert wie von einem Nibelungenschatz. Vor dem Hotel Adlon floss eine Alkoholwelle. Der Keller, voll der edelsten Spitzenweine, hatte einen Volltreffer abbekommen. Ich dachte daran, wie ich zusammen mit Emil Jannings von diesem Wein getrunken hatte, es schien mir eine Ewigkeit her zu sein.

Als ich mich im S-Bahn-Schacht ausruhen wollte, verspürte ich die scharfe Kante eines Automaten im Nacken. Ich drehte mich um und las: »Schützt Kinder vor Feuer. Streichhölzer sind kein Spielzeug.« Ich lachte laut und rief: »Streichhölzer! Man hat uns mit Streichhölzern angezündet!« Derartige Reaktionen waren Bertram höchst peinlich. Ungeheuer tüchtig, hatte er im Hof einer nahegelegenen Speditionsfirma einen Karren entdeckt, auf dem wir im Morgengrauen unseren Mädler-Koffer quer durch Berlin schoben. Vom Antiquitätenviertel der Lützowstraße ab erkannten wir, dass alles um die Gedächtniskirche herum vollständig zerstört war. Ich stand mit den verdreckten Schuhen auf einem großen Plakat, inmitten Mund und Nase der Gisela Uhlen. Noch vor zwei Tagen war im Ufa-Palast am Zoo Premiere gewesen. Jetzt aber hatten wir uns aufgemacht, den langen Weg nach Potsdam zu Fuß zu gehen, nachdem wir uns von den chaotischen Zuständen am Anhalter Bahnhof überzeugt hatten. Vorläufig konnte wegen der angreifenden Tiefflieger kein Zug mehr abfahren.

Irgendwo in Richtung der Avus stoppte der Lieferwagen eines Modehauses, dessen Kundin ich jahrelang gewesen war. Der Fahrer erkannte mich und nahm uns mit. Endlich in Potsdam angekommen, hatten wir das Gefühl, im Herzen dieser alten Garnisonsstadt wie auf einer rettenden Insel gelandet zu sein. – Doch zwei Stunden später wieder Fliegeralarm! Der erste Großangriff auf Potsdam, Brände, Brände.

Langsam bahnte sich bei mir eine Nervenkrise an. Befand ich mich noch auf dem Seil des Lebens oder war ich bereits abgestürzt? Wenn ich wenigstens die Schwingungen des Netzes spüren würde, das mich aufgefangen hatte, dann wäre schon alles gut. Gleichgültig, sich fragen zu müssen, wie es weitergehen soll. Nur nicht im leeren Raum hängenbleiben. Ich wollte die Angst wegwischen – mit dem einzigen Gedanken: »Das Kind! Das Kind!«

KINDER IM SCHNEE

Von dem Bomben-Trauma erwacht, hatte ich nur den einen Gedanken, die Flucht aus der Umgebung Berlins zu beenden. Sofort an den Ort, wo mein Kind das Licht der Welt erblicken wird. Zwei Jahre zuvor hatten wir auf der flüchtigen Hochzeitsreise im Tiroler Seefeld eine Wiese erworben. Stolz war ich barfuss im hohen Gras die Quadratmeter abgelaufen, hatte in der Dorfkneipe auf Bierdeckeln Umrisse von Häusern gemalt. Wir hofften, nach dem Krieg bauen zu können. Jetzt organisierten wir ein Taxi für die Fahrt dorthin. In einem Haus am Berghang konnten wir die Parterre-Wohnung eines leerstehenden Hauses mieten. Hier wollte ich meine Zeit abwarten.

Ab und zu konnte mein Mann für wenige Stunden vorbei kommen, er brachte Baby-Wolle und Batist für kleine Hemdchen, mühselig irgendwo »organisiert«. Ich nähte und strickte und hatte bald eine reiche Ausstattung für mein Wunschkind zusammengebastelt. Während ich meine liebsten Opernarien vom Band hörte, war diese konzentrierte Tätigkeit wahrhaftig erholsamer als die üblichen hektischen Einkäufe. Warten auf das Kind ist die schönste Pause im Leben einer Frau. Kleine Füßchen trommelten oft im Takt der Melodien, die ich mitsummte. Manchmal tanzte ich vorsichtig durch die fast leeren Räume. Eines Tages aber stand darin eine Bauernwiege, wie ich sie mir erträumt hatte, eine Bauerntruhe als Wickeltisch, von einem alten Tischler, der nicht mehr in den Krieg ziehen konnte, geschnitzt. Aus roter Wolle von mir gezauberte Ponpons baumelten am Fenster, an die Wände hatte ich Figuren aus schwarzen Stäbchen geklebt. Das Kind sollte im Februar zur Welt kommen, jetzt stand Weihnachten bevor.

Das Haus war völlig eingeschneit. Die notwendigen Besorgungen konnte ich nur noch auf Skiern machen, indem ich meinen dicken Bauch mitsamt dem Dirndlrock in eine enorme Männerhose vergrub. Die einzige Verbindung zur Außenwelt war für mich ein winziges Radio, dem ich allerdings nur noch Glauben schenken wollte, wenn ich nachts Beethovens Schicksalsmotiv als Pausenzeichen vernahm und, unter einer Decke verkrochen, hörte: »Das war das Ende der Londoner Nachrichten in deutscher Sprache.« Von Nazis während dieser Informationen überrascht zu werden, bedeutete die Todesstrafe.

Das Ende des Krieges erschien jetzt absehbar. Im Norden waren die Deutschen eingekreist, vom Süden her rollte die Italienfront herauf. Nur noch die Frage blieb offen, aus welcher Himmelsrichtung die ersten Befreiungstruppen in Seefeld landen würden.

Ein weitläufiger, holzverschalter Gutshof wurde als Frauenstation eingerichtet, die einzige Ausweichklinik des schwerbeschädigten Innsbruck.

Paula Wessely kam nach Seefeld. Ihr drittes und mein erstes Kind sollten fast zur gleichen Zeit hier geboren werden. Sie schrieb fast den ganzen Tag Briefe, im Gegensatz zu mir abergläubisch, wollte sie von Vorbereitungen nichts wissen. »Attila wird alles bringen, wenn das Kind da ist«, sagte sie.

Rilkes »Requiem« las ich immer wieder. Der Gedanke, dass die Frau mit dem Kinde auch dessen Tod gebiert, ließ mich nicht mehr los.

Eines Morgens nahm ich meinen kleinen Rucksack und stapfte durch den Schnee zum Gutshof. Ich musste allein entscheiden, wann ich mich in Obhut begeben wollte.

Viele Stunden quälte ich mich, meine Kräfte wurden sichtlich schwächer, Medikamente gab es kaum mehr, auch nur den notdürftigsten Vorrat an Wäsche.

Es war alles ganz anders, als ich es mir vorgestellt hatte. Unter den Frauen, die mir gar nicht glücklich genug erschienen trotz des bevorstehenden Ereignisses, fühlte ich mich sehr allein. Eine Gebärende verfluchte lauthals ihren Mann, dass er ihr diese Qualen aufgebürdet hatte. Eine andere stellte sich selbst immer wieder jammernd die Frage, was sie nun allein mit dem Kinde anfangen solle. Um mich herum war die Geschäftigkeit groß. Ich klammerte mich an die Festung meiner Phantasien, bestieg im Geiste meinen einsamen Turm.

»Gut so, dass die schmerzstillenden Mittel am Ende sind«, dachte ich. Ich wollte alles schonungslos erleben, so nackt, wie das Leben ist. Soll der Mensch dem Tier untergeordnet sein, dem die Natur hilft? Ich wollte mir dieses Glück nicht nehmen lassen, war fast unersättlich nach Schmerzen.

Papier und Bleistift hatte ich mir erbeten, um in den kurzen Pausen der abklingenden Wehen jede Phase der Geburt festzuhalten in einem Brief an meinen Mann.

Der stets gütige Professor hatte mich in einen separaten Raum legen lassen, der notfalls auch als zweiter Operationssaal dienen konnte. Es werde wohl noch lange dauern, meinte er.

Vierundzwanzig Stunden waren vergangen bis zur Geburt. Der Mensch kann nur ein gewisses Maß an Schmerzen ertragen. Dieses einmal erreicht, folgt ohnmächtige Euphorie. Durch meine Tränen hindurch sah ich am Himmel die Kondensstreifen der Flugzeuge, erinnerte mich an van Gogh`s »Schwarze Vögel über dem Felde«. Hier waren es schwarze dicke Käfer, die über die Berge regneten. Doch das dumpfe Geräusch der Bombeneinschläge vernahm ich kaum mehr, obwohl die Viadukte um uns herum ständig unter dem Beschuss der Tiefflieger standen. Man hatte mich vergessen in meinem privilegierten Raum, als die anderen Frauen wegen der drohenden Gefahren in den Keller gerollt wurden. Aus tiefer Ohnmacht in das Leben zurückgetaucht, bäumte ich mich mit letzter Kraft auf und erkannte diesmal das liebe, runde Gesicht des Professors und zugleich zwischen meinen Schenkeln einen bläulich-roten Wurm. Am Ende der Nabelschnur hing ein zappelnder Krebs – es war ein Mädchen.

Eine weiche, runzlige Hand legte sich auf meine Stirn. »Ich heiße Tapfer«, sagte der Professor, »und sie sind es.«

Bertram erhielt für wenige Stunden Urlaub, das Kind zu sehen. Als er wieder abgefahren war, stellte sich heraus, dass in seinem Zug ein krankes Kind gesessen hatte. Er war zur übertragenden Person geworden, und meine kleine Barbara bekam am elften Tag ihres Lebens Keuchhusten, schwebte bereits in Lebensgefahr. Ich war ebenfalls daran erkrankt. Zwischen starken Hustenanfällen wachte ich Tag und Nacht an der Wiege und beobachtete, ob sich das kleine Gesicht bläulich verfärbte. Dann musste ich das Baby sofort aufheben, fasste es an seinen Beinchen und schwenkte das zarte kleine Wesen mit dem Kopf nach unten ziemlich kräftig hin und her. Nur dadurch entging es der Gefahr zu ersticken. Das Kind hatte selbst noch nicht die Kraft, rechtzeitig den Schleim abzuhusten.

Allein im großen Haus, nur auf selten noch mögliche Besuche des Arztes wartend, der durch Blutserum die künstliche Ernährung unterstützte, konnte ich das Leben meines Kindes dadurch retten, ununterbrochen wach zu bleiben. Eines Tages war es überstanden. Der Husten verschwand, das Kind kam allmählich wieder zu Kräften.

Rudolf Fernau hatte mir zur Geburt Worte aus Shakespeares »Wie es Euch gefällt« in Erinnerung gebracht. Er zitierte in seinem Brief: »Ihr seid ohne Frage in einer lustigen Stunde geboren?« Worauf Beatrice antwortete: »O nein, denn meine Mutter weinte. Aber es tanzte eben ein Stern, und unter dem bin ich zur Welt gekommen.« Welch ein Stern war das, der für Barbara tanzte, und sollte sie ihn behalten dürfen?

Einige Frauen liefen zum Hügel hinauf, klopften an meine Tür, gehetzt und kreidebleich. Ich solle hinuntersehen ins Dorf, auf den Bahnhof. Ich erkannte zu meiner Überraschung viele rote Vieh- und Güterwagen, die wohl nachts angekommen waren. Es wimmelte davor von Menschen. Hier und da saßen sie an kleinen Feuerstellen. Kurz darauf stand »Christus« vor mir. Er hatte an mein Haus geklopft. Den Körper zum Skelett abgemagert, von wenigen Lumpen bedeckt, die nackten blutigen Füße im Schnee. Die Augen waren vom Hunger in die Höhlen zurückgefallen, schwarzes Haar umrahmte den Totenschädel. Ich gab ihm Brot und Milch, aber auch ich verschloss die Tür wieder vor dem KZ-Flüchtling. Ich hatte Angst, so allein mit dem Kinde.

Während es schlief, eilte ich ins Dorf hinunter. Dort schien sich das Grauen ausgebreitet zu haben. Überall Menschen auf dem Hungermarsch. Nach wenigen Metern fiel wieder einer hin, legte sich auf das Pflaster zum Sterben. An den Häuserwänden, in den Türen, starrten wie versteinert die Einwohner von Seefeld auf das Geschehen. Sie weinten stumm. Viele Ahnungen vergangener Zeiten wichen dem Entsetzen, der Erkenntnis von Wahrheit, die sich vor ihren Augen jetzt klar abzeichnete. Nachrichten sickerten durch, dass feige SS-Wachen des KZ-Lagers von Dachau ihre Posten vor den anrollenden Befreiertruppen verlassen hatten. Die Häftlinge waren wie Tiere aus ihren Käfigen ausgebrochen. Irgend jemand hatte Waggons für Viehtransporte in Bewegung gesetzt. In Trauben hingen die gepeinigten Menschen daran. Einziges Ziel vor Augen, über die Berge in die rettende Schweiz zu entkommen. Zwischen deutschen Juden befanden sich viele Ungarn und Tschechen, aber sie sprachen längst alle die gleiche, einzige Sprache des Leidens, die mühsam artikulierten Urlaute verzweifelter Menschen kurz vor dem ersehnten Tode. Wie wenige von ihnen würden wohl noch das schützende Ziel erreichen?

Wie gelähmt vom Anblick des Elends stieg ich wiederum zum Berg hinauf. Noch lange Jahre danach sollten mich diese Bilder verfolgen, immer wieder, immer wieder! So auch, als ich eines Tages auf der Bühne die Worte zu sprechen hatte: »Vielleicht hat alles ganz einfach angefangen, vielleicht dadurch, dass die Sonne auf einen Felsen schien, und nun sind wir hier. Es gibt keinen Gott. Wir haben nur uns selbst.«

Fast alle Tiroler Standschützen hatte es bereits in die Berge verschlagen, obwohl einer ihrer prominentesten Anführer aus dem Schutze seines Bunkers heraus verkünden ließ, von nun an werde das Land mit Steinwürfen verteidigt. Felsbrocken werde es von den Bergen regnen, damit der Feind zurückgeschlagen. Wenige Stunden nach diesem Aufruf durch das Radio wurde der große Sprecher auf der Flucht erwischt, getarnt in der Maske eines Schornsteinfegers.

Ein Bauer kam des Nachts zu mir mit einer Nachricht von Bertram. Er hätte den Auftrag, mich und das Kind in einem nahegelegenen Bauernhof zu verstecken, bis alles vorüber sei. Bereits zum nächsten Morgen wurden die Befreier erwartet.

Oh, diese Nacht im Schneesturm! Mit dem in Decken gehüllten Baby saß ich hinten auf dem schweren Motorrad, schützend hielt ich poröse Tücher über das Gesichtchen des Babys. Weil sein Atem kaum noch zu verspüren war, zitterte ich vor Angst, es könne ersticken. Während der rasenden Fahrt über Berge und Täler behauchte ich immerzu Mund und Näschen, bangte um jede geringste Reaktion. Der Schnee versuchte uns vollends einzuhüllen.

Endlich, in tiefer Nacht, einen Bauernhof an der Landstraße erreicht, verfolgte mich eine Fiebervision. Der weite dunkle Himmel senkte seine schweren Schneewolken nieder. Wie ein großes Zirkuszelt schlugen sie über uns zusammen, von niemandem sonst bemerkt. Ich versuchte, mich dagegen zu stemmen, wie der Baum gegen den Wind, dabei verbrannten meine Wurzeln in der Erde unter qualvollen Schmerzen. Am nächsten Morgen blieb es einen Tag lang Nacht.

Die alte Bäuerin, groß und hager, hatte mich mit dem Baby unsentimental aufgenommen. Wir durften am Ende des langen, schmalen Stalles auf Strohmatten ausruhen, warme, weiche Blicke der Kühe behüteten uns. Der Gestank von Dung vermischte sich mit dem milchigen Duft des Babys.

Ich war seltsam getröstet im Bewusstsein, die eigenen Kräftereserven wiedererlangt zu haben. Vorläufig musste das Baby in kürzeren Abständen an die Brust gelegt werden, damit niemand durch sein Schreien auf unsere Anwesenheit aufmerksam wurde. Zum Glück bewahrte meine Brust genügend Milch. Nach einem kräftigen Frühstück mit scharf geräuchertem Speck wurde ich in ein Versteck gebracht. Nicht weitab vom Hof gewährten tief im Inneren des Berges riesengroße Schächte Unterschlupf für die vielen Menschen aus den angrenzenden Dörfern, während in regelmäßigen Abständen Tiefangriffe feindlicher Flieger auf die naheliegenden Viadukte niederprasselten. Das Kerzenlicht verlieh dem Bauch des Berges einen märchenhaften Schimmer, ließ Greisengesichter der Bauern wie Totenschädel an der Felswand erscheinen, verträumte Kinderaugen wie im Schrei erstarrt. Die Hände der Menschen lagen meist auf deren Schoß, die Innenflächen nach oben gewandt. In der Haltung, wie Inder bereit sind, gelassen ihr Schicksal entgegenzunehmen. In diesem Kreis stummer wartender Menschen wurde ich ohne viel Fragen aufgenommen, wie ich da saß, im Dirndl, daneben den Wäschekorb mit dem Baby. Nachrichten von außen verhießen ein baldiges Aufatmen vom Krieg. Deutschland wurde von überall her überrollt. Es blieben nur noch wenige Stunden abzuwarten, bis die Dorfkette des Zirler Berges erobert sein würde.

Das Baby war eingeschlafen. Mich erfasste eine quälende Unruhe. Gegen alle inneren Warnungen der Gefahr lief ich durch den Schneesturm den dunklen Weg hinüber zum Gasthof an der Straße. Das alte Holztor zur Backstube war von der Außenkälte klamm, ich musste mich mit aller Kraft dagegenstemmen. Außer Atem stand ich in der großen Küche, die in den Dunst dicker Rauchschwaden gehüllt war. Überall lehnten vermummte Gestalten an den Wänden oder hockten verstreut auf am Boden. Es schienen wohl die letzten Soldaten zu sein, die sich hier noch einmal aufwärmten, vor dem nächtlichen Einsatz in einem sinnlosen Kampf, mit Maschinengewehren oder Panzerfäusten die anrollenden Truppen abzuwehren. Es war ein stummes Übereinkommen, nur hin und wieder drangen Knabenstimmen an mein Ohr, griffen Kinderhände mit abgenagten Nägelkuppen nach einer Tasse warmer Milch.

Ich trat zum Herd, die Bäuerin schöpfte heiße Brühe aus. »Das darf doch nicht geschehen«, flüsterte ich, »bitte verriegelt einfach alle Tore. Lasst diese Kinder nicht gehen.« Nur einen kurzen Augenblick unterbrach die Alte ihre Arbeit. Ihre knochigen Finger schlugen das Kreuz. »Himmel, Herrgott, Jesses, es sind wohl die letzten, aber es sind nicht die einzigen Kinder, die dieser Krieg gefressen hat. Mein Sohn kommt nicht mehr, mein Enkel ist irgendwo draußen unter ihnen. Begreifen wirst du es erst, wenn es dich selber trifft.« Ihre ausgewaschenen Augen wollten keine Träne mehr hergeben.

Ich rannte wieder zum Berg zurück. War es das Schneewasser, das über mein Gesicht hinströmte? Ich legte mich neben den Wäschekorb auf den Steinboden, um mich abzukühlen. Die winzigen Babyfäustchen umklammerten meinen Zeigefinger. »Das ist der Daumen, der schüttelt die Pflaumen«, ging es mir durch den Sinn. Ich glitt hinüber in die Pause des Lebens, die wir den Schlaf nennen.

Schritte huschten an mir vorbei, gingen über mich hinweg. Vom Ausgang der Höhle her hatte mich der fahle Schein des beginnenden Morgens getroffen. Die anderen, die mit mir aus dem Schutz des Berges heraustraten, erzählten, während der langen Nacht seien pausenlos die amerikanischen Panzer vorübergerollt. Jetzt bot sich unseren Augen ein makabres Schauspiel. Eine dicke, dunkle Raupe, aus Menschen zusammengesetzt, kroch die Bergstraße empor. Männer in gesprenkelten Tarnanzügen, in hohen Stiefeln, runde amerikanische Stahlhelme wie Kochtöpfe festgeschnallt, die von Tarnnetzen umspannt waren. In genau bemessenen Abständen voneinander füllten sie die Breite der Bergstraße aus. Wie durch ein Räderwerk aufgezogen, bewegten sie sich mit kleinen Schritten vorwärts, in eisiger Kälte, in gleichmäßig abgehacktem Rhythmus. Ein seltsamer, unheimlich anmutender Aufmarsch, ein tanzender Trauerzug. Zwischen jedem einzelnen der Schritte bewegten sich die Augen unter dem umgestülpten Topf nach rechts und nach links. Ich begriff auf einmal die Bezeichnung »Spähtrupp« und wäre fast von einem der so unpassenden Lachkrämpfe überfallen worden, die ich bei Beerdigungen bekämpfen muss. Dichter, trockener Schnee rieselte sanft herab, türmte sich auf, hatte am Wegrand kleine Menschen zugedeckt, die ausgebrannten Panzerfäuste lagen noch in ihren Händen.

Die Amerikaner zogen ungehindert ihren Weg, in der einen Faust die Fackel, fast ohne Schein im Zwielicht, in der anderen das Gewehr, fest an den Körper gepresst.

Der Himmel, von Schneewolken verschlossen, wollte es nicht Tag werden lassen. Nachdem die Fußtruppen langsam verschwunden waren, rollten unaufhörlich große Panzer vorüber. Die Geschütze bedrohlich ausgefahren und alle Luken fest verschlossen, war von der menschlichen Besatzung nichts zu sehen. Symbole der Macht schraubten sich wie Roboter langsam die Bergstraße empor. Diese Mammutparade machte alle Anstrengungen der Nazis, den Krieg doch noch zu gewinnen, zu einer jämmerlichen Farce.

Die Menschen krochen aus dem schützenden Bunker der Berge wieder in ihre Häuser zurück. Ein jeder ging irgendeiner alltäglichen Arbeit nach, noch tastend sich daran zu gewöhnen, dass der Ausnahmezustand wieder dem normalen Leben gewichen war. Ich trug mein Babykörbchen in den Kuhstall, legte mich ins warmfeuchte Heu, dachte über die Rätsel der Zukunft nach. Da fuhr mir ein Lichtstrahl hart ins Gesicht, das Stalltor war aufgerissen worden, eine kreischende Frauenstimme weckte mich vollends aus meinen Träumen. Eine Magd stolperte über mich hinweg, ich riss das Baby zu mir heran. Ein schwarzer Soldat stand wie eine schmalumrissene Silhouette eines Baumes hinter dem stämmigen Mädchen. Die Ärmel seines Khaki-Hemdes hochgekrempelt, sah man an seinen langen biegsamen Armen mehr als ein Dutzend glitzernder Uhrarmbänder aufgereiht, an jedem seiner Finger blitzten goldene Ringe. Wie ein schönes Tier stand er da, sagte zu dem Mädchen eindringlich immer nur: »Liebe, love.«

Als er mich mit dem Kinde entdeckt hatte, wurde sein dunkles Gesicht von einem verlegenen Grinsen überzogen. »Pscht«, war der einzige Laut, den ich in meiner ängstlichen Verwirrung herausbrachte. Aber sofort drehte der schwarze Riese ab und schlich leise auf Zehenspitzen sehr vorsichtig wieder ins Freie hinaus.

Die Alliierten hatten Bertram festgehalten, als er mit seinen Leuten aus den Bergen heruntergekommen war. Zur Überprüfung wurden die Männer zunächst in Seefeld in einem Gebäude der Feuerwehr untergebracht. Jeden zweiten Tag wanderte ich diese fünf Kilometer hin und zurück. Die Bäuerin hatte meinen Rucksack jedesmal mit frischem, selbstgebackenem Brot, Geräuchertem und leichtem Rotwein vollgepackt. Ich stand unter den Frauen, denen es gestattet wurde, von der Straße ihre Männer durch die vergitterten Fenster zu versorgen.

Eine große Auffahrt vieler Jeeps war mir aufgefallen, als ich eines Nachts in die Gaststube gerufen wurde. Ein Offizierskommando wollte zur Nacht essen. Es herrschten Jubel und Trubel, wie bei einem festlichen Hochzeitsmahl. In der Mitte der Stube unter dem gewaltigen Bauernkruzifix saß ein vitaler, rotwangiger Offizier, emsig darum bemüht, mit mir Kontakt aufzunehmen. Er sei Australier, sagte er nach einer Weile. Nur, um überhaupt irgend etwas zu erwidern, erzählte ich, dass mein Mann als Flieger einmal in Australien verschollen gewesen sei. Da schoss der Gast in die Höhe, benutzte die Gelegenheit, mich in seine ungelenken Arme zu reißen »Captain Bertram, mein Freund. Wo ist er?«

»Im Spritzenhaus«, erwiderte ich abwehrend.

Beim kräftigen Mahl und Tiroler Rotem überschüttete anschließend der Eroberungsapostel die Anwesenden mit Befreierideologien und klärte sie dann über seine Machtprivilegien beim amerikanischen Hauptquartier in München auf. »Wir holen euch raus und nach Deutschland mit allem eurem Hab und Gut.«

Wenn die Deutschen in ihre Heimat zurückwollten, so war es proklamiert worden, durften sie nur das mitnehmen, was sie selbst tragen konnten.

»Und wie sollen wir ihre Hilfeleistung vergelten?« fragte ich. Er blickte sich im Raume um. »Falls Sie eine Leica haben, wäre das ein feines Souvenir.« Vom Alkohol animiert, hielt er sich an den gekreuzigten Füßen des holzgeschnitzten Heilandes über seinem Kopfe fest und steuerte dann, wie der Auferstandene persönlich, schwankend hinaus zu seinem Jeep.

Bereits in der übernächsten Nacht wurde Bertram aus dem Spritzenhaus geholt und das gesamte Mobiliar auf Lastwagen geladen. Da die Besatzungstruppen ständig wechselten, waren die amerikanischen und englischen Posten an der österreichischen Grenze inzwischen durch grimmige Marokkaner abgelöst worden. Es war große Aufregung entstanden, weil keine Frau vor ihren Brutalitäten sicher sein konnte, angstschreiend flohen sie vor ihnen in die Berge.

Als unsere Karawane an der Grenze vorübergezogen war, ließen die marokkanischen Wachen vor Erstaunen ihre Krummsäbel quer zwischen den Zähnen balancieren. Vorn im bahnbrechenden Jeep saß Bertram neben dem australischen Befreier. Ich klemmte mit dem Baby eingezwängt zwischen dem chauffierenden Ami und einem Schwarzen hoch oben im Führerhaus des Lastwagens. Auf der Scharnitzer Anhöhe startete die kleine Barbara ein wildes Hungergeschrei, und ich musste feststellen, dass ich in der Aufregung des Aufbruchs eine falsche Bluse angezogen hatte.

»Hold a moment, please«, damit schwebte das menschliche Bündel bereits in die schwarzen Arme von nebenan. Kurzentschlossen stülpte ich mein Dirndl über den Kopf, und der Fahrer hatte große Mühe, sich beim einschläfernden Schmatzen des Babys weiterhin auf die Fahrt zu konzentrieren.

AUFERSTEHUNG

Eben in Mittenwald angekommen, war am Horizont die Sonne bereits steil aufgestiegen. Zwei Männer aus dem Jeep machten sich auf den Weg zur Bürgermeisterei, um Quartier zu beschaffen. Der schwarze Fahrer bat mich, ihm das schlafende Kind in den Arm zu legen. So ließ er sich von einem Begleiter fotografieren. »Mammi zu Hause staunen, ich Tempo gemacht, Baby so schnell«. Er strahlte wie ein Honigkuchenpferd.

Eine Menge von Nazi-Villen waren über Nacht verwaist zurückgelassen worden, die Gemeindevertreter hatten aufgeräumt, aber meist die Kellerräume noch nicht gesäubert. Ich machte mich fleißig daran, ein neues Nest zu bauen, stillte zwischendurch das Baby oder schlief mit ihm im Arm unter den wundertätigen Strahlen der Gebirgssonne im Garten ein.

Ich machte im Keller Funde, die vielen dazu gedient hätten, Grundstein ihrer Vermögensbildung zu werden. Aus einem Berg von Papieren, die wohl im letzten Augenblick verbrannt werden sollten, kramte ich »Mein Kampf«, in Leder gebunden mit Goldschnitt und persönlichen Widmungen an alte Genossen, hervor. Auch noch viele andere begehrte Trophäen der amerikanischen Soldaten, die ich mit Hilfe meiner bayerischen Dienstmaid und ihres Ami-Freundes eintauschte in Kartoffeln, Speck, Käse, Reis, Nudeln und Haferflocken. Ich wusste wohl, was ich da aus der Hand gab, aber wir hatten Hunger, das Stillen des Babys ließ mir wenig Reserven. Manchmal fühlte ich mich zu schwach für das Risiko, eine Straße zu überqueren, trug Sorge, inmitten des Verkehrs ohnmächtig umzufallen. Außerdem hatte ich keinerlei Sinn für Spekulationen, nachdem der entsetzliche Spuk gerade mal vorüber war.

Eines Nachts, als mein Mann für wenige Stunden aufgetaucht war, kam eine der Visionen auf mich zu, die mich von Zeit zu Zeit in meinem Leben überraschten. Ich erwachte, weil ich aus dem Bett gefallen war. Bertram, ebenfalls davon im Schlaf gestört, machte Licht. »Was ist los mit dir?« Ich flüsterte: »Sei ganz leise, Papa ist eben zur Tür hereingekommen. Er möchte sich nur von mir verabschieden.« Bertram verdrehte die Augen in Richtung der Zimmerdecke. »Du bist total verrückt, mein liebes Kind.«

Einige Tage später erhielten wir ein Telegramm aus der französischen Besatzungszone. Mein Vater war genau in dieser Nacht, genau in dieser Stunde gestorben. Man hatte viele umständliche Ermittlungen gebraucht, um meine Anschrift zu erfahren.

Ja, ich glaube daran. Ich glaube an die Kraft der guten Gedanken, sonst gäbe es keine Liebe. Ich glaube an die Kraft der bösen Gedanken, sonst gäbe es keinen Hass und keine Verfolgung. Ich glaube, dass durch die Kraft des Willens fast alles verändert werden könnte. Ziellose Menschen sind kraftlose Menschen. Nach meiner Meinung kann das Leben zum größten Teil aus Selbstsuggestion bestehen. Die Gesichtszüge eines Menschen weisen die Qualität seiner Gedanken aus, jede innere Stimmung überträgt sich nach außen auf andere. Negatives Denken bringt fortschreitende Auflösung. Alles hängt vom Menschen allein ab, jeder Erfolg, alle Schuld. und abgerechnet wird hier auf Erden. Daran glaube ich.

Langsam fing ich wieder an, mich für Botschaften zu interessieren, Mitteilungen darüber, wo sich Freunde bei Kriegsende aufgehalten hatten. Gründgens und Heinrich George vegetierten in russischen Gefangenenlagern, Hermine Körner, Maria Koppenhöfer, Albert Florath und Erich Ponto hatten sich im Raum von Stuttgart wiedergefunden. Barbaras Taufpate, Willy Messerschmitt, saß auf der Festung Ludwigsburg und bastelte während der Haft bereits an neuen Erfindungen.

Ich nahm erneut Kontakte zum Theater auf, schließlich musste die Existenz neu aufgebaut werden. Ich erhielt sofort Arbeitserlaubnis als »Nicht betroffen«. Bertram jedoch hatte ein Entnazifizierungsverfahren zu erwarten. In privater Sphäre blieb ich »Nora« im goldenen Käfig, beruflich war es mir überlassen, für die Familie wieder meinen »Neuberinnenkarren« anzuspannen.

Vor allem Künstler unterlagen nach dem Krieg einem wahren Illusionstaumel. Berge von unbekannter oder bisher verbotener Literatur wurden vor ihnen ausgeschüttet. Das Tor zu unbegrenzten Diskussionen hatte sich weit geöffnet. Viel weniger Tabus, Austausch und Anregungen überall, jedes Wagnis fiel auf fruchtbaren Boden.

Das Leben musste weitergehen, vor allem auch das Theaterleben. Aus allen Himmelsrichtungen kamen Anfragen, wo ich denn sei. Fast übergangslos ging ich wieder auf Reisen, denn Berlin galt nach der Teilung nicht mehr als kultureller Mittelpunkt. Gastspiele in Heidelberg, im Staatstheater Wiesbaden, im Sommer wieder die Heidelberger Schlossfestspiele. Ich spielte Hebbels »Maria Magdalena«, Klabunds »Kreidekreis«, Zuckmayers »Katharina Knie«, Shaws »Heilige Johanna« und die Uraufführung von Anouilhs »Eurydice«. Dann rief mich das Stuttgarter Staatstheater. Ich wurde nach Wunschrollen befragt. »Alles, nur nicht die Luise.« Nachdem ich über so viele Jahre die Aufführungen von »Kabale und Liebe« mit George, Wegener und Caspar im Schillertheater und auch in der Comédie Francais gespielt hatte, war diese Rolle für mich ein unantastbares Heiligtum geworden.

Das Staatstheater stellte uns eine Wohnung zur Verfügung am Stuttgarter großen Wasserturm, oberhalb Feuerbach. Das gesamte Anwesen gehörte der Familie Porsche, dem Konstrukteur des Volkswagens. Die elegante Villa, inzwischen in mehrere kleine Wohnungen aufgeteilt, war bereits randvoll mit Schauspielerfamilien belegt. Nur noch das kleine, spitzgiebelige Chauffeurhaus nebenan war übriggeblieben. Dort zogen wir voller Begeisterung ein. In der angrenzenden großen Garage war einst der erste VW angekurbelt worden, berichtete man uns. Im Miniaturhäuschen musste wohl alles auf engstem Raum zusammengepfercht werden, aber es war warm und gemütlich. Der große Garten konnte uns genügend Gelegenheit bieten, sich selbst zu versorgen.

Bei meinem Antrittsbesuch im Staatstheater wurde plötzlich die Rollenfrage mit sehr großer Vorsicht behandelt. »Zur Eröffnung der Saison werden wir »Kabale und Liebe« bringen, selbstverständlich nicht ohne Sie.« Spontan wurde mein Antlitz von Luisens Blässe überzogen, schon hatte ich den faden Geschmack der Requisitenlimonade auf den Lippen. Aber was sollte ich dagegen einwenden?

An der Bühnenpforte fragte ich nach meiner Post. »Bereits von Herrn Bertram abgeholt worden.« Ich überlegte zuerst, stellte dann resignierend fest. »Daran werde ich mich wohl oder übel gewöhnen müssen.« Mit wurschtigen Gefühlen schlenderte ich nach Hause. Ich hätte Lust gehabt, wie die Kinder, »Himmel und Erde« zu spielen, wäre am liebsten auf einem Bein über die Pflastersteine gehopst.

Harald Braun war der erste, der uns nach dem Krieg besuchte. Er war sehr in seinen Gedanken versponnen. »Was werden die Menschen mit dem Leben anfangen, das ihnen neu geschenkt worden ist?« Wir gingen Hand in Hand im Garten spazieren und zu den angrenzenden Feldern hinüber. In seiner Gegenwart war ich glücklich, ohne nennenswerten Grund.

Er war vor mir stehen geblieben. Im grellen Sonnenlicht betrachtete er eingehend mein Gesicht, auf der Suche nach neuen kleinen Fältchen.

»Hier, um den Mund, werden sie stärker vom Lachen. Hier, auf der Stirn, tiefer vom Nachdenken. Viel aber wird sich nicht verändern. Du wirst immer so ausschauen, wie ich dich jetzt vor mir sehe. Vielleicht einmal ein bisschen müder. Aber dann werde ich schon lange, lange tot sein.«

Nur noch einem einzigen Menschen bin ich außer ihm begegnet, dem ich meine volle Verehrung und mein ganzes Vertrauen schenken konnte. Es war Hermine Körner, die größte Tragödin ihrer Zeit. In Ibsens »Gespenster« spielte sie Frau Alving, ich war Regine, Paul Hoffmann vom Burgtheater Wien ihr Sohn Oswald.

Sie war von äußerst imposanter Erscheinung. Das naturrote Haar streng zurückgenommen, zeichnete sich ein überaus feinziseliertes Profil und eine sehr hohe Stirn ab. Ihre kraftvolle, sehr tiefe Stimme konnte plötzlich umschlagen in weibliche, weiche Töne von zartestem Timbre. Schon morgens, noch auf der nüchternen Probebühne, spielte sie mit solcher Vehemenz, dass alle Anwesenden erschüttert und beschämt waren. In Lorcas »Bluthochzeit« spielten wir erbitterte Gegnerinnen, sie die Mutter, die für ihren Sohn ewige Rache heraufbeschwor, ich die leidenschaftliche Braut, die mit dem Geliebten in die Wälder floh.

Wenn die Körner Regie führte, ging von ihr eine zwingende Hypnose aus. Alle hielten den Atem an, wenn sie Rollen vorspielte. Sie inszenierte Maxwell Andersons Schauspiel »Mary of Scotland« mit mir in der Titelrolle. Nie wieder habe ich mich einem Regisseur so grenzenlos anvertrauen dürfen. Sie verstand es, die psychologische Entwicklung einer Figur ökonomisch aufzubauen und in verhältnismäßig kurzer Zeit vollen Überblick zu verschaffen. Der Schauspieler wurde nicht unnütz strapaziert, wie bei den meisten anderen Regisseuren. Sie pflegte sein Gemüt, verwöhnte es.

»Faszination des Schauspielers ist alles«, waren ihre beruhigenden Worte. »Deine Ausstrahlung als Frau macht das künstlerische Ereignis aus.

Je glücklicher du dich in deiner Rolle fühlst, um so souveräner wirst du sie spielen. Mit Laune kann jedes Wagnis genommen werden.« Wie oft hatte ich bei anderen Regisseuren beobachten müssen, dass die Stimmung der Schauspieler bereits auf dem Nullpunkt angelangt war, noch ehe die eigentliche Rollenarbeit begonnen hatte.

Im Laufe meiner vielen Bühnenjahre ist für mich überhaupt die Bedeutung der Regisseure immer fragwürdiger geworden. Wie vereinsamte Festungen ragen große Namen aus der Theatergeschichte hervor. Max Reinhardt, Piscator, Fehling, Gründgens, Noelte, Helmut Kräutner. Man verzeihe mir, wenn ich von den wenigen nicht alle nenne. Aber sonst? Wie viele großartige Schauspieler sind hilflos und verlassen, nur weil ein Regisseur das Sagen hat, der sie letztlich nichtverstehend übergeht. Dabei besteht seine Autorität größtenteils nur darin, dass er es ist, der auf den Knopf drücken darf. Leider ist die Trägheit der Schauspieler wie eine ansteckende Krankheit. Sie entschuldigen sich damit, aus einer Inszenierung nicht ausbrechen zu können. Der Regisseur aber ist längst über alle Berge, wenn das arme Opferlamm jeden Abend seine verhängnisvollen Regietaten wiederkäuen muss.

Die Körner war sogar bei jeder Kostümprobe anwesend. Sie überließ keine Naht der Willkür einer Kostümschneiderin. Für »Mary of Scotland« hatte sie mir eine taubenblaue Seidenrobe entwerfen lassen, als einzigen Schmuck eine langstielige, zartblasse künstliche Rose unten am Rock. Wer kann nachempfinden, was es mir bedeutete, als am Premierenabend in meiner Garderobe die Körner eigenhändig den Austausch mit einer echten, lebenden Rose vornahm?

Die wundervolle Freundschaft, die sie mir in diesen Jahren schenkte, konnte mein Leben an einer entscheidenden Wende beeinflussen. Als ich mich voller Depressionen in einer schweren Krise befand, genügten nur ihre wenigen Worte, mir mein Selbstvertrauen wiederzuschenken. »Aber Gisela, eine Frau wie du lässt sich doch nicht unterkriegen.« Wenn mir eine Frau wie sie diesen Glauben schenkte, durfte ich nicht kapitulieren.

Die Körner konnte auch ungeheuer humorvoll sein. Als wir mit »Gespenstern« auf Reisen gingen, sahen wir uns natürlich in jeder neuen Stadt vor der Vorstellung die unterschiedlichen Bühnengegebenheiten an. In einem kleinen Universitätsstädtchen wurden wir nachdrücklich darauf hingewiesen, der Auftritt habe diesmal eine kleine Schwelle. Aber ich stolperte als Regine bereits zu Anfang des Stückes und landete auf dem Boden. Danach musste sich die arme Körner während des ganzen Bildes damit abquälen, vom Publikum abgewandt, neu aufsteigende Lachkrämpfe zu bekämpfen.

Überall, wo ich mit der kleinen Barbara auftauchte, blieben die Leute verwundert stehen. Wie in einer Art Afro-Look standen ihr die blonden Berge von krausen Haaren um den Kopf herum. Ein vom Licht durchbrochener Heiligenschein. Aus bunten Bändern, alten Tischdecken und Vorhangresten hatte ich ihr während langer Nächte kleine rustikale Dirndl genäht. Es gab doch nichts zu kaufen.

Ich musste Bertram versprechen, erst seine Entnazifizierung abzuwarten und anschließend nur noch unter seiner Regie Filme zu machen. 1949 war es endlich soweit mit seiner Arbeitserlaubnis. Er gründete sofort eine eigene Filmproduktion und schrieb seine Drehbücher.

»Eine große Liebe« lautete der profan-pathetische Titel unseres ersten Films. Bertram wollte das geglückte Experiment der »Symphonie des Lebens« wiederholen, einen Film mit viel Musik und wenig Dialogen zu drehen. Aber leider war die Geschichte weniger flüssig als dünn, und im dramatischen Mittelpunkt stand nur ich, nicht ein solches Phänomen, wie es der französische Schauspieler Harry Baur gewesen war. Die Symbolik überschlug sich. In einer leergesoffenen Bar tanzte ich, als Putzfrau verkleidet, im Morgengrauen eine Art rhythmische Wigman-Ausdrucksstudie allen menschlichen Leidens. Die filmische Vision einer Geisterbahn sollte Rummelplatzatmosphäre mit schicksalsträchtigen Impressionen vermischen. Auch die kleine Barbara wurde in einer Kinderrolle verhängnisvoll mit in die Handlung verflochten. Bei der Berliner Uraufführung amüsierte sich das Publikum wie Bolle, allerdings nur in ungewollten falschen Augenblicken. Das steigerte sich zu einer Katastrophe! Nach Ende der Vorstellung flohen Bertram und ich vor dem berechtigten Zorn des Publikums über die zum Hof führende Feuerwehrtreppe.

Dann rasten wir mit dem Wagen noch in gleicher Nacht zu dem früheren Ufa-Gelände in Babelsberg, wo inzwischen die ostzonale Filmgesellschaft DEFA das Terrain beherrschte, und blockierten den einzig verfügbaren Schneidetisch. Aber auch die radikalsten Filmschnitte konnten da nichts mehr retten. Nach wenigen Tagen musste der Film abgesetzt werden. Eigentlich hat mich eine solche Niederlage wenig treffen können, wenn ich den Grund einsah, war sie für mich mehr als ein reinigendes Bad. Auf alle Fälle konnte ich nun ganz sicher sein, wieder am Beginn einer neuen Filmkarriere zu stehen. Diesmal allerdings bergabwärts.

Für die Dreharbeiten in Baden-Baden hatten wir das Hexenhäusel in Stuttgart aufgegeben, es wurde auch notwendig, mein Vertrag mit dem Staatstheater zu lösen. Wir planten, in die Nachkriegsmetropole München zu ziehen, zunächst aber machten wir Station im Schlosshotel Grünwald bei München. Bertram entwarf, ungebrochenen Mutes, in Zusammenarbeit mit alten Drehbuchhasen neue Filmprojekte. An den Diskussionen wurde ich beteiligt, es war jedoch mehr meine Distanz, die den eindrucksvollen Rahmen abgab. Meine kleine Barbara ging inzwischen mit einer häubchenuniformierten Babyschwester spazieren. Ich fühlte mich allmählich auf einem Abstellgleis gelandet. Kein echtes menschliches Engagement mehr, kein Theater.

Eines trüben Tages schien ich plötzlich wie auf Wolken zu schweben. Ein Wattegefühl beherrschte vollständig Körper und Geist. Bevor ich noch meine Verwunderung darüber äußern konnte, war ich bereits vom Stuhl gekippt. Wasserfälle rauschten in meinen Ohren, dann fühlte ich die Wendeltreppe des Hotels unter mir versinken.

Die Blamage und die Enttäuschung waren zu groß, ich wurde krank.

»Das Licht«, konnte ich noch denken, »das grelle Oberlicht. Jetzt bin ich diesem Licht also doch ausgeliefert.« Ich hatte mir eingebildet, einmal unter einem solchen Oberlicht sterben zu müssen. Ich schwebte auf der Tragbahre weiter abwärts, wurde dann irgendwo beiseite abgestellt. Bei dem Versuch, Luft zu holen, bemerkte ich, wie sehr der Atem angestaut war, der mir jetzt einen tiefen Seufzer abverlangte.

»Haben Sie Schmerzen?« Ein fremdes Gesicht erschien über meiner Stirn, wie an der Lampe aufgehängt. Laute Motorgeräusche machten mich unruhig. »Ich werde wegfahren, aber wohin?« dachte ich. Hart rollten die Räder über das Pflaster.

Ich erinnerte mich daran, wie die kleine Barbara sich einmal nach langer Fahrt vor die Autoreifen gehockt hatte. »Die armen kleinen, runden Füßchen, sie sind ganz heiß und müde gelaufen«, hatte sie gesagt.

Fiebervisionen stürzten flutartig auf mich ein. Wird diese Fahrt zu einem großen Haus führen, mit einer Kuppel, unter der ein altes knarrendes Brett viele lange Jahre ausgehalten und längst die Erinnerung mit dem Vergessen eingetauscht hatte? Ein geschundenes, gescheuertes, bespucktes, immer wieder neu mit allen Farben angemaltes Bühnenbrett, das angeblich die Welt bedeutet? Ein Gastspiel, wieder ein neues Gastspiel! – Diese spitze Nase in dem Gesicht über mir, hatte ich sie nicht schon einmal in der Klatschspalte einer Boulevardzeitung entdeckt? Verwunderlich, wieso Kinder über solch spitze Nase lachen können, wenn sie im Pappgesicht eines Kasperle klebt, wieso haben sie keine Angst davor? – Im Flugzeug das Ziel erreichen, über den Wolken schweben! Von einer Wolke gehalten schwindet die Angst herabzustürzen mit der Hoffnung, sich im Augenblick der Gefahr mit ihr zusammen einfach auflösen zu können, wie eine der vielen bunten Seifenblasen des Lebens.

Das Bild meines Vaters tauchte vor mir auf. Wie er vor seinem Tode bis zuletzt die Hände in die Tasten des Klaviers vergrub, sich stundenlang an die Melodien seines Lebens klammerte. »Ich habe deine Mutter geliebt«, gestand er mir, »doch unser Zusammenleben war die Hölle.«

In Strindbergs »Totentanz«, für uns alle so nah, muss mit der Liebe auch der Hass geboren werden?

»Sie ist bei Bewußtsein«, tönte es über mir. »Sie weint.« Man hatte mich in der Klinik rechts der Isar aufgenommen. Eine infektiöse Lungenentzündung wurde festgestellt, riesige Mengen Penicillin in mich hineingepumpt. Trotzdem wollte das Fieber nicht weichen, ich verlor an Gewicht, mein Herz wurde angegriffen, die Ärzte blieben ziemlich ratlos. Erst als man das damals neu entdeckte Streptomycin aus der Schweiz einfliegen ließ, trat nach vielen Wochen eine Besserung ein.

Ich war anfällig gewesen für diese Erkrankung, oder auch für jede andere. Etwas war eingetroffen, was mein Unterbewusstsein erwartete: die Auslösung eines langsam wirkenden Schocks, nagende Enttäuschungen hatten inzwischen meine Abwehrkräfte verbraucht.

Und ich war mit soviel Vertrauen in diese Ehe gegangen, mit einem großen Herzen voller Glück! Sicherheit und Geborgenheit wünschte ich mir. Meine Träume gingen in Fetzen. Vergangenheitsaffären des älteren Mannes, schlüpfrig, für mich fremd und abstoßend, hatten mich verwundet. Die Monate der Schwangerschaft mit der ständigen Ungewissheit des Überlebens. Die Gefahren und Strapazen des Krieges und ständig diese Einsamkeit. Die Geburt, allein unter einem Himmel voller Bomben. Nach der Erlösung vom Kriege übergangslos der neue Existenzkampf, dann die beruflichen Zwänge, Fehlentscheidungen, die nicht die meinen waren. Misserfolg, Abhängigkeit und Isolation in einer Simultanehe.

Viele Ehen, unter der Gewalt des Krieges hastig geschlossen, erlebten später die Demontage aller Gefühle. Menschen, die sich in den Luftschutzkellern gegenseitig ihre Wunden verbunden hatten und gemeinsame Gebete stammelten, erkannten sich auf friedlichen Straßen nicht wieder, oder waren sofort bereit, sich gegenseitig zu denunzieren für ein Stück Brot. Alle menschlichen Beziehungen mussten einer neuen, eingehenden Prüfung unterzogen werden. Nach dem Überleben lagen verbrauchte Gefühle unter Schutt und Asche, am Prestige wurde heftig geschabt und poliert.

Ich hatte Bertram herzlich darum gebeten, mich ausziehen zu lassen aus dieser Ehe, aber es konnte zu keinem Gespräch mehr auf gleicher Ebene kommen. Vorwürfe basierten auf Misstrauen, Alternativen sollten in Bestrafungen ausarten, Konsequenzen führten zu Gewaltanwendungen. Nur mit Verzicht auf mein Kind sollte ich wieder meinem Schicksal allein überlassen werden.

Ein kleines Holzhaus am Tegernsee wurde eine Art Sanatorium für mich, eine Krankenschwester versorgte mein Kind und wachte gewissenhaft darüber, dass ich sorgfältig verpackt liegenblieb. Der Boden unter mir war immer noch wie ein schwankendes Schiff. Wenn mein Blick das satte Grün des Rasens trank, kam ich mir vor wie ein Schmetterling, der nach der geringsten Berührung sterben muss.

»Ich liebe Dich, was geht`s Dich an?« Dieses Goethe-Wort wollte mir nicht aus dem Sinn. Ist es überhaupt Liebe, wenn sie die Unfreiheit abverlangt? Ist ein totaler Besitzanspruch nicht nur die Decouvrierung der Eigenliebe?

Doch kann es überhaupt eine unglückliche Liebe geben? Wer fähig ist, wirklich zu lieben, unbedingt und selbstlos, ist doch vom Glück in die Arme genommen. Wenn ein so starkes Gefühl aus irgendeinem Grunde in sich zusammenbricht, war es ein Irrtum, der kein Bedauern verdient. Unerwiderte Liebe soll unglücklich machen? War man da vielleicht nur in die

Liebe verliebt? Sonst würde wohl kein Grund dafür bestehen, diese Liebe nachträglich zu verleugnen, zu verdonnern, zu beschmutzen. Damit löscht man eine Zeit seines Lebens aus, eine Zeit des Glücks. Liebe sollte ewig davor bewahrt sein, sie durch den Kleinkrieg des Lebens zu schleifen. Schmerzen der Trennung sollten wie ein Heiligtum bewahrt bleiben, so wie die gegenseitige Achtung. Als meine Wunden zu heilen begannen, habe ich tapfer weitergeliebt, mutterseelenallein. Das Kostbarste meines Lebens blieb: die Liebe.

Jeder Mensch ist dazu fähig, den anderen an den Rand der Verzweiflung zu bringen. Ein Wort allein kann wie tödliches Gift wirken, und ein Wort ist nicht mehr zurückzunehmen, wenn der Betroffene es nicht vergessen kann. Dann wird die Luft im Raum zwischen den Menschen zum Seziermesser der Herzen, Krebs wuchert in den Wänden, die die Menschen einschließen. Es wird zerfleischt, ehe noch gestorben werden kann. Gemordet unter dem Deckmantel der Nächstenliebe, und kein Richter dieser Welt spricht darüber ein Urteil.

Am See ist es zum ersten Mal passiert. Auf einem kleinen Dampfer machten wir eine Rundfahrt über den Tegernsee. Ich sah in das tiefe Blau hinunter, verfolgte das von der Schiffsschraube verursachte Wellengekräusel. Da war es mir, als drücke von hinten eine unsichtbare Hand meinen Nacken nach unten, mein Kopf wurde schwerer, ein unendlicher Sog wollte mich hinab, auf den Grund des Sees zerren.

Es wäre gut, dort unten zu liegen, dachte ich, kühl und vor aller Welt sicher. Dann klammerte ich mich wieder – zutiefst erschrocken – am Geländer des Schiffes fest.

Der Gedanke, das eigene Leben wegzuwerfen, liegt nicht so nahe wie das Vergessen auf den Tod. Aus Angst vor dem Tode versucht man, ihm frühzeitig vorauszueilen. Manchmal ist es auch die Sehnsucht. Sehnsucht nach dem Unbekannten, nach dem eigentlichen Ziel des Lebens. Die Dichter drücken es durch die Verherrlichung der Umarmung des Freundes Hein aus, oder der Heimkehr in die mütterlichen Arme der Madame la Morte.

Immer wieder verfolgte es mich, so sehr ich mich auch dagegen wehrte. Ein Nagel an der Wand warf die Frage auf, ob er standhalten würde, den Körper zu tragen. Ein Ausblick von oben wurde zur Spekulation, ob der Sturz mit Gewissheit tödlich sein könnte. Ein nahendes Auto forderte auf, die Sekunden zu zählen vor der Möglichkeit eines Absprunges auf die Straße: das kranke Herz begann, süchtig zu werden.

Es war nicht schwer gewesen, einige Röllchen Schlafpulver zu ergattern.

Ich hatte versucht, mir die Motive genauestens klarzumachen. Ohne mein Kind wäre mein Leben sinnlos geworden, und ich konnte ihm nur noch eine unglückliche Mutter sein, eine schwere Belastung für sein ganzes Leben. Ein Unfall würde rasches Vergessen schenken. Es klingt wie ein billiges Drama. Wenn es an die Brüchigkeit des Lebens geht, quillt aus allen Ecken der Kitsch. Doch keine helfende Menschenseele ist zu finden, wenn die kochende Lava der Selbstqualen sich ausbreitet über den Einsamen.

Der Magen war mir ausgepumpt worden, ich fühlte mich ausgekotzt. Unter geschlossenen Lidern versuchte ich, mir davon ein Bild zu machen, wie ich das Leben neu beginnen könne. Unwillkürlich drückte ich mit dem Daumennagel kreisförmige Linien in meine leeren Handflächen, als ob ich einen Weg ohne Ende nachzeichnen wollte.

Als ich die Augen aufschlug, sah ich den Schatten meines Mannes am Fenster stehen. »Ein Seiltänzer, der sich noch im seinem Netz auffangen konnte«, fiel mir ein, meines eigenen Absturzes nicht bewusst.

Er trat zu mir an das Bett. »Der Arzt meint, du solltest eine Kur machen. Du musst wieder ganz gesund werden.« Mein Blick ging an ihm vorbei, hielt sich an der leeren Wand fest. »Danke«, war leise zu hören. Im Inneren vollendete ich den Satz: »Nicht nötig. Ich bin geheilt von dir.«

RÜCKKEHR INS LEBEN

Stumme Vorwürfe in aller Augen, wenn man die Schwelle fast berührt hatte. Eine Tragödie sollte betrauert werden. Das Scheitern aber ist lächerlich und unglaubwürdig. Alles wird getan, dem Kranken den »faux pas« zu vergelten, den Rückweg so schwer wie möglich zu machen.

Harald Braun war immer da, wenn ich kein Land mehr vor mir sah. Er brachte mir das Drehbuch für seinen Film »Der fallende Stern«, er bestand darauf, dass ich mich in die neue Arbeit stürzen sollte. Der Film ging von einer historischen Situation aus: Experten hatten für 1901 die Wiederkehr des Halleyschen Kometen angekündigt, unter dem die Welt angeblich verbrennen sollte. Wie würden die Menschen mit der Angst fertig werden, wenn ihnen nur noch wenige Stunden Leben geschenkt sind? Das war das Thema, das wir ja alle mit dem Krieg gerade hinter uns gebracht hatten.

Werner Krauss und Dieter Borsche sollten die Beobachter am Rande des Geschehens spielen. Symbolhaft der eine, als Vertreter des Guten – ein Seiltänzer auf schwindelnder Höhe, Werner Krauss als Vertreter des Bösen – ein Dämon in der Maske des sich ständig verwandelnden Zauberkünstlers. Ich als die kleinbürgerliche, lebenshungrige Frau eines Uhrenladenbesitzers, die der häuslichen Enge entflieht und sehr bald von den dramatischen Ereignissen tödlich überrollt wird.

Von der Aufgabe dieser Rolle war ich tief berührt. Gefahrvolle Entscheidungen meines Lebens konnten hinausgeschoben werden. Ich bat meinen Anwalt darum, die von mir eingereichte Scheidung vorläufig zurückzunehmen.

Werner Krauss hatte inzwischen eine erschütternde Wandlung durchgemacht. Während des Entnazifizierungsprozesses war sinnloser Weise sein Privatleben bloßgestellt worden.

Ich konnte an ihm beobachten, wie dünnhäutig, wie gefährdet Schauspieler sein können. Auch das Genie bleibt allein angewiesen auf die Kraft und Ausstrahlung seines Selbstbewusstseins. Er war nervös, innerlich zerstört, entwurzelt, ohne Selbstvertrauen. Oft unterbrach er sich bei der Arbeit: »Das kann ich ja gar nicht, wie soll ich das denn machen?« Harald Braun lächelte nur. Allmählich fand Krauss wieder zu seinem Ursprung zurück, verfiel seiner Dämonie.

Auch nach diesem Film stürzte ich mich sofort in den nächsten, verdrängte weiter den Alltag. Der ehemalige Direktor der Wien-Film und Regisseur, Karl Hartl, verfilmte ein Eheproblem zwischen einer jungen Frau und einem viel älteren Mann: »Der schweigende Mund«. Meine Partner waren Oskar Homolka, soeben aus Hollywood zurückgekehrt, und Curd Jürgens, der schon damals das Problem hatte, vor jeder Aufnahme Eisbeutelchen auf seine Tränensäcke legen zu müssen. Er war ein liebenswürdiger, unpersönlicher Partner. Karl Hartl und Homolka jedoch wurden meine Freunde, mit denen ich öfter mal auch ein Weingläschen zu viel trank. Die Aufnahmen bei Graz, in einer ehemaligen großen Flugzeughalle, wurden eine Traumzeit für mich. Barbara, gerade noch von Schulzwängen verschont geblieben, durfte die ganze Zeit bei mir sein. Der Sommer blühte auf, das Kind konnte auf Wiesen herumspringen, die rund um das Filmgelände lagen, konnte von Sträuchern Beeren pflücken oder auf den Schultern des Regisseurs Karl Hartl herumturnen. Vom üblichen hektischen Filmbetrieb weitab, verlief diese Arbeit harmonisch, fast familiär.

Während einiger Nachtaufnahmen blieb Barbara Mittelpunkt des vereinten Hotelpersonals. Als ich im Morgengrauen erschöpft zurückkehrte, musste ich zunächst den Rapport des Portiers über mich ergehen lassen. »Fräulein Barbara bestellte zwanzig Uhr dreißig ein Apfelmus. Neue Bestellung zwanzig Uhr siebenunddreißig: Papier und Bleistift. Letzte Bestellung einundzwanzig Uhr: ein Radiergummi.«

Am Ende der Drehzeit tauchte plötzlich der Regisseur Helmut Käutner in Wien auf, wollte mich sofort mitnehmen nach Berlin für seine Inszenierung von »Colombe«, eine Uraufführung von Anouilh im Schlossparktheater.

Eine Traumrolle! So zogen wir dann wenige Tage später weiter, Barbara und ich, in eine gemütliche Zweizimmerwohnung am Berliner Breitenbachplatz. Zurück blieb ein stillschweigendes Einvernehmen darüber, vorläufig alle Eheprobleme auszuklammern.

Dank Käutners Regie schwamm ich mit »Colombe« auf der Erfolgswelle. Wenn eine Theateraufführung geglückt ist, kann sie auch nach hundert Aufführungen nur noch besser werden, aber niemals schlechter. Eine schlechte Aufführung dagegen kann auch nach hundert Aufführungen nicht mehr besser werden, höchstens noch viel schlechter.

Der Regisseur Karlheinz Stroux bestand auf meiner Besetzung der Katharina in Sartres »Der Teufel und der liebe Gott«, im Schillertheater, eine äußerst explosive Rolle mit einer dramatischen, grauenvollen Sterbeszene.

Ich bekam nur sehr selten Besuch aus München. Da von der Alternative nicht abgewichen wurde, eine Scheidung sei nur möglich unter der Voraussetzung meines Verzichts auf mein Kind, verstummten die Gespräche zwischen Bertram und mir.

Harald Braun blieb also der einzig liebgewonnene Gesprächspartner, wenn er mich sporadisch in Berlin besuchte. Entweder saß er in einer meiner Vorstellungen, oder wir gingen zusammen in eine andere.

Im Theater am Kurfürstendamm wurde unter der Leitung von Oskar Fritz Schuh die Uraufführung eines fragmentarischen Stückes aus dem Nachlass von Gerhart Hauptmann gespielt, »Herbert Engelmann«. In der Hauptrolle erntete ein junger, asketisch aussehender Schauspieler bei Presse und Publikum seinen ersten großen Erfolg: Wolfgang Kieling.

An diesem Abend war ich in der Pause sehr beeindruckt. Harald, auch still geworden, griff nach meiner Hand. »Du musst ihn ja nicht gleich heiraten.« Ich ging auf seine Worte nicht ein, wusste ich doch, dass er mehr von meiner Zukunft ahnte, als ich mir einzugestehen wagte.

Boleslaw Barlog, inzwischen Intendant des Schillertheaters, war seit unserer Begegnung zu Ufas Zeiten immer mein Freund geblieben. Nachdem er die lapidare Frage an mich gestellt hatte, ob ich Wedekinds »Lulu« spielen wolle, fieberte ich den Proben für »Erdgeist« entgegen. Regie führte Oskar Fritz Schuh, meine Partner waren O. E. Hasse, Martin Held, Hannsgeorg Laubenthal und Wolfgang Kieling.

Eines Morgens durchgeisterte, in Erwartung des Regisseurs, das umfangreiche Ensemble bereits die noch jungfräuliche Dekoration, beschnüffelte Wände und Sitzgelegenheiten, probierte Türen und Stufen aus. Ich hatte mich abwartend seitlich der Kulissen auf einen Requisitentisch gehockt. Im schwarzen Trainingstrikot thronte ich hoch oben, die Knie bis ans Kinn gezogen, als Wolfgang das erste Mal vor mich hintrat.

Wie an unsichtbaren Fäden werden die Menschen entweder aneinander vorbei- oder aufeinander zu gezogen. Sie bleibt ein geheimnisvolles Phänomen, diese Choreographie des Lebens. Als ich mit fünf Jahren in Leipzig im Garten meiner Eltern auf die hohe Kastanie kletterte, ist Wolfgang im Berliner Stadtbezirk Neukölln zur Welt gekommen. Als sein Knabensopran zum erstenmal im Rundfunk erklang, tanzte ich mit vierzehn Jahren bereits bei nächtlichen Veranstaltungen, verdiente mir damit das erste Geld. Als Wolfgang 1951 schwerkrank, als sogenannter Spätheimkehrer, aus Russland in die Heimat entlassen wurde, spielte ich dort »Colombe«, deren Mann Julien gerade in den Krieg gezogen war. Jetzt kreuzten sich unsere Wege.

Das Geheimnis zweier Menschen lässt die Umwelt hellhörig werden, fordert Missgunst und unberechtigte Kritik heraus. Unsere Blicke wurden beobachtet, unsere Wege kontrolliert, unsere nächtlich zurückgebliebenen Autos registriert. Wir waren beide verheiratet mit Partnern, die viel älter waren.

»Türme des Schweigens« hieß der Film, den Bertram sich ausgedacht hatte und der in den Theaterferien gedreht werden sollte. Ausgerechnet im August, unter der glühenden Sonne der syrischen Wüste. Während der Dreharbeiten wurde dieser Titel von den Mitarbeitern galgenhumorig in »Schweige und türme« umgewandelt.

Fast wie in Trance nahm ich alle bevorstehenden Qualen auf mich. Barbara musste für die Zwischenzeit in ein sommerliches Internat im Allgäu gebracht werden. Der Abschied war unerträglich. Im letzten Augenblick wurde mein Körper durch alle möglichen Vorsorgeimpfungen malträtiert. Die Trennung von Wolfgang ertrug ich kaum. Durch die Verbannung in die Wüste wurde ich aus meinem Leben herausgeschnitten wie durch eine Operation. Ich konnte nicht mehr unterscheiden, was mich mehr zu verbrennen drohte, die tropische Hitze oder die Sehnsucht.

In der kärglichen Wüstenbaracke wurden wir morgens zwei Uhr geschminkt, um die Dreharbeiten zu ermöglichen, noch ehe die brütende Hitze am Horizont klebte. Das grünliche Licht der Karbidleuchte entstellte mein spitz gewordenes Gesicht zu einer Wasserleiche. Ich spielte eine forsche Schmugglerdiva an der Seite des ewig polternden Carl Raddatz, der privat nicht genug Flüche in die öde Wüste schicken konnte. Hoch oben auf unseren Kamelen schwankend, mussten wir die Schmugglerwaren über den heißen Sand schleppen. Mein Höckertier verrenkte ab und zu den dürren Hals nach oben, entblößte sein riesiges Gebiss und zischte mich feindselig von unten an. Für seinen Entschluss, auf keinen Fall mit mir zu sympathisieren, hatte ich vollstes Verständnis. Ich saß auf ihm in schwindelnder Höhe wie ein nasser Sack. Eines der Kamele war wohl die Reinkarnation eines ehemaligen Stummfilmstars, jedenfalls strahlte es auf Kommando in die Kameras und entließ seinen Faltenwurf im Gesicht ebenso spontan aus der Verkrampfung, sobald »fini« gerufen wurde. Dann blieb es abwartend stehen, wie soeben frisch abgepudert, und lauerte auf neue, schauspielerische Aufgaben.

Irgendwann einmal wurde jeder unseres Teams vom Tropenkoller heimgesucht oder bewegte sich, von der Diarrhöe geplagt, auf allen vieren im Sande vorwärts. Skorpione wurden zum Alptraum, sie lauerten in leeren Schuhen oder krochen vergnügt unter einem weggerollten Stein hervor, auf dem wir bis dahin stundenlang mit nackten Füßen gestanden hatten. Mein Partner, Fritz van Dongen, Schauspieler aus Holland, einstmals sagenumworbener Star im »Tiger von Eschnapur«, wurde einmal zu Aufnahmen in die Wüsteneinöde verfrachtet und für einige Stunden dort vergessen. Ein reiner Zufall war es wohl, dass Regisseur, Produktionsleiter und Aufnahmeleiter am Leben blieben, nicht Opfer seines brodelnden Zornes wurden.

In die Zelte der ständig vor den Naturgewalten weiterziehenden Beduinen wurden wir herzlich eingeladen. Einer der Fürsten interessierte sich besonders für unseren Filmtrupp und präsentierte uns seinen schwarzbezopften Lieblingssohn, nebst seinen vielen Frauen. Ihre Gesichter waren mit schwarzen klebrigen Schleiern bedeckt, dahinter blitzten wunderschöne, am Leben verhungerte Augen.

Riesige Hammel rösteten uns zu Ehren an gigantischen Spießen. Ihre Augen wurden als glibbrige Delikatesse, wie Spiegeleier auf ziselierten Messingplatten, die als Teller dienten, offeriert. In der stickigen Hitze war es uns schließlich egal, wovon uns schlecht wurde. Wir ließen den trockenen Reis durch die schmutzigen Finger in unseren Mund gleiten, unter ständigem Körperzucken, um damit die Fliegen abzuwehren. Beim Aufbruch wäre ich beinahe der Länge nach hingeflogen. Unter meinen Füßen schlitterten die heimlich abwärts beförderten Hammelaugen herum.

Der Scheich, von unserem Besuch zutiefst geehrt, war kaum davon abzuhalten gewesen, mir als Auszeichnung ein Mahnmal zwischen die Augenbrauen brennen zu lassen. Im letzten Augenblick konnte ich ihn davon überzeugen, dieser Ehre doch nicht ganz würdig zu sein. Dafür gab er mir als Geschenk zwei Gazellen mit. In Kisten verpackt wurden die armen süßen Bambis mit nach Deutschland geflogen. Das Männchen hieß »Varid«, was übersetzt »Einsam« heißt, getrennt von seinem Weibchen verblieb es im Frankfurter Zoo und starb an Sehnsucht, weil es mir verwehrt wurde, beide Tiere zusammen zu verschenken. Das Weibchen trug den zarten Namen »Arad«, das übersetzt »Himmel« heißt. Dem Berliner Zoo geschenkt, hat es auch nur kurze Zeit überlebt. Die zarten Gliedmaßen dieser sensiblen Tiere halten ihr Gewicht nicht aus, sobald sie durch wenig Bewegung und viel Futter zu schwer werden. Die dünnen Beinchen brechen, man muss das Tier töten. Monatelang kam ich von dem Gedanken meiner Schuld nicht los, dass es nicht in meiner Macht gestanden hatte, den Mord an diesen Tieren zu verhindern.

Unsere Wüstenstation hieß Palmyra. Ein historischer Schatz voller Monumentalgräber, Pyramiden aus der Zeit vor ca. 270 n. Chr. Königin Septimia Zenobia hatte dort geherrscht und in unterirdischen, mit Phosphorfliesen ausgeschlagenen Höhlen gebadet.

Unter der Führung syrischer Soldaten schwammen wir im Schein der Fackeln lange schmale Gänge entlang, bis sich unseren Augen die vom Gestein erleuchtete Halle offenbarte. Das Bad war komfortabel mit Stufen und eingemauerten Sitzbecken ausgestattet. Seltsamerweise wichen dort alle bedrückenden Gefühle, die in den schlauchartigen Gängen nicht abzuwehren waren. Man konnte wieder frei atmen und fühlte sich wohl.

In riesigen amerikanischen Straßenkreuzern, wie schaukelnde Blechwannen, flogen wir in rasantem Tempo durch die Wüste. Der Araber am Steuer sang mit Fistelstimme seine monotonen Weisen und klatschte ab und zu in die Hände. Da flog das Steuer sogleich solo nach allen Richtungen, und das Auto tanzte mit. Die Hitze und der Staub machten gegen solche Gefahren immun. Man war nicht mehr fähig, in irgendeiner Weise darauf zu reagieren. In Damaskus lagen wir ohne Schlaf auf unseren Pritschen und warteten darauf, dass die Maschine der KLM uns wieder in die Heimat zurückbringen würde.

Die Isolation in der Fremde blieb zugleich die Isolation der Herzen. Wolfgangs Briefe aus Berlin waren entdeckt worden.

Die Theatersaison begann wieder mit »Lulu«. Die Kritiken waren so verheißungsvoll widersprüchlich, dass das Publikum nur so strömte, um sich eine eigene Meinung bilden zu können.

Wolfgang Kielings Frau versuchte, ihren Mann mit Hilfe von Katastrophen an sich zu fesseln, ihn in eine Zwangslage zu manövrieren.

Wir trafen uns in einem Café am Kurfürstendamm, die andere Frau und ich. Ich hatte mir gewünscht, durch diese Aussprache eine Entspannung der Feindseligkeiten zu erreichen. Wir sprachen sehr ruhig miteinander, zumindest äußerlich, mussten aber bald gemeinsam feststellen, dass es eigentlich nichts mehr zu sagen gab, nachdem der Mann sich entschieden hatte. Es fiel mir schwer, die Gedanken zu Ende zu spinnen, immer noch nach einer Lösung zu suchen, die es nicht gab.

Sie sah mir offen ins Gesicht: »Wenn ich nicht mehr glücklich sein kann, dann sollt ihr es auch nicht werden. Meine Konsequenzen werden dazu führen, dass Sie Ihr Kind verlieren.«

Als ich ihr nachsah, wie sie hinter der großen Glasscheibe im Gewühl der Passanten untertauchte, wusste ich, dass jeder von uns sich auf der winzigen Fläche eines Absprungbrettes befand.

Nur wenige Tage danach überreichte mir auf der Probe der Inspizient einen Zettel: »Warte nicht auf mich, sie ist unauffindbar, hat einen Brief hinterlassen. Ich war bereits auf der Polizei. Wolfgang«

Viele Stunden der Unruhe folgten, dann ein Bericht ihrer Freundin über einen gemeinsamen harmlosen Landausflug. Wir fühlten uns, Wolfgang und ich, mit unseren Sorgen betrogen und waren entschlossen, neue Androhungen nicht mehr ganz so ernst zu nehmen. Der Zwang der Ängste schien überwunden.

Wir wussten es alle. Horst Caspar war tödlich erkrankt. Luftröhre und Kehlkopf wurden immer mehr von der Zersetzung angegriffen. Bei seinem Sohn Frank, der gerade erst zur Schule gekommen war, wurden die gleichen Symptome festgestellt. Er war in einer Schweizer Spezialklinik untergebracht. Bei Horst lohnten sich die enormen Kosten für Aufenthalt und Reise nicht mehr, so wurde beschlossen, ihn nach Hause zu entlassen. Am Gesichtsausdruck seiner Frau, Antje Weisgerber, konnte ich ablesen, wie weit die Auflösung fortgeschritten war. Wir hatten am Schillertheater gemeinsame Proben für »Julius Cäsar«. In den Nächten war ihr selten vergönnt, die Augen zu schließen, stundenlang wachte sie am Krankenbett. Die Hoffnungslosigkeit ließ den Todgeweihten wachbleiben, solange noch das bisschen Leben vor ihm lag. Oder waren es die qualvollen Schmerzen, die ihn nicht schlafen ließen?

»Wir haben heute nacht viel gelacht«, sagte Antje eines Morgens auf der Probe. Horst hat mir lustige Geschichten aus eurer Zeit in Bochum erzählt. Die Erinnerungen daran haben ihn sehr glücklich gemacht.

Erinnerungen – ich nahm rasch das Rollenbuch zur Hand, markierte hastiges Lesen, aber es war zu spät, die Buchstaben verschwammen hinter den Tränen.

Endlich! Viele Stunden lang hatte ich vergeblich auf Wolfgang gewartet. Man sah ihm die Erschöpfung an, wie er da in der Tür stand. Meine ahnungsvolle Frage: »Was ist?« fand lange keine Antwort. »Alles in Ordnung«, sagte er dann, mehr für sich, »nun hat sie versprochen, vernünftig zu sein.«

Ich konnte an diesem Abend nicht zur Ruhe kommen, obwohl Wolfgang längst eingeschlafen war. Immer wieder tanzte das Bild dieser Frau vor meinen Augen.

Ich weiß nicht mehr, wann ich nach dem Schlafmittel gegriffen habe, um endlich Ruhe zu finden, wie lange ich bereits geschlafen hatte, als mich das schrille Telefon wieder weckte. »Ja, ja«, antwortete ich ihr tonlos. »Er kommt sofort.«

Noch schlaftrunken, schickte ich Wolfgang in die Nacht hinaus. Taumelig vom Schlafpulver öffnete ich eine Flasche Rotwein, hoffte, damit die inneren Vorwürfe verdrängen zu können. Ich wartete. Als die Dämmerung bereits über die Dächer zu kriechen begann, hielt ich es nicht mehr aus. Fröstelnd zog ich Notdürftiges über, wollte mit meinem Wagen ihm entgegenfahren. Auf einer Allee kam ich ins Schleudern, Blitze griffen mir ins Gesicht, taghell. Ein stechender Schmerz in der Brust, direkt vor dem Steuer ein hoher Baum, warmes Blut im Munde, dann wieder dunkle Nacht.

Ich erwachte, das Traumbild meines Kindes vor Augen. Über dem erhöhten Bett hing eine längliche Glasblase, der Tropf. Ich war alleingelassen in dem weißen Zimmer, allein mit vielen Instrumenten der Medizin. Mit eisiger Ruhe riss ich mir das Pflaster vom Arm und damit die Kanüle heraus, band mir mit herumliegendem Mull den blutenden Arm ab. Mein Mantel, lieblos über einen Stuhl geworfen, zog ich über. Ein kurzer Blick genügte, festzustellen, dass das Parterrezimmer dieser Station zu einem Garten führte. Ich kletterte aus dem Fenster. Auf der Straße winkte ich an der nächsten Ecke einem Taxi. »Nach Hause. Breitenbachplatz.«

Die Theatervorstellungen hatte ich absagen müssen, damit die Spuren des Unfalls geheim blieben. In der Autowerkstatt war man erstaunt darüber gewesen, dass der Fahrer des Wagens überhaupt noch lebte.

Jedesmal, wenn das Telefon schrillte, zuckte ich zusammen, blieb erstarrt mitten im Raum stehen. Diesmal waren es nur Wortfetzen von Wolfgang. Sätze, die in der Luft hängenblieben und doch den Punkt setzten hinter einem Leben. Er hatte Beamte geholt, die Tür von außen aufzubrechen. Es war zu spät. Der Polizeibericht lautete: »Ein Unfall, Selbstmord ist nicht auszuschließen.«

Eine Folge von dunklen Tagen und Nächten. Immer wieder dieser Tränensee hinter den Lidern, immer wieder dieser Blick in den Spiegel, der Versuch, sich selbst in die Augen zu sehen. Immer wieder die Suche nach irgend etwas, das einen Schleier des Vergessens weben könnte.

Die Presse berichtete, lauerte auf. Zusammenhänge wurden enthüllt, der Skandal war gelungen. Grüße von weitem auf der Straße kamen einem Abwinken der Freundschaft gleich. Meist senkten sich die Blicke in angeblichem Nichterkennen. Die Straßen wurden länger, am Rande wuchsen die Häuser bedrohlich in den Himmel. Viel schlimmer aber war die Verfolgungsjagd des eigenen Gewissens.

Von München aus wurde die Hetze weiter betrieben. Scheidungsbedingungen, Anwälte, Drohungen, Beschlüsse, das Kind von mir zu entfernen, überstürzten sich. Systematisch ging die Entwurzelung vor sich, gewaltsam die Selbstzerfleischung. Längst verblasste Bilder bekamen von neuem Konturen, das rettende Nichts tauchte auf. Endlich den unendlichen Schlaf schlafen können!

Nein, ich habe mir nicht nachträglich eine Verteidigung aufgebaut. Es war so, alles ist so gewesen. Unter einem Vorwand hatte ich Wolfgang zu einem bestimmten Zeitpunkt gebeten, das Kind zu sich zu nehmen. Es war bei ihm, wohlbehütet. Nasse Tücher in allen Türritzen konnten vorsorglich

Gefahren für andere im Haus abwenden. Doch war ich konfrontiert mit qualvoller Selbstverteidigung, nach allen Seiten.

Immer noch voller Vertrauen in die alte Bindung, flüchtete ich nach der Rettung mit Barbara nach München und in die Obhut der von Bertram verpflichteten Ärzte.

Die Presse berichtete am anderen Tag, er habe Anzeige gegen mich erstattet. Die Staatsanwaltschaft war gezwungen, wegen versuchten Totschlags zu ermitteln.

In einer Privatklinik außerhalb Münchens erwacht, sah ich Gitter vor den Festern, konnte an den Türen keine Griffe entdecken. Ohne mein Wissen war meine Einlieferung unter gewissen Sicherheitsmaßnahmen erfolgt. Aber die Ärzte forschten in Gesprächen nach meinen Motiven, nach seelischen Ursachen. Sie ließen mich reden, reden. Es entstand eine wunderbare Vertrauenssituation, die mir Kraft zurückgab. Sehr bald erfolgte eine Einladung in das gegenüberliegende private Ärztehaus, wo es hell war und wo es nach warmer Milch und frischem Brot duftete, wo allabendlich viele Kinder in großen Holzbottichen von oben bis unten abgeseift wurden.

Ärzte hatten darauf bestanden, dass Barbara zu mir kommen konnte und dass Wolfgang ein naheliegendes Zimmer bezog.

Zum richterlichem Verhör musste ich nach Berlin fliegen. Es konnte nichts anderes ermittelt werden, als dass ich gegen mein eigenes Leben verstoßen hatte. Beim Rückflug blickte ich durch die dichte Wolkendecke, nichtahnend, dass ich Berlin erst viele Jahre später wiedersehen durfte und dass Horst Caspar gestorben war.

Am 27. Dezember 1952 verabschiedete er sich beinahe auf die gleiche anonyme Art von dieser Welt, wie Dr. Rank in Ibsens »Nora«. Sein Leiden drohte ihn zu ersticken, er litt unsägliche Schmerzen. Die eine Gesichtshälfte war bereits gelähmt, die Ärzte konnten ihm kaum noch Medikamente verabreichen, ohne Vorwürfe befürchten zu müssen, dadurch den Tod beschleunigt zu haben.

Es war am Weihnachtsabend, als Antje ihn für kurze Zeit in seinem Zimmer allein zurückließ, um im Parterre des Hauses für die Tochter Renate den Christbaum zu schmücken. Leise erhob er sich, zog ein reines Hemd und einen dunklen Anzug an. Dann versuchte er, die Treppe hinabzusteigen. Am Ende der Stufen brach er zusammen. Aus dieser Ohnmacht wechselte er drei Tage später über in seinen Tod.

Alle Brücken meiner Ehe waren in sich zusammengestürzt, der Kampf um das Kind ging mit Gewalt weiter. Quälende Gerichtstermine zerrten an den Nerven. Schließlich der Scheidungstermin.

Der Korridor auf der einen Etage des großen Münchener Justizpalastes war voller Menschen. Der helle Morgen hatte sie zusammengescheucht, in einem Ausnahmezustand wechselseitiger Verwirrungen. Wer von ihnen hatte schon Hoffnung, dass ihm an diesem Ort Gerechtigkeit widerfahren werde. In fast allen Gesichtern waren Zweifel zu lesen und der verborgene Wunsch, etwas rückgängig machen zu wollen.

Am Ende des langen Ganges, auf der unbequemen Bank vor den Verhandlungssälen, saß ich in der Menge fast allein. Alle Erkennungszeichen hatte ich verborgen, das Haar unter dem Kopftuch, die Augen hinter der dunklen Brille und mit sicherem Instinkt der Schauspielerin hatten mich fremde Schritte gelenkt. Ein anderer Gang, ich trug eine andere Haltung. Sogar meine Hände auf meinem Schoß waren mir fremd.

Als ob ich, in einem engen Kanu sitzend, die Strömung eines Flusses abwärts fuhr, wurde vor mir der Gang länger und länger, als ich von weitem hinter der Menschenmasse die Gestalt auf mich zukommen sah. Dieser Mann im dunklen Mantel kam näher und näher. Ich versuchte, mich auf den Gedanken zu konzentrieren: »Du solltest umkehren. Du musst es verhindern. Du musst es uns vor den fremden Menschen ersparen.« Der Blick des Mannes ging über mich hinweg, Bertram verschwand in einer seitlichen Tür.

In den vergangenen elf Jahren hatte eigentlich kaum eine andere Begegnung stattgefunden, dachte ich. In Wahrheit hatte immer der eine von uns auf den anderen gewartet, bis dieser dann an ihm vorübergegangen war. Mein Name wurde aufgerufen, mechanisch folgte ich dem Beamten in den Saal.

Bertram hatte sich bereits gesetzt, die Hände auf dem Schoß gefaltet, als erwarte er den Beginn einer Feierstunde. Vorsichtig setzte ich mich in die Reihe hinter ihm und entdeckte, dass ich etwas tat, wie schon oft vorher auf der Straße. Wenn mir Menschen begegneten, die mich irgendwie abstießen, wehrte ich mich dagegen, ihre Luft einzuatmen, indem ich den Atem anhielt, bis sie vorüber waren oder versuchte, in kurzen Intervallen ihnen entgegenzuatmen. Diesmal hielt ich so lange den Atem an, bis mir schwarz vor Augen wurde.

Meine Gedanken kehrten wieder zurück in den Raum, da der Richter die Worte sprach: »Wir verlesen nun einige Stellen aus den Briefen der Beklagten zur Erläuterung ihres widersprüchlichen Verhaltens.« Für diese Ansprache hatte er nicht nur seine schwarze flache Kopfbedeckung, sondern auch noch eine völlig unangebrachte Leidensmiene aufgesetzt. Seine routinierte Verlogenheit schien sich selbständig zu machen, zu einem Grabgesang zu werden. Und da saß ich inmitten dieser Stumpfsinnigen, hatte ein warmes, feuchtes Gefühl zwischen meinen Schenkeln. Während meine Liebesbriefe enthüllt und in den Dreck gezogen wurden, empfand ich exhibitionistische Glücksgefühle. Mein Magen schien einzig und allein noch normal zu reagieren. Der Brechreiz verursachte ein leises Glucksen in meiner Kehle, das sich wie ein kurzes Auflachen anhörte. Da wandte sich mein Mann zum erstenmal nach mir um, sein vorwurfsvoller, strafender Blick wollte mir zu verstehen geben, dass Zynismus mein Ansehen bei Gericht nur noch verschlimmern könne.

Meine intimsten Worte wurden durch den Raum geschleudert, zärtliche, sehnsüchtige Liebesworte, deren Inhalt und Bedeutung jetzt selbst mir fragwürdig erschienen. »Schlechtes Provinztheater«, ich versuchte mich herauszuretten, auf der Ebene von Begriffen, die mir vertraut waren. Ich war entschlossen, zu überleben.

In diesem Augenblick schien es mir erklärlich, wie die Konzentration im Gebet alleiniger Schutz sein kann davor, alles im Leben in Frage zu stellen. Um mich herum wurde heftig diskutiert und verhandelt. Dann aber war der feierliche Augenblick gekommen. Wir standen in strammer Haltung nebeneinander, der Mann und die Frau. Wir schrieben unsere Namen unter ein Dokument, ein Dokument, welches die Rechte an einem Kinde verteilt.

Stupide Vorschriften irgendwelcher außenstehender Fremdlinge, die Entscheidungen über das Leben eines Kindes und seiner Mutter fällen. Dafür werden sogar Gesetze mobilisiert.

Ich nahm in Gedanken Zuflucht zu der mir einzig wahr erscheinenden Illusion der Welt des Theaters, erinnerte mich an das weise Mirakel des »Kreidekreises« von Klabund, dessen Richterspruch demjenigen das Kind anvertraut, der sich gegen eine Teilung wehrt und deshalb verzichten will. Ich hüpfte schon wieder die riesigen Steintreppen des »Palastes für öffentliches Recht« hinunter, in vollem Bewusstsein eines Sieges, hatte ich doch noch das Sorgerecht für mein Kind erhalten. Was galt es da schon, dass ich Bertram fast alles abtreten musste, alles an Geld und Besitz, was ich bisher in meinem Leben mit Fleiß und unter viel Anstrengungen selbst hatte verdienen können.

Obwohl ich wusste, dass die Schulstunden noch nicht zu Ende waren, fuhr ich direkt zum Schwabinger Schulgebäude. Ich lehnte meine Schultern an eine kühle Mauer, streichelte ein vergilbtes Eichenblatt, das ich dem Kinde schenken wollte, damit es in einem Buch gepresst werde. Ich stellte mir vor, wie es allmählich zu dünnhäutigem, zu aderngezeichnetem Pergament wird. Das Leben lag vor mir, prächtig, wunderbar. Nach elf Jahren war ich endlich frei von den quälenden Fesseln einer ungeliebten Ehe und hatte als kostbaren Besitz mein Kind und die neue Liebe zu Wolfgang.

Barbara hatte mich nicht entdecken können, wie ich da stand. Ich genoss ungestört die Betrachtung ihres Spieles mit den Bewegungen einer kleinen Gazelle. Sah, wie die Sonnenstrahlen den dichten Lockenkopf durchfluteten. Ich nahm mir vor, alles zu tun, damit dieses Kind glücklich würde. Und plötzlich ging es – ich konnte die Hände falten und beten.

Das Glück der Liebe

Die große, alte Villa in München-Solln, in der wir leben durften, war vom Morgen bis zum Abend mit Musik erfüllt. Der Besitzer des Hauses hatte es von seinen Eltern geerbt und uns die untere Etage überlassen, da er mit seinem bescheidenen Honorar als Klavierpädagoge auf die Miete angewiesen war. Der märchenhaft verwilderte Garten war umgeben von Mauern, deren Zerfall durch Hecken und wucherndes Gestrüpp gerade noch verhindert wurde. Eines Tages waren Wolfgang und ich zu dem romantischen Standesamt von Schwabing in der Mandelstraße marschiert, begleitet von unserer lieben, mütterlichen Freundin, der Kabarettistin Trude Hesterberg. Wir versprachen uns von ihr als Trauzeugin viel Spaß und wenig Sentimentalität. Sie kam trällernd in Plüsch und Pleureusen.

Nach der Hochzeit waren Ruhe und Frieden in unser Leben eingezogen. Wenn Wolfgang mit dem Kind im Garten spielte, fühlte ich mich rundum mütterlich und begann wieder an die Zukunft und vielleicht auch an ein gemeinsames Kind zu glauben. Es blieb uns aber nur eine kurze Frist, bis erneut dunkle Wolken aufzogen.

Es war ein besonders fröhliches Erwachen gewesen. Wolfgang wollte sich frühzeitig mit dem Kinde auf den Weg machen, zu einer ganz besonderen, lustigen Aktion. Am Tage zuvor hatte nämlich eine Zeitung verkünden lassen, große Landschildkröten sollten in Massen verschenkt werden. Eine Konservenfabrik war irrtümlicherweise mit Waggons von Schildkröten beliefert worden, wollte aber auf solche Suppen verzichten. Also zogen Münchens Kinder mit ihren Körben und Rucksäcken zur Wiese, um sich die vierbeinigen Spielkameraden abzuholen.

An diesem Morgen brachte mir der Postbote eine Zustellung des Gerichts, die ich tatsächlich nicht erwartet hatte. Das Sorgerecht für Barbara war mir auf Antrag der Gegenseite wieder entzogen worden. Die Begründung dafür war so absurd, dass es nur als segensreich angesehen werden kann, wie sehr sich innerhalb der folgenden zwei Jahrzehnte das

Familien- und Eherecht verändern sollte. Im Jahre 1953 jedenfalls sah man eine neue Ehe mit demjenigen, der bei der vorangegangenen, gescheiterten Ehe als Grund für die Scheidung benannt worden war, als schwere moralische Belastung an. Verletzte Eitelkeit wurde zur Schuldfrage erhoben.

Die neue Maßnahme des Gerichts wurde selbstverständlich auch mit psychologischen Beurteilungen meiner Person untermauert. Eine viele Seiten umfassende schriftliche Analyse einer weiblichen Amtsperson stellte unter anderem insofern eine Gefährdung meines Kindes durch mich fest, als nicht auszuschließen sei, ich könnte in den Wechseljahren einen Selbstmordversuch unternehmen. Die Dame hatte aber vergessen auszurechnen, dass Barbara zu diesem Zeitpunkt längst erwachsen sein würde. Der Gutachterin erschien es weniger gefahrvoll für beider Leben, jetzt das Kind der Mutter wegzunehmen.

Es wurde notwendig, sofort dafür zu sorgen, Barbara außer Reichweite dieser unsinnigen Beschlüsse unterzubringen, wenn wir nicht riskieren wollten, dass sie eines Tages wie ein Möbelstück vom Gerichtsvollzieher abgeholt würde. Meine Sorge wegen der vorübergehenden Trennung hatte Wolfgang mit Ruhe und Gelassenheit mildern können. Wir brachten das Kind zu einem Bauernhof im bayrischen Vorgebirge, der einem seiner ehemaligen Kriegskameraden gehörte.

In München jedoch ging das Kesseltreiben weiter. Man wollte mich zwingen, den Unterschlupf meines Kindes preiszugeben, durch lange Verhöre und schließlich mit Verhängung einer Geldstrafe von vorläufig 1000, – DM wöchentlich, ersatzweise Haft; ein Beschluss gegen mich jagte den anderen. Der Staatsanwalt erhob Anklage wegen Kindesentführung. Schriftsätze über mehr als zwanzig Seiten endeten mit dem lakonischen Satz: »Es handelt sich bei dem von der Angeklagten entführten Kind um die von ihr selbst am 15. 2. 1945 geborene Tochter Barbara Angelika.«

Auf dem Passamt wurde der Name meines Kindes in meinem Pass gelöscht. Von einer Stelle zur anderen gejagt, waren mir auch Gerichtsreporter ständig auf den Fersen. Die Schlagzeilen der Boulevardzeitungen verkündeten: »Gisela Uhlen hat ihr Kind entführt.« Oder: »Wo steckt die kleine Barbara Uhlen?« usw. usw. Spießrutenlaufen auf den Straßen, dazwischen rührende spontane Sympathiebeweise, besonders von Frauen, die mir einfach nur die Hand auf die Schulter legten oder mich im Vorübergehen streichelten.

Ständig musste ich gegen Tränen ankämpfen, am besten war es, wenn ich von niemandem angesprochen wurde.

Wolfgang rief befreundete Regisseure an, stand stundenlang im Synchronstudio, damit wir alle Gerichtsstrafen und Kosten der Anwälte bezahlen konnten. Ein Freund von ihm half uns mit Geld aus. Viel später erfuhren wir, dass er sich deshalb für ein überaus hochbezahltes »Himmelfahrtskommando« gemeldet hatte, in alten Ruinen nach verborgenen Minen suchte, um sie unter Lebensgefahr zu entschärfen. Als dann aber auch noch die »Interpol« alarmiert wurde, nach dem Kinde zu suchen, ahnte ich, dass nur ein Wunder die letzte Hilfe bringen könnte.

Das Wunder traf ein. Der Intendant vom Stadttheater Basel fragte telegrafisch bei uns an, ob wir in der Schweiz gastieren möchten.

In wenigen Stunden war alles entschieden. Unter größten Vorsichtsmaßnahmen fuhren wir zu dritt in der Dämmerung los. Diesmal wurde Wolfgang unruhig, denn auf seine Fragen, wie denn das Kind ohne Pass über die Grenze kommen sollte, gesucht von »Interpol«, bekam er von mir keine Antwort mehr. Ich befand mich in einem gläsernen Zustand und hatte das unsichere Gefühl, mich in ein Nichts aufzulösen, falls die momentane Anspannung abfallen sollte. Ich konnte und durfte mich nur noch auf meinen mütterlichen Instinkt verlassen. So ließ ich Wolfgang ohne viel Worte kurz vor der Grenze anhalten, nahm das Kind zu mir auf den Vordersitz, versteckte es zwischen meinen Oberschenkeln und legte darüber meinen Mantel. So saß ich wie eine fette Glucke auf der Brut.

Am Grenzübergang nach Österreich musste der Kofferraum geöffnet werden. Wolfgang war deswegen ausgestiegen, als er mich von vorn stöhnen hörte: »Mir wird so schlecht!« Der Beamte sah meinen Umfang einer Schwangeren und wurde nervös. »Machen Sie das Fenster auf, und fahren Sie doch mit ihrer Frau los!« Während der nächsten Kilometer in Österreich wagten wir uns kaum anzusehen. Dann aber hielten wir am Waldrand an, legten uns alle drei auf die feuchte Erde, lachten und weinten vor Glück. Aber wir hatten noch den Grenzübergang zur Schweiz zu bestehen. Mein Mut begann von neuem zu sinken. Ich suchte auf der Karte einen unbekannteren Grenzübertritt heraus, der in den Bergen versteckt lag. Noch einmal glaubte ich nicht, bei der Kontrolle die Nerven behalten zu können.

Niemand bemerkte es, als ich vor der kleinen Grenzstation mit dem Kind aus dem Wagen stieg, in der Dämmerung einen Spaziergang durch den Wald machte, um hinter der Grenze in der Schweiz wohlbehalten wieder einzusteigen.

Wolfgang saß leichenblass hinter dem Steuer: »Du mit deinen Ahnungen! Der Grenzbeamte gab mir nämlich zu verstehen, wie froh er darüber sei, dass ich diesmal ohne meine Frau unterwegs sei. Er habe die Schlagzeilen gelesen und soeben die neue Fahndungsliste der Interpol erhalten. Es hätte ihm sehr leid getan, Gisela Uhlen festnehmen zu müssen. Mir war, als wäre ich das zweite Mal der russischen Kriegsgefangenschaft entronnen.«

Hand in Hand, blass und hungrig, betraten wir spätabends das Restaurant der Kunsthalle zu Basel. Gemäß schweizerischer Pünktlichkeit waren alle Stühle bereits auf den Tischen aufgetürmt. Als wir noch etwas essen wollten, winkten die Kellner nur müde lächelnd ab. Aber wie selbstverständlich erklärte ich ihnen: »Wir sind doch auf der Flucht«. Daraufhin wurden wir angesehen wie Affen im Käfig. Als jedoch ein runzliger Koch mit Mütze auftauchte, zeigte dieser plötzlich ein Quäker-Lächeln und gebot uns eifrig, Platz zu nehmen. Wir wurden mit allem bewirtet, was wir uns wünschten.

Wie die Heilige Familie saßen wir völlig allein in der großen Kunsthalle, schlugen uns die Bäuche voll und bauten vergnügt aus Servietten Schiffchen, machten aus Brotkrumen Männchen. Irgendwo in der Ecke las schmunzelnd der Koch eine Münchner »Abendzeitung« mit der spektakulären Ankündigung auf der Titelseite, man werde weiter nach dem Versteck suchen, wo Gisela Uhlen ihr Kind gefangenhält.

Die fürsorgliche Intendanz des Theaters hatte für uns am St. Johannisring eine möblierte Wohnung bereitgestellt. Zwei ineinandergehende, große Zimmer im Parterre eines alten Hauses, mit Bad und Küche, aus der man heraustreten konnte in einen kleinen geschützten Garten. Noch in der Dunkelheit der Ankunftsnacht konnte ich spätsommerliche Blumenstauden, einige Salatköpfe und Kräuterbeete erkennen. Barbara hatte bereits das Kinderbett in der Ecke des Wohnzimmers eingeweiht. Die gemeinsame Besichtigung des Klos hielt eine besondere Überraschung für uns bereit: An der Tür fanden wir einen Zettel mit der Bitte, diese stets offen zu halten wegen Karl, dem Hauskater. Dieser hatte die Angewohnheit, sich die Treppe vom ersten Stock herunterzubemühen, um eben dieses Klo säuberlich zu benutzen. Bei unserer Einstellung zu Tieren als Mitbewohner dieser Erde schienen wir hier am rechten Platz gelandet zu sein. Barbara schlief, und Wolfgang nahm mich in den Arm: »Hier in der Schweiz wird alles gut. Nun ruhen wir in Gottes Schoß.«

Ein böser Traum schien mich verfolgt und aus dem Schlaf geholt zu haben, ich hörte Männerfäuste an unsere Tür pochen und musste sehr bald erkennen, dass Gewalt und Verfolgung weitergingen, auch in der Schweiz.

Ich war noch gar nicht fähig zu denken, stand in kurzem Hemd, öffnete atemlos die Tür, als zwei Beamte von der Kantonalpolizei in Zivil, die sich unaufgefordert sofort ausgewiesen hatten, vor mir standen. In der Nacht habe die Baseler Polizei, so erklärten sie mir, von München ein Telex erhalten mit dem Hinweis, ich sei auf der Flucht nur zu dem Zwecke, mein Kind zu töten. Sie waren beauftragt, Barbara und mich zu arretieren. Als ich mich umsah, stand das Kinderbettchen bereits leer. »Sehen Sie, ich habe das Kind gar nicht bei mir«, erklärte ich den Beamten. »Alles ist ein Irrtum«. Wolfgang kam verschlafen von nebenan, ich fror, fühlte mich nackt.

Die Männer waren nicht mehr abzuweisen, nachdem sie im Bettchen die warmen Kissen befühlt hatten. Es begann eine Suchaktion, doch nirgendwo war ein Kind zu finden. Sie blieben dann bei mir stehen, um auftragsgemäß wenigstens mich mitzunehmen. Ich war gezwungen, über mein Shorty ein buntes Sommerkleid zu ziehen, dabei zerrissen die Ärmel. Wolfgangs Protest gegen eine solche Behandlung hatte ein kurzes Handgemenge zwischen den Männern zur Folge. Bereits auf dem Wege nach draußen bückte sich plötzlich einer der Beamten und zog unter dem großen Bett hinter einem darunterliegenden Koffer ein nacktes Kinderärmchen hervor. Barbara wurde auf die Füße gestellt, das Oberteil des bunten Schlafanzuges hatte sie sich über den Kopf gestülpt, sie kratzte und biss wild um sich wie ein kleines Raubtier. Schneidende Stiche in meinem Herzen.

Es war ein Sturz aus heiterstem Himmel.

Alles verlief dann sehr rasch. In einem großen Wagen für Gefangenentransporte wurden wir zum Baseler Lohnhof gefahren. Wolfgang hatte darauf bestanden, mitzukommen. Ich erinnerte mich, dass dieser Lohnhof während des Krieges und in Zusammenhang mit der Durchreise flüchtender Juden eine traurige Berühmtheit erlangt hatte.

Die Untersuchungszelle sah mehr wie ein Kellerverschlag aus, mit dunklen Holzlatten und einem großen Vorhängeschloss. Zunächst wurde Wolfgang, von uns separiert, verhört, danach schickte man ihn nach Hause.

Ich wollte unsere unglückliche Situation einfach nicht wahrhaben, versuchte verzweifelt gegen depressive Gedanken anzukämpfen, vor allem aber dem Kinde gegenüber alles zu banalisieren. Wir hatten uns gegenseitig in den Arm genommen, wie wir da saßen und warteten. Ich erzählte vom Paradies meiner Träume, fabulierte Phantasien, Worte ähnlich wie diese: »Eine Wiese voller Gänseblümchen, eine Wiese voller Glück. Vögel, Goldhamster, Hunde und Katzen spielen miteinander und umarmen sich innig. Es zwitschert, tiriliert, miaut, bellt, quietscht, kullert umeinander, verbeißt sich zärtlich. Runde Augen schauen, spitze Öhrchen stehen hoch, wedelnde Schwänzchen, schnüffelnde Näschen, und dazwischen Babys, Babys in Hellgrün, Babys in Orangerot, in Türkisblau, auf weißen Wolken liegend, auf Tautropfen, wie Perlen. Regennasses Gras streckt sich der Sonne entgegen, darauf Blumen, Blumen wie Gesichter. Äste wie greifende Arme und Hände, Luftgebilde. Aderngefurchte Blätter, dem Lichte behutsam anvertraut, dem Winde scheu ergeben, der Erde sich schließlich zögernd hinneigend, wie alles, das lebt.«

Hinter den Holzlatten kam ein Mann auf uns zu, mich zu holen zum Verhör. Das Kind sollte inzwischen hier warten, damit ihm jede unnütze Aufregung erspart bliebe. Als ich mit dem Manne ging, hatte ich das Empfinden, auf rutschigen Pflastersteinen zu taumeln. Indem ich mich vom Kinde entfernte, stieg in mir ein Gefühl der Isolation auf, ein Abschied hinter meinem Rücken. »Ich muss durchhalten, immer, immer wieder«, sprach ich zu mir.

In einem winzigen, weißgetünchten Raum empfing mich ein freundlicher Herr, sich immer wieder dafür entschuldigend, dass eine Sofortmaßname notwendig gewesen sei aufgrund der Information aus Deutschland. Inzwischen aber habe man längst erkannt, dass es sich wegen des Sorgerechtes um einen zivilen Rechtsstreit handele. Ein Verbrechen sei nur deshalb vorgeschoben worden, um die Auslieferung des Kindes zu erzwingen. Eine solche Methode fände in der Schweiz keine Unterstützung. Seine Stimme wurde schriller, weil er sichtlich nervös war, als er mir beibringen musste, dass Barbara während dieser Unterredung bereits abgeholt worden

war, um für die nächsten Tage provisorisch im Baseler Waisenhaus untergebracht zu werden. »Von nun an genießen Sie den Schutz und das Asyl-
recht der Schweizer Behörden, so lange bis der Prozess in Deutschland entschieden ist. Aber es ist notwendig, das Kind neutral in einem Internat,
möglichst in Ihrer Nähe natürlich, unterzubringen. Sie können es nachher
besuchen und morgen, im Einvernehmen mit der Jugendbehörde, umher-
reisen, damit der geeignetste Aufenthaltsort gefunden wird.«

Mir war übel. Man hatte mich doch betrogen. Hinter meinem Rücken
das Kind in Aufregung versetzt, obwohl das Gegenteil versprochen worden
war. Ich wusste, dass ich von nun an zu aller Macht des öffentlichen Lebens
querliegen würde.

Von einer Fürsorgerin hinausbegleitet, zeigte mir diese ihre Hand, auf
der deutliche Spuren kleiner zubeißender Zähne zu sehen waren. Sie weh-
klagte: »So hat das Kind sich gewehrt.« Freude, mit Wut vermischt, stiegen
in mir auf. Was hatte sich diese Dame eigentlich von meinem Kinde
gedacht? Ich fragte: »Sind solche Aktionen für Sie nicht unerträglich?«

»Kaum«, war die Antwort. »Ich tue nur, was man von mir verlangt.«

Der Fahrer des Wagens drehte sich erschrocken um, als ich viel zu laut
antwortete: »Können Sie sich nicht vorstellen, dass ein Kind einen solchen
gewaltsamen Abtransport nie vergessen wird, dass es von diesem seelischen
Schock sein Leben lang verfolgt bleibt? Nur weil Ihnen die Zivilcourage
fehlte, eine menschlichere Lösung vorzuschlagen?« Ich blickte in ein
Gesicht voller Leere.

Mir wurde gestattet, Barbara kurz zu sprechen, im Waisenhaus. Ich tat
alles, um sie zu beruhigen, ihr das Vertrauen wiederzugeben, sammelte die
verbliebenen Reste meiner Kraft auf, um sie dem Kinde zu schenken.

Zurückgekehrt in unsere kleine Behausung wurde ich dort bereits von
Wolfgangs Unruhe erwartet. Es fiel mir unendlich schwer, ihm alles zu
erklären. Ich tat es zunächst damit, indem ich begann, das Kinderbett
zusammenzuschlagen und beiseite zu stellen.

Die nächsten Tage gestalteten sich als eine Art repräsentativer Rundreise, quer durch die Schweiz. Wir fuhren von einem Internat zum anderen,
hatten Besichtigungen, lasen Aufnahmeformulare, verhandelten über teure
Preise. Selbstverständlich benötigten wir für den laufenden Prozess in
Deutschland einen Schweizer Korrespondenzanwalt. Noch ein Anwalt.

Wieder neue Kosten! Endlich entschieden wir uns für ein Internat am Ägrisee, nahe der Stadt Zug, wunderschön gelegen und mit den besten Voraussetzungen für eine gute Schulausbildung. Ein Segen, dass wir mit dem finanziellen Hintergrund unseres gemeinsamen Engagements in Basel rechnen konnten.

An einem strahlendschönen Sonnentag brachten wir Barbara ins Internat, diesmal im Wagen der Jugendbehörde. Auf der Fahrt sprachen wir so wenig wie möglich vom Abschied, um so mehr von unseren künftigen wöchentlichen Besuchen, denn mit dem Wagen waren es ja nur knapp zwei Stunden, die uns trennten.

Der Direktor des Theaters in Basel zeigte weitgehendst Verständnis für unsere Situation und für die tagelange Abwesenheit. Aber nun mussten die Proben begonnen werden.

Zunächst bekam Wolfgang zwei herrliche Aufgaben in den Titelrollen von Max Frischs »Don Juan oder die Liebe zur Geometrie« und Cocteaus »Bacchus«. Ich spielte darin Frauenrollen, die mich ungewöhnlich wenig interessierten, was bei meiner seelischen Erschöpfung allerdings nicht sehr verwunderlich war.

Den Eindruck werde ich nie vergessen, wie Wolfgang bei der Premiere als Bacchus mit weinlaubberanktem Kopf, wie unter einer Dornenkrone, verhöhnt und verlacht von den ihn umgebenden Statisten, die Bühne betrat. Dann ging er stumm zur Rampe vor und sah mit seinen großen Augen, die fast blind waren, wenn er keine Brille trug – ringsum in das Dunkel des Zuschauerraums. Er setzte seinen einsamen, unverstandenen und hilfesuchenden Weg fort, zurück bis in die Mitte der Bühne, dann erst sprach er.

Die zweite Premiere galt vor allem mir als »Minna von Barnhelm«. Es war immer schon eine Wunschrolle gewesen. Wie aber sollte ich jetzt die Konzentration aufbringen, diese umfangreichen Texte in der schwierigen Sprache Lessings in den Kopf zu bekommen, so erschöpft, wie ich war? Wie sollte ich diese beschwingte Fröhlichkeit herbeizaubern? Wenn man später die überschwänglichen Kritiken darüber las, mochte man glauben, das Gespaltensein einer Schauspielerseele sei ein beängstigendes Phänomen.

In dieser Zeit hatte ich einen seltsamen Traum. Ich befand mich auf Gastspielreisen in einem völlig leeren Hotelzimmer. Ich trat auf den Balkon, von der benachbarten Wiese her blickte mich ein Pferd an. Es rief zu mir herüber, ich solle zu ihm kommen und mit ihm auf der Wiese spazierengehen. Als ich abwartete, kam es ungeduldig näher und schwang sich schließlich vom Hinterhof des Hotels aus zu mir herauf. Es blieb unmittelbar auf meinen Schultern sitzen, und ich schritt leichtfüßig, das schwere Pferd auf den Schultern, im leeren Zimmer auf und ab. Als ich Wolfgang davon erzählte, sagte er nur: »Das sieht dir ähnlich«. Auf seine trockene Art gab er mir zu verstehen, wie sehr ich dazu neige, meine Kräfte zu überschätzen.

An einem Abend hatte ich während des Verbeugens einen Feuerwehrmann in der Kulisse irrtümlich für einen Polizisten gehalten, der mich verhaften wollte. Ich floh in die Garderobe und verlor, wie seinerzeit während des Jannings-Filmes, für Stunden die Stimme. Nur langsam wich der Schrecken und damit die Stimmbandlähmung.

Um die Angst vor den Ausnahmezuständen, vor der Bedrohung zu verlieren, stürzte ich mich wie besessen in die Rollenarbeit. Als nächstes im »Kaiser von Amerika« von Bernard Shaw. Darin kommt eine berühmte Liebesszene vor, die sich in einem Turnsaal abspielt. Für mich war die Parallelität zwischen den gymnastischen Bewegungen und dem Ablauf der Gefühle mehr, als nur ein extravaganter dramaturgischer Einfall. Jede Sprechrolle ist für mich immer auch ein Tanz gewesen.

Wie wir, Wolfgang und ich, es dem Kinde versprochen hatten, fuhren wir einmal wöchentlich nach den Proben zum Internat nach Oberägri. Wir lernten auf dem Wege dahin Zürich kennen und hatten es uns zur Gewohnheit gemacht, jedesmal in ein bestimmtes Schokoladengeschäft einzukehren, an der Ecke neben dem Zürcher Schauspielhaus. Ein pralles rotes Lackköfferchen voller Süßigkeiten wurde zur regelmäßigen Freude aller Kinder im Internat.

So sehr sich unser Leben anscheinend beruhigt hatte, so wenig Vertrauen konnte ich dieser Ausgeglichenheit schenken. Ich witterte neue Gefahren, deshalb wurde es mir jedesmal schwerer, von Oberägri wieder abzufahren. Leider war es bald notwendig geworden, längere Pausen zwischen unseren Besuchen einzulegen. Wir benötigten viel Geld, immer noch für Anwälte und Prozesskosten und hatten die Möglichkeit, mit kurzen Gastspielen in Frankfurt und Wien – die äußerst gut bezahlt wurden – unseren Etat aufzubessern. Wir spielten Cocteaus dramatisches Gedicht »Der Doppeladler« in Frankfurt, dann wieder in einer Neuinszenierung Strindbergs »Fräulein Julie« in Wien.

Eines Nachts, in einem Frankfurter Künstlerlokal gelandet, waren wir viel zu müde, um ins Bett zu gehen. Wir saßen Hand in Hand. Plötzlich tauchte Werner Finck auf, der Kabarettist, ein guter Freund von uns! Außer der Begrüßung war kein weiteres Wort aus ihm herauszuquetschen. Wie ein trauriger Clown blickte er zu Boden, ließ die Unterlippe hängen. Mühsam schafften wir es dann doch noch, eine Schilderung seiner Erlebnisse vom Tage zu hören, die ihn offensichtlich sehr beeindruckt hatten.

Ein Freund war ihm gestorben. In traurige Erinnerungen versunken, hatte er sich auf den Weg zur Beerdigung gemacht. Um möglichst unbemerkt zu bleiben, stellte er sich am Rande der kleinen Trauergemeinde auf. Alles, was am Grabe über seinen Freund gesprochen wurde, erschien ihm abwegig, er hatte ihn viel besser gekannt.

Da entdeckte er auf dem Friedhof, wenig entfernt, eine andere Gruppe trauernder Menschen. Er begann zu ahnen, am falschen Grabe zu stehen. Behutsam schickte er sich an, vorsichtig den Standort zu wechseln. Dafür war es notwendig, einen Kiesweg zu überqueren. Jedoch, es verließ ihn der Mut. Er wollte weder den einen noch den anderen Verstorbenen brüskieren. Als er begann, sich doch langsam in Bewegung zu setzten, wandten die Leute ihre Köpfe nach ihm; errötend empfand er sich als Störenfried und schlich sich rasch davon.

Zerschmettert von dem Ereignis, seinen toten Freund verpasst zu haben, blickte er auf den Grund seines Glases. »Es war eine Verwechslung«, brummelte er vor sich hin, »vielleicht beruht unser ganzes Leben auf einer Verwechslung.«

DIE FLUCHT

Es war am gleichen Tag, als ein Arzt mir bestätigte, ich werde ein zweites Kind bekommen und ein neuer Gerichtsbeschluss aus München über Basel eintraf, Barbara werde sofort nach Deutschland zurückgeholt von der Interpol. Dagegen sahen die schweizerischen Behörden nun keine Möglichkeit des Einspruchs mehr. Wir mussten das Kind sofort aus dem Internat entfernen.

Noch in der gleichen Nacht nach der Vorstellung fuhren wir mit dem kleinen verbrauchten VW durch dichtes Schneetreiben über den Arlberg-Paß. Wir befanden uns ganz allein auf der Strecke, denn wegen der miserablen Wetterberichte riskierte niemand sonst die Weiterfahrt. Wir sprachen kaum ein Wort, die Anspannung war viel zu groß.

Ohne Unterbrechung hatte Wolfgang die lange und gefahrvolle Strecke am Steuer durchgehalten. Im Morgengrauen in Oberägri angekommen, mussten wir zunächst im Gasthof gegenüber dem Internat Kräfte sammeln für das waghalsige Unternehmen. Die Zeit war knapp bemessen. Dann begrüßten wir das ahnungslose Kind, angeblich, um einen Morgenspaziergang zu machen. Heimlich packte Wolfgang so viel wie möglich von Barbaras Kleidungsstücken ein, es wurde nicht bemerkt. Erst dann, bereits im fahrenden Wagen, konnten wir ihr klar machen, was wirklich geschehen war. Von keinerlei sonstigen Erwägungen belastet, bedeutete allein die Tatsache, bei uns bleiben zu können, die größte Seligkeit für sie. So rasch wie möglich mussten wir die Grenze nach Österreich wieder passiert haben, ehe im Heim ihr Verschwinden bemerkt wurde. Wieder einmal verließ ich mich auf den schon gewohnten Trick des »kleinen Spazierganges über die Grenze«, trotz heftigen Herzklopfens. Dann fuhren wir der grellen Sonne entgegen, der Schnee glitzerte, es tat meinen ausgeweinten Augen weh. Noch wussten wir nicht, wohin die Fahrt gehen sollte, hofften auf Hilfe von Freunden in Wien.

Unsere Theatervorstellung am Abend zu versäumen, war leider nicht zu verhindern. Unterwegs telefonierten wir deshalb und waren weder überrascht noch beunruhigt darüber, dass uns eine enorme Konventionalstrafe angedroht wurde. Wenn man sich am Rande des Abgrundes befindet, verschieben sich die normalen Begriffe und Werte des alltäglichen Lebens, Geld verliert an Bedeutung.

Bevor wir in Wien angekommen waren, fassten wir den Entschluss, in einem Vorort zu übernachten und erst am nächsten Morgen die Hilfe eines österreichischen Anwalts zu suchen. Wir kamen in dem kleinen Ort Himberg an, den Barbara verzückt in »Himbeere« umtaufte. Beim Abendbrot teilten wir die Fröhlichkeit mit dem Kinde, trotz der Sorgen, und legten uns dann in diesem etwas schmuddeligen Städtchen, nahe der Grenze zur Slowakei, zur wohlverdienten Ruhe hin.

Wolfgang hatte oft erwähnt, dass vielleicht nur noch der Weg nach Ostberlin möglich sei, aber mir war dieser Gedanke zu fremd. Aus meiner Sicht erschien es mir wie ein Weg in die ewige Verbannung hinter dem Eisernen Vorhang. Eines stand für uns vollkommen fest: Wir würden uns nie wieder trennen. Aber wo sollten wir leben, wo sollte mein zweites Kind zur Welt kommen?

An unsere Tür wurde plötzlich kräftig gepocht, Polizeibeamte wollten eindringen. Diesmal war es eine ganze Mannschaft. Jetzt, so glaubte ich, trifft mich endgültig der Schlag. Wolfgang konnte mich gerade noch am Arm fassen. Das Kind lag bereits wieder unter dem Bett. Nach kurzem Blick auf unsere Pässe gab man entschuldigend zu verstehen, dass alles in Ordnung sei. Man suche nur mit Hilfe dieser Razzia einen Mörder, der sich angeblich im Ort versteckt habe. Wieder allein gelassen, sanken wir drei auf das Bett zurück, schliefen umarmt ein.

Angstträume. Mein Herz pochte, meine Finger umklammerten den Hals, als ob ich es dort festhalten wollte. Fades Morgenlicht dämmerte. Meine Gedanken ließen mir keine Ruhe: »Hatte ich nicht irgendwann, irgendwo gelesen, dass ein berühmt-berüchtigter Strafverteidiger in Wien Aufsehen erregte, weil er für eine einfache Frau einen Freispruch erringen konnte? Sie hatte ihren Mann ermordet und damit ihre Kinder von den Gewalttätigkeiten des Trunkenboldes befreit. Mit einem genialen Plädoyer mobilisierte der Anwalt alles Mitleid und konnte sogar die Herzen der Geschworenen mit der Argumentation erweichen, die arme Frau habe mit der Leiche ihres Mannes den Badeofen einheizen können und ihren Kindern endlich einmal ein warmes Bad gegönnt.

Was für eine makabre Geschichte! Trotzdem wollte ich in letzter Verzweiflung diesem Anwalt mein Vertrauen schenken. Ich schlich mich leise aus dem Zimmer und dem Hotel, einen beruhigenden Zettel hinterlassend.

Ich begegnete dem hochintelligenten, jüdischen Juristen in einem düsteren Haus eines abgelegenen Wiener Vorstadtbezirkes. Der lebhaft gestikulierende kleine Mann zeigte für meinen Fall spontan großes Interesse. Gleichwohl gab er mir zu verstehen, dass das Zugreifen der Interpol nur durch radikale Maßnahmen zu verhindern sei. Trotz seiner bewundernswürdigen Aktivitäten wusste ich, mich zu den juristisch offenbar notwendigen Manipulationen keinesfalls entschließen zu können.

Undenkbar war es für mich, mein Kind irgendwelchen, wenn auch harmlosen, operativen Eingriffen auszusetzen, nur, damit es eine Zeitlang nicht transportfähig sei. Bereits der Gedanke daran brachte mich in Atemnot.

Trotz allem sagte ich zu, den empfohlenen Kinderarzt aufzusuchen, um möglichst rasch die Anwaltskanzlei verlassen zu können.

Ins Hotel zurückgekehrt, war es für mich zunächst sehr schwer, ganz zu begreifen, wie sehr sich meine Einschätzung unserer Situation verändert hatte. »Wir müssen nach dem Osten ziehen, uns bleibt nur das andere Deutschland.«

Zum ersten Mal wurde mir die Spaltung Deutschlands voll bewusst, denn allein diesem politischen Zustand verdankten wir jetzt die einzige Chance, nicht wieder getrennt zu werden.

In dem viergeteilten Wien suchte Wolfgang die russische Kommandantur auf. Immer wieder trug er die Bitte vor, dass man uns, unbemerkt von der Interpol, die uns wieder auf den Fersen war, ausfliegen solle. Ständig von neuem nach den Hintergründen befragt, ließ man ihn Stunden um Stunden in Vorzimmern warten. Die russische Taktik, Menschen zunächst zu verunsichern, um auf deren eigentliches Motiv vorzustoßen, setzte sich auch hier durch »Nix Verbrechen, nix Mord?« Allmählich schien man ausreichend recherchiert zu haben. Es war klar, dass es sich nur um eine zivilrechtliche Auseinandersetzung, um das Sorgerecht für ein Kind handelte.

Die »asiatischen Seelen« verwandelten sich plötzlich in lächelnde

Freunde, die uns den Bruderkuss anboten. Es wurden Anstalten getroffen, uns vor den westlichen Institutionen zu retten. Im Morgengrauen des nächsten Tages schon wartete in der Spiegelgasse, dicht hinter der Wiener Oper, ein russischer Wagen auf uns. Er sah aus wie ein riesiger schwarzer Sarg, auf Hochglanz poliert. An allen Scheiben waren Spitzenvorhänge zugezogen. Keine Silbe wurde gesprochen, als der russische Soldat uns den Wagenschlag öffnete. Alles erinnerte mich an irgendeinen alten Spionagefilm. Auf der Fahrt zum Militärflughafen öffneten sich bei Wahrnehmung der Standarten an der Kühlerhaube unseres unheimlichen Gefährts automatisch alle Schranken.

Auf dem Rollfeld nahm uns ein russischer Soldat wieder grußlos in Empfang. Kurz darauf waren wir in eine Maschine verfrachtet, die nach Prag flog. Mit dem spärlichen Gepäck, das staunende Barbarakind an der Hand, flogen wir in eine mir unbekannte, neue Welt.

Es wurde ein sehr unruhiger Flug in der ziemlich leichten zweimotorigen Maschine älterer Bauart. Ich wurde von ständigem Übelsein verfolgt.

Die geheime Order funktionierte ausgezeichnet, auch in Prag wurden wir von einem eingeweihten russischen Offizier empfangen. Als dieser uns aber mitteilte, wir sollten zunächst eine Nacht in Prag bleiben, drehte ich mal wieder durch. Ich bildete mir ein, doch in eine politische Falle geraten zu sein. Angstvisionen von einer Verbannung nach Sibirien! Lieber gleich weiterfliegen als weitere Stunden der Ungewissheit ertragen müssen.

Uns blieb nichts anderes übrig, als abzuwarten, in einer trostlosen Vorhalle des Prager Flughafens. Nach endlosen Stunden erklärte man uns sehr umständlich, ein unvorhergesehener glücklicher Zufall mache den Weiterflug doch noch sofort möglich. Eine Sondermaschine aus Moskau könne uns aufnehmen. Bald darauf schwebten wir in den Wolken, flogen dem abendlichen, rot schimmernden Horizont entgegen. Mit Barbaras kleiner Hand an meinen gerundeten Bauch gedrückt, versuchte ich mir vorzustellen, wie groß bereits die kleinen Fäustchen des werdenden Kindes sein mochten. Da man uns die vordersten Plätze angewiesen hatte, konnten wir von den anderen Insassen der Maschine wenig Notiz nehmen. Erst später sah ich mich um und schaute in auffallend intelligente, markante Gesichter, die mir aus den Zeitungen bereits bekannt erschienen. Die Leute waren in erregte Diskussionen verwickelt.

Bei der Landung der Maschine auf dem östlichen Flughafen Schönefeld sahen wir viele Menschen. Überall Kameras und Scheinwerfer. Ich geriet bereits wieder in Panik. Was war geschehen? Sollten wir verhaftet werden? Gezwungenermaßen mussten wir als erste die Maschine verlassen. Ich wäre bereitgewesen, um mich zu schlagen. Aber als uns niemand auch nur die geringste Beachtung schenkte, kam eine wunderbare Ruhe über mich. Um uns herum drängten die Menschen aufeinander zu, umarmten und küssten sich. Blitzlichter, Kameras waren in Bewegung. Wichtige Staatsoberhäupter schienen versammelt zu einem bedeutsamen Anlass. Es stellte sich heraus, dass wir inmitten einer »Friedensdelegation« geflogen waren, dabei Ilja Ehrenburg, Anna Seghers und viele andere. Es war ein historisch bedeutsamer Tag, der 22. April 1954.

Wieder kam ein Eingeweihter auf uns zu, diesmal aber brauchte sich Wolfgang nicht mit russischen Sprachbrocken abzuquälen. Heimatliche Klänge, unverfälschtes sächsisches Singsang klang an unsere Ohren. Viele Befragungen folgten. Darauf wurden uns sämtliche Ausweise und restliches Geld in westlichen Währungen abgenommen, als gelte es, Vorbereitungen für die Einlieferung in den Knast zu treffen. In einem altertümlichen Omnibus wurden wir quer durch die Ostbezirke Berlins in Richtung Alexanderplatz geschaukelt. Wie damals, als ich Barbara erwartete, setzte ich mich auf beide Hände, ähnlich einem Luftkissen, um auf dem holprigen Pflaster die starken Erschütterungen abzufangen.

Das neue Baby beschäftigte mich ständig, meine Gedanken kreisten um Leben und Tod. In Erwartung des zweiten Kindes verfolgten mich Rilkes Verse aus seinem »Requiem« um so mehr. Erst jetzt schien ich die Reife dafür zu haben, diese Auseinandersetzung zu begreifen, dass eine Frau mit ihrem Kinde auch dessen Tod gebiert.

Als Aufnahmebüro für Flüchtlinge diente ein altes, verkommenes Haus in der Potsdamer Straße. Zur ersten Etage führte eine ausgetretene Holzstiege. In den großen Berliner Zimmern schlug uns das grelle Licht nackter Glühbirnen auf die Augen. Tag und Nacht wurde abgefertigt. Darum hatte man überall in den Gängen für alte Menschen und Kinder Feldbetten aufgeschlagen. Die anderen dämmerten auf klapprigen Stühlen vor sich hin. Diese Menschen mit nussbrauner Haut, schwarzglänzenden Haaren und dunklen Augen betrachteten kritisch jeden Neuankömmling. Die Mütter hatten sich damit abgefunden, dass ihre Babys daumenlutschend am Fußboden liegenblieben, dort herumkollerten oder einschliefen. Fröhliches Kinderlachen war längst verbannt. Einzig die mitgeschleppten Tiere, Vögel in Käfigen, Hunde und Katzen sorgten für den akustischen Hintergrund. In der Mitte des Raumes hatte sich eine Ziege hingehockt wie ein Schoßhund. Das Durcheinander war so selbstverständlich geworden wie das Warten, Warten auf die Zukunft, auf irgendeine große Wende des Lebens.

Ich sah durch die schmutzigen Fensterscheiben auf das »Zillemilljö« der Hinterhöfe, blickte dann in die vom Schicksal gezeichneten Gesichter, betrachtete Frauenhände, abgenagte Kinderdaumen. Im Grunde fühlte ich mich wohl unter den einfachen Menschen. Ich suchte die Kommunikation mit dem einfachen Leben, das die Illusionen der Bühnenbretter verdrängt hatte.

Wolfgang und ich hatten den Vorsatz gefasst, die Anonymität zu genießen. In irgendeiner kleineren Stadt könnten wir uns durch manuelle Tätigkeiten ernähren, ich könnte nähen, stricken oder kunstgewerbliche Arbeiten verrichten. Vor allem wollten wir in Ruhe gelassen werden, eine Familie sein.

Nach vielen Stunden des Wartens, am späten Nachmittag, wurden Essenmarken ausgegeben. Wolfgang begleitete mich mit dem Kind zu einem nahegelegenen HO-Keller am Alexanderplatz. Auf dem Wege dorthin fiel mir auf, wie ausgestorben dieses Berlin war, wie wenig Autos zu sehen waren. Der riesige Raum unter der Erde war anscheinend einmal ein Luftschutzkeller gewesen. Jedenfalls wirkte er auf mich gleichermaßen trostlos. Jeder holte sich sein Essen selbst an die großen, runden Holztische, meist Eintopf oder Würstchen. Wolfgang eilte zurück in die Potsdamer Straße.

Ich blieb mit dem Kinde, obwohl die stickige Luft auch hier wenig erholsam war. Barbara hatte ihre Füßchen zu mir auf die Bank geschoben und versuchte, die Spruchbänder an den Wänden zu lesen. »Nie wieder kriegste mich zum Faschingszug« – eigentlich stand da: »Nie wieder Krieg und Faschismus.« Dem Kinde war natürlich die politische Terminologie fremd, es hatte sich daraus seinen eigenen Vers gemacht. Ich war etwas besorgt, dass Barbaras Version gehört werden könnte, nahm sie in meine Arme.

Plötzlich hörte ich: »Wo ist Wolfgang?« Ich fuhr aus meinen Träumen auf. »Wieso?« Der junge Mann, der vor mir stand, erklärte, sein Jugendfreund gewesen zu sein. Die Mutter aus dem Westen habe ihm von unseren Schlagzeilen berichtet.

»Hier bekommt man von diesem Quatsch Gott sei Dank nichts zu lesen. Die Polizei ist hinter Euch her? Warum seid Ihr nicht schon früher gekommen? Na, nun wird ja alles gut.« Ich konnte den positiven Redeschwall kaum unterbrechen. Vor allem war ich nicht mehr auf eine persönliche Ansprache eingestellt. Sollten wir doch wieder in das altgewohnte Leben zurücktauchen? Wolfgang hatte sich doch vorgenommen, »auf den Bau« zu gehen. Er war wütend darüber gewesen, außer der »blöden Schauspielerei« nichts Richtiges gelernt zu haben.

»Warte«, sagte der frohgestimmte junge Mann zu mir, als ob wir uns schon ewig gekannt hätten, »ich gehe gleich mal wegen Euch telefonieren.« Flugs war er im Gedränge verschwunden. Barbara klatschte fröhlich in die Händchen: »Mami, es wird alles gut, hat der Mann gesagt.« Wolfgang erschien wieder bei uns. Er war sehr niedergeschlagen: »Das kann noch Tage so fortdauern.«

»Ich glaube kaum«, erwiderte ich, »da war eben ein Freund von dir hier.« Im gleichen Augenblick drehte er sich um, und die beiden Männer lagen sich in den Armen.«

»Mensch, dufte, du bist verrückt.«

Das Telefonat des Jugendfreundes hatte Wunder bewirkt. Es stellte sich heraus, dass er inzwischen Produktionsleiter bei der ostzonalen Filmgesellschaft DEFA war und unser Kommen dort als Sensation präsentiert hatte.

Unsere Odyssee hatte ein Ende gefunden! Wieder schaukelten wir, jetzt allerdings in einem Produktionswagen der DEFA über Außenbezirke und Dörfer, dieses Mal in Richtung Potsdam, nahe dem mir so vertrauten alten Ufa-Gelände Babelsberg. Im Gästehaus der DEFA am Griebnitzsee sollten wir für die nächste Zeit wohnen dürfen.

Wir standen noch ziemlich verdattert in der hellerleuchteten großen Empfangshalle der weißen Villa, als sich eine alte Dame theatralisch auf uns stürzte: »Gisela, Wolfgang, das Liebespaar! Und die süße Barbara, und ein Baby ist auch unterwegs.«

Eingehüllt in eine riesige Parfümwolke ging die Dame vor mir in die Knie und umarmte meinen Leib. Ich fetzte energisch zurück. »Hände weg!«

Meine Reaktionen waren noch immer auf Abwehr und Verteidigung eingestellt. Im nächsten Augenblick schon tat mir meine Härte leid, besonders weil ich erkannte, dass Henny Porten vor mir kniete.

Der berühmte Stummfilmstar war dabei, in einem Zirkusfilm der DEFA mitzuwirken. Es sollte übrigens ihr letzter Film werden. Bald darauf starb sie. Wenn sie sich auch mit übersteigerter Emphase geäußert hatte, so waren Hennys freundschaftliche Gefühle für uns doch ganz echt und rührend.

Nach diesem überraschenden Empfang wurden wir die Treppen hinauf unter das Dach geleitet. Dort war für uns ein Mansardenzimmer hergerichtet. Ich setzte mich zunächst auf den Rand des großen Doppelbettes. Die beiden hockten bei mir, umfassten meine Knie, alle drei hielten wir für Sekunden den Atem an. Ruhe, Geborgenheit, in einem fremden Land, das auch Deutschland heißt.

Die Erschöpfung war uns wohl anzusehen gewesen und der Wunsch, zunächst allein bleiben zu wollen. Jedenfalls wurden uns belegte Brote und Fruchtsaft aufs Zimmer gebracht. Nachdem wir alles verschlungen hatten, fielen wir einfach um, rutschten tief hinein in den Schlaf, unter die Federbetten.

Früh am nächsten Morgen hingen wir wie Trauben nebeneinander am Fenster, bestaunten die herrliche Blumenpracht des parkähnlichen Gartens und den weiten Blick über den Griebnitzsee. In der Mitte des Sees bildeten schwimmende Bojen eine Trennungslinie, die Grenze zwischen Ost- und Westberlin. Am gegenüberliegenden Ufer konnten wir schemenhaft die alte Heimat erkennen, deren wir wegen unsinniger Gerichtsbeschlüsse beraubt worden waren. Am hiesigen Ufer, unten im Garten, patrouillierten Tag und Nacht Volkspolizisten mit geschultertem Gewehr. Hier musste jeder Versuch scheitern, falls mir Barbara fortgenommen werden sollte.

Ich hatte viel Schlaf nachzuholen, auch machte sich mein Zustand bereits sehr bemerkbar. Als ich Barbara davon erzählte, sagte sie nur: »Ich liebe dich herrlich«, und nach einer Denkpause: »Sag mal, wann hast du mich eigentlich angefangen?«

Die beiden waren viel am Bootshaus unten, sammelten Regenwürmer aus feuchter Erde auf. Wolfgang konnte stundenlang am Ufer des Sees sitzen und angeln. Ich spürte, wie ihn das Geschehen der letzten Wochen noch beschäftigte. Die Veränderungen, Gedanken über neue Aussichten. In den nächsten Tagen würden wir mit der Direktion der DEFA Besprechungen darüber haben, wie es weitergehen soll.

Eines Morgens hatte ein junger Sperling einen seiner ersten Höhenflüge nicht ganz geschafft, er flatterte geradewegs durchs Fenster in unsere Dachstube. »Der Wiesenpieper muss erst großgefüttert werden, ehe er den Gefahren des Lebens wieder ausgesetzt werden kann«, meinte Wolfgang.

Also wurde das neue Familienmitglied Wippi hochgepäppelt. Nebenher hatte er noch die Funktion unseres Weckers übernommen, wenn er im Morgengrauen abwechselnd auf unseren Nasen herumspazierte.

Nach einigen Tagen holte uns ein Wagen zum Filmgelände Babelsberg.

Ich wandelte zwischen den großen Produktionshallen hin und her, die mir seit so vielen Jahren vertraut gewesen waren. Meine Erinnerungen waren in allen Details hellwach geblieben, aber es kam mir vor, als ob ich auf ein anderes Leben, das Leben einer Fremden, zurückschaute. Es war fast eine Wiedergeburt. Uralte Portiers, Arbeiter und Freunde: »Mensch, die Gisela.« Gesichter, die ich früher vielleicht nur am Rande wahrgenommen hatte, die nun, wie aus alten Träumen, wieder aufzutauchen schienen.

Tief beeindruckt und erschöpft hatte ich im Direktionsbüro Platz genommen, wo man sich mit aller Sorgfalt um mich bemühte. Auf keinen Fall bekam ich das Gefühl, mit unserer Übersiedlung würde Reklamemissbrauch getrieben. Der Starkult westlicher Prägung spielte hier sowieso keine so wesentliche Rolle. Das entgegengebrachte Interesse beschränkte sich nicht nur auf berufliche Fragen, berührte vielmehr ganz allgemein unsere neue Einbürgerung. Vorrangig diskutiert wurde die Schulfrage für Barbara, die mir bisher noch sehr auf der Seele gelegen hatte.

Es wurde uns ein Häuschen angeboten zu einer sagenhaft geringen Miete. Die Weiterführung des Sorgerechtsprozesses in München wollte der prominente Ostberliner Strafverteidiger Professor Kaul für uns übernehmen. Vor allem aber sollte die westliche Presse keine Gelegenheit bekommen, die Motive unserer Übersiedlung zu verfälschen. Alle Verpflichtungen, die wir zurückgelassen hatten, wurden über die Deutsche Notenbank sofort geregelt und sollten später verrechnet werden. Wolfgang und ich erhielten feste Verträge, zunächst über zwei Jahre.

»Ihr werdet hier bei uns schöne Rollen spielen«, sagte man beim Abschied.

Das war alles zuviel des Guten für mich. Im Gästehaus angelangt, musste ich erst einmal eine der Falten meines Rockes auftrennen, um Luft zu bekommen. Dann machte ich mich an die Lektüre des ersten Drehbuches. Seltsamerweise stieß ich dabei auf Begriffe, die mir vollkommen unbekannt waren. Offensichtlich ging die Spaltung unseres Landes so weit, dass sich sogar die deutsche Sprache unterschiedlich entwickelt hatte. In diesem Film sollte ich die Vorsitzende einer LPG (das heißt Landwirtschaftliche Produktionsgenossenschaft) spielen. Bei meinem Typ eine groteske Zumutung. Da ich außerdem nicht gewillt war, mir politische Texte in den Mund legen zu lassen, war ich ziemlich bestürzt. Für die Absage musste mir unbedingt etwas einfallen. Als ich am nächsten Tag mit meiner Schwangerschaft argumentierte, die natürlich bereits bekannt und einkalkuliert war, bekam ich zur Antwort, ich sollte die Rolle sowieso nur im Sitzen spielen. In die Enge getrieben, wollte ich fast wieder verzweifeln. Ich regte mich innerlich so auf, dass ich Blutungen bekam. Der Arzt verordnete Bettruhe mit Eisbeuteln auf dem Bauch. Dieser Kelch war noch einmal an mir vorübergegangen.

Wöchentlich einmal durfte ich einen kleinen Spaziergang vom Gästehaus zum Filmgelände machen. Für die Belegschaft war zwischen den großen Hallen in einer Baracke eine Sanitätsstation errichtet worden. Wenn ich dort zur Schwangerschaftsvorsorge ging, genoss ich es, mit den einfachen Frauen der Arbeiter, Beleuchter oder der anderen Werktätigen praktische Erfahrungen über das Kinderkriegen auszutauschen.

Wie wunderbar hatte sich alles verändert! Die Hektik war aus unserem Leben verbannt, kein Ausnahmezustand verlangte noch einen totalen Überlebens-Einsatz.

Vielleicht war nur eine gewisse Erschöpfung daran schuld, vielleicht auch die Konzentration auf das neu entstehende Leben in mir, jedenfalls begann meine Sehnsucht nach Wolfgangs Umarmungen geringer zu werden. Ich zog mich hinter eine Wand zurück, Entfremdung wurde spürbar. Inzwischen war auch mein heimlich gehegter Verdacht bestätigt worden, dass Wolfgang sich während der Arbeit zu seinem ersten Film »Genesung« in seine Partnerin verliebt hatte.

Nach erstaunlich wenigen Auseinandersetzungen wurde mir klar, wie wenig mich das eigentlich noch berührte. Ich neigte dazu, den Filmtitel auf unser gemeinsames Leben zu beziehen. Um mein persönliches Glück zu kämpfen, dafür besaß ich nun keine Kraft mehr. Meine große Sorge war vor allem, mit weiteren Auseinandersetzungen mein inneres Gleichgewicht erneut zu gefährden und damit die Ruhe meiner Kinder.

Nachdem ich mich mit vorübergehenden vulkanartigen Ausbrüchen von letzten Selbstqualen erlöst hatte, folgte eine gefährliche Kälte, aus der heraus ich mein eigenes Schicksal wie im Spiegel betrachtete. Ich bemühte mich, Wolfgang zu verstehen, hatte er sich doch schon so lange nur mit meinen persönlichsten Belangen abmühen müssen. Schließlich war es auch nicht sein eigenes Kind, um das wir gekämpft hatten und das nun unser Leben so gänzlich verändert hatte. Ich meinte, jeder hatte neben Enttäuschung und Schmerz auch einen großen Teil Stolz zu überwinden. Mit Selbstironie versuchte ich mir einzureden, dass auch bei mir, wie bei einer Waschmaschine, das Programm zu Ende laufen muss. Ich war gerade beim Schleudervorgang angelangt.

Den ersten Besuch aus westlichen Gefilden erhielten wir von Wolfgangs Vater, Atti genannt. Dieser kleine rundliche Mann, waschechter Berliner, war für mich eher ein Kumpel als der sogenannte Schwiegervater.

Als einfacher Garderobier hatte er ehemals bei der Ufa angefangen, darum freute es ihn besonders, die Erlaubnis bekommen zu haben, als Westberliner die Zonengrenze zu überschreiten. Sein rundes, rosiges Gesicht ähnelte auffallend dem des damaligen Staatsoberhauptes der Deutschen Demokratischen Republik, Wilhelm Pieck. Also kam Barbara bald mit weitaufgerissenen Augen und einem Fetzen Papier in der Hand vom Klo: »Ich habe Opi in der Zeitung gesehen.« Beide schlossen miteinander sofort dicke Freundschaft. Atti konnte sich den ganzen Tag mit ihr beschäftigen, da der Termin ihres Schulbeginns erst nach dem Einzug in unser Haus geplant war.

Barbara behütete mich, als ob ich ihr Baby wäre, überwachte behutsam meine Schritte, stützte mich bei jeder Stufe, ging mit ausgebreiteten Armen vor mir her, um einen möglichen Sturz abzuhalten.

Von »drüben« erhielten wir kaum mehr Nachrichten. Ab und zu ein resignierender Brief von Harald Braun, der mich sehr vermisste. Die übrigen Kollegen und Freunde im Westen hatten sich alle von uns distanziert, denn dort hatte es die Presse natürlich doch fertiggebracht, aus unserem

Verhalten einen politischen Schritt zu konstruieren. In schmachtenden Artikeln wurde von unserer totalen Demoralisierung berichtet, als Ende aller skandalumwitterten Ereignisse. Zur Untermalung war ich als »Lulu« abgebildet, verkommen und süchtig mit geschminkten, tiefumränderten Augen. Fotos aus dem letzten Akt »Erdgeist«, kurz vor ihrem grauenvollen Ende. Den Lesern sollte damit weisgemacht werden, dass ich in Wahrheit nur noch dahinvegetiere.

Man hatte es auch nicht unterlassen können, mit Mitleid für mein »armes Kind« zu sparen. Aber ich kann mich kaum erinnern, dass mir jemals etwas so wurscht gewesen wäre, wie diese Nachrufe. Ich hatte längst alle Brücken abgebrochen.

Einen echten Freundschaftsbeweis erhielt ich noch von Boleslaw Barlog. Höchst offiziell, als Intendant, hatte er die Verlängerung meines Vertrages über die Dauer der nächsten Saison hinaus und für weitere unbestimmte Jahre bewirkt. Eine Klausel besagte, der Vertrag werde in dem Augenblick wieder praktisch wirksam, wenn es Gisela Uhlen möglich wäre, nach Westberlin zurückzukehren. Damit erkannte er voll meine privaten Konsequenzen und die vorangegangenen Motive an. Er glaubte mit Sicherheit daran, ich würde eines Tages zurückkehren.

Seinen Brief in der Hand habe ich geheult wie ein Schlosshund. Zum ersten Male machte ich mir Gedanken darüber, wann diese selbstgewählte Emigration wohl ein Ende haben würde.

Sie sollte fast sechs Jahre dauern.

TRENNUNGEN

In Kleinmachnow wurde ein Haus für uns gefunden, nur wenige Meter vom westlichen Zehlendorf entfernt. Zu meiner guten Freundin Berta Drews, der Witwe von Heinrich George, hätte ich einen Spaziergang von ein paar Minuten machen können, wenn nicht die Zonengrenze dazwischen gewesen wäre. Dieser sonst so verhasste Grenzübergang bedeutete für uns allerdings auch die absolute Sicherheit.

Einen bleibenden Eindruck hinterließ mir mein erster Besuch bei Professor Kaul, dem Anwalt in Ostberlin. Kaul, ein Altkommunist, der deshalb viele Jahre seines Lebens in Gefängnissen verbracht hatte, kam bei der Begrüßung polternd mit aufgekrempelten Hemdsärmeln auf mich zu.

Beim Diktat lief der untersetzte, stämmige Mann mit Riesenschritten durch den Raum, strich sich ständig mit seinen kleinen, energischen Händen über die gewölbte Glatze. Meist aber hatte er, wie Napoleon, die Arme hinter dem Rücken verschränkt. Er verstand es fabelhaft, das Mutter-Kind-Verhältnis auf eine natürliche Art und Weise darzustellen. Seine Argumentationen duldeten keinen Widerspruch, sein Stil war weit entfernt vom üblichen Beamtendeutsch, vermied Verklausulierungen, wie sonst bei Gerichten gebräuchlich. Er formulierte mit unmissverständlichem, menschlichem Engagement.

Ich stellte mir die Gesichter in München vor, wenn sie seine Schriftsätze lasen!

Nach stundenlanger Beratung nahm er mich in die Arme und stellte mir die private Frage, ob ich in der neuen Ehe glücklich sei. Noch bevor ich überhaupt antworten konnte, wischte er diese Frage bereits wieder vom Tisch: »Na, einer so konsequenten Mutter kann doch nichts passieren und Ihnen als Schauspielerin sowieso nicht.«

Ich verließ seine Kanzlei in dem Gefühl, einen Freund gefunden zu haben.

Meine Möbel waren aus München gekommen, das heißt der spärliche

Rest, der mir noch verblieben war, aus der Zeit vor der Ehe mit Bertram. Wolfgang war mit Dreharbeiten beschäftigt. Barbara besuchte fleißig die Schule und hatte ein großes Pensum nachzuholen. Es war mir im achten Monat der Schwangerschaft allein überlassen, mich um den Umzug zu kümmern und auf hohen Leitern zu schweben, um Gardinen und Bilder aufzuhängen.

Im Hause gab es im Parterre neben der Küche zwei ineinandergehende Räume. Eine schmale Holztreppe führte zum oberen Stock in das Schlaf- und in zwei kleine Kinderzimmer. Das Schönste aber war ein großer Garten voller Obstbäume und riesiger Tannen.

Es wurde mir erlaubt, mit dem Wagen der DEFA nach Potsdam zu fahren, für meine Einkäufe. Hier erinnerte ich mich an jene Frau, die in den Kriegswirren 1943 – auch hochschwanger – teilweise zu Fuß von Berlin nach Potsdam gekommen war. Jeder Ring schließt sich einmal.

Anfang des Jahres 1955 sollte das Kind zur Welt kommen. Wir bezogen den kleinen Menschen bereits in unser Leben mit ein. Am Weihnachtsabend legte ich mich in die Mitte des Zimmers auf den Teppichboden. Gemeinsam beobachteten wir die ruckartigen Strampelbewegungen des Kindes, das Auf und Ab in dem Berg meines Bauches.

Anscheinend gehört es zu den Gesetzen meines Lebens, Kinder unter höchst schwierigen Umständen zur Welt bringen zu müssen. Diesmal hatte ich im Stillen gehofft, das Kind könne zu Hause geboren werden. Aber um jedes unnötige Risiko auszuschalten, meldete ich mich schließlich doch nach dem 10. Januar in der Potsdamer Klinik an. Erst am späten Nachmittag des 16. Januar begannen zu Hause die Wehen. Ich zögerte meine Abfahrt so lange wie möglich hinaus. Zwei Uhr nachts allerdings schien es wirklich der letzte Augenblick zu sein, mich mit dem Krankenwagen in Windeseile nach Potsdam kutschieren zu lassen. Dort waren alle Betten belegt, der Kreißsaal restlos überfüllt, man musste mich auf einer primitiven, mit Rupfen bezogenen Tragbahre im Korridor liegenlassen. Medikamente gab es spärlich, mehr oder weniger war es eine Massenabfertigung. Elektrisches Licht brannte grell im Korridor, es gab keinen Ausblick durch ein Fenster. Die Zeit schien stillzustehen. Ich wusste nicht, ob der nächste Tag bereits begonnen hatte. Niemand schaute nach mir, trotz heftigster Wehen. Irgendwann huschte eine Krankenschwester an meinem Lager vorbei. Ich rief mit letzter Kraft: »Das Kind ist da, ich spüre schon seinen Kopf.« Sie wandte sich barsch ab: »Unsinn, das bilden Sie sich nur ein.« Da riss ich verzweifelt die Decke hoch. Nach einem kurzen Blick warf die Schwester mit einem Aufschrei beide Arme in die Luft und rannte davon, den Arzt zu holen.

Aus tiefer Ohnmacht erwacht, lag ich immer noch an gleicher Stelle, nur war ich inzwischen Mutter einer zweiten Tochter geworden. Mein Kind durfte ich noch nicht sehen. Es war bereits in dem Massenquartier für Babys untergetaucht. Elf Uhr vormittags hatte Susanne das Licht der Welt erblickt.

In einer Drehpause kam Wolfgang an mein Bett geeilt, inzwischen hatte ich ein Zimmer für mich allein erobern können. Er beugte sich mit verständnislosem Gesichtsausdruck über den Säugling. Fast alle Väter sehen wohl in diesem Augenblick so aus, als hätten sie eben die erste Kröte entdeckt. Wenige Tage später kehrte ich mit dem lebendigen Bündel heim, und wir alle bildeten »eine große, Heilige Familie im Gehäuse«.

Wie sehr sich durch die Ankunft der kleinen Schwester ihr Leben verändern sollte, wurde der zehnjährigen Barbara erst langsam bewusst. Auf alten Fotos erkannte ich viele Jahre später, wie sie staunend am Rande des Geschehens geblieben war. Es ist verständlich, wenn Eltern Erziehungssünden gegenüber den größeren Kindern unterlaufen, sobald ein neues Baby Mittelpunkt ist. Da aber bekanntlich das Selbstbewusstsein eines Menschen bereits an der Seite der Mutter vorgeprägt wird, kann jede Überbewertung oder Vernachlässigung das Charakterbild außerordentlich beeinträchtigen und sich für das spätere Leben verhängnisvoll auswirken. Darum hielte ich es für empfehlenswert, dass die Mütterberatungsstellen sich mit diesen Problemen gleichermaßen intensiv beschäftigen wie beispielsweise mit Tips für Trockenlegung und Baden.

Wolfgang hatte seinen Film »Genesung« beendet und fühlte sich merklich überflüssig im Hause. Das war allein meine Schuld. Ich war ausschließlich »tüchtige Mama«. Ich verstand es nicht, einen Ausgleich in der Ehe zu suchen, ließ meinen Mann allein.

So musste es kommen, dass er mir eines Tages erklärte, er könne sich in der neuen Umgebung künstlerisch nur ungenügend entfalten, in dieser Enklave drohe er zu ersticken.

Ich musste feststellen, dass für unsere Beziehung wenig Text übriggeblieben war, dafür aber sehr viel Traurigkeit.

Eines Morgens packte er ein kleines Köfferchen, verabschiedete sich von uns und ließ mich allein.

Wieder war eine Tür ins Schloss gefallen! Würde er eines Tages zurückkehren? Wäre ich dann noch bereit, diese Tür wieder zu öffnen? Seltsamerweise fühlte ich mich alleingelassen viel stärker, ja, ich redete mir sogar ein, nur die radikalsten Veränderungen könnten mein Leben von neuem aktivieren. Vielleicht war dies aber auch nur eine Ausrede vor mir, ein Ablenken von meiner inneren Einsamkeit.

Wolfgang Langhoff bot mir an, bei ihm die »Nora« zu spielen. Das Deutsche Theater in der Schumannstraße, dessen Intendant er war, ist mir aus Berichten der Reinhardt-Ära ein Begriff gewesen. Ich wusste, dass auch unmittelbar nach dem Kriege fast alle hervorragenden Schauspieler dort engagiert waren, unter ihnen auch Horst Caspar.

Langhoff, ein äußerst sensibler Mensch, wurde als Theaterleiter ständig hin- und hergerissen. Er liebte auch Dramatiker und deren Stücke, die von dem Regime als westlich-dekadent verurteilt wurden, wie zum Beispiel Giraudoux, Sartre, Anouilh, O`Neill und auch Tennessee Williams und andere. Trotz befohlener Einschränkungen verstand er es immer wieder, bei schärfster Aufsicht des Zentralkomitees einen verhältnismäßig variablen Spielplan zu entwickeln. Er wurde aber dafür auch ständig zur Rechenschaft gezogen.

Seit meiner »Nora« vor neunzehn Jahren in Bochum – damals war ich fast noch ein Kind – hatte ich mir gewünscht, eines Tages diese Aufgabe wiederholen zu dürfen, wenn ich die Reife dafür hätte, den Schluss, die Emanzipation der Nora, zu bewältigen. Die Premiere war für den Herbst vorgesehen, Regie Wolfgang Langhoff, ich hatte also genügend Zeit, mich darauf vorzubereiten. Vorher allerdings kam ich nicht daran vorbei, meinen DEFA-Vertrag zu erfüllen. Dieses Mal wurde mir eine politisch völlig unverfängliche Rolle in einem historischen Film über den Arzt und Physiker Robert Mayer angeboten, dessen Frau ich spielen sollte.

Für Barbara hatte ich eine liebe, alte Betreuerin gefunden, während ich mitsamt dem Babykörbchen jeden Morgen ins Filmstudio fuhr. Damit das Baby immer an der frischen Luft sein konnte, wurde ein Wiesenabschnitt vor dem Atelier extra eingezäunt. Mitten darin stand das Körbchen und war natürlich Mittelpunkt der gesamten Produktion, sogar der Drehplan war gewissenhaft in Stillpausen eingeteilt. Wenn ich zu diesem Zwecke pünktlich das Atelier verließ, prosteten mir die Männer auf den Beleuchterbrücken mit ihren Bierpullen hinterher. Nur der Kameramann hatte mit den Szenenanschlüssen große Schwierigkeiten. Er saß oft kopfschüttelnd hinter seiner Kamera und wollte über meine rasche Veränderung der Oberweite schier verzweifeln. Der Regisseur war ein besonders gemütlicher, jovialer Herr. Unentwegt steckte ihm eine Zigarre im Gesicht, dazu trug er stets eine Art Schmuckköfferchen bei sich, worin die auserlesensten Zigarren sortiert lagen. Während der ganzen Zeit der Dreharbeiten fühlte ich mich von Freunden umgeben, obwohl einige Male, am frühen Morgen, der Pförtner des Geländes mich aufforderte, das Baby hochzuheben, um den Korb routinemäßig nach Waffen oder Sprengstoff zu durchsuchen.

Im Sommer waren die Dreharbeiten an der See für einen Kinderfilm »Das Traumschiff« geplant, dem eine hübsche, unverfängliche Familiengeschichte zugrunde lag. Barbara hatte Schulferien, wir konnten alle zusammen losziehen und Spaziergänge machen. Ein herrlicher Sommer. Die Erde gab zarte Gebilde frei, im Wettstreit mit prallen Farben und dem durchsichtigen Himmelsblau. Das Holz der Äste entließ gefächertes Grün, von Blätterhänden gehaltene Blüten. Die Steine auf den Wegen wärmten sich im Sonnenlicht. Wir warfen sie weit, damit sie auf dem Wasser tanzten und Kreise bildeten, größer, immer größer. Bunte Bänke standen an den Ufern, flatternde Markisen schützten blühende Balkone. Wiesen weit und breit, und das Lachen meiner Kinder …

Der Regisseur des Films war Herbert Ballmann, eine Hünengestalt von einem Manne, dem wir bereits im Gästehaus begegnet waren. Ich konnte mich daran erinnern, dass damals Wolfgang bemerkte: »Er sieht aus, als ob er gleich fragen will: ›Na, wo steht denn das Klavier?‹«

Unvermittelt tauchte auch Wolfgang wieder bei uns auf, und zwar im Strandhotel von Kühlungsborn, wo wir während unserer Außenaufnahmen untergebracht waren. Herbert Ballmann richtete Fragen an ihn, Fragen, die mich betrafen und meine Kinder, Fragen, die ich versucht hatte, vorläufig noch hinauszuschieben. Nachdem aber beide Männer ein langes Gespräch miteinander geführt hatten, verabschiedete sich Wolfgang überraschend schnell. Er hatte verstanden, dass in Zukunft Herbert sich für mich und meine Kinder verantwortlich fühlte.

Seit langem hüllte mich endlich wieder das Gefühl der Geborgenheit ein. Eine Entscheidung war gefallen: Wir beschlossen, in Zukunft zusammenzuleben, Herbert und wir drei Mädchen.

Das Haus in Kleinmachnow war voller Leben, viele neue Spielkameraden der Kinder zogen ein. Ein Tolpatsch von einem Bernhardinerbaby, »Porgy« genannt, der anfangs allerdings des Pudels Eifersucht entfachte. Mohrchen versuchte, die Aufmerksamkeit wieder allein auf sich zu lenken, indem er mit einem geraubten Huhn in der Schnauze erschien. Mehrere Schildkröten marschierten im Garten. Zu ihrer Identifizierung pinselten wir mit rotem Nagellack ein »U« auf den Panzer. Ein Igel war regelmäßig zu Gast auf der Terrasse und schlürfte genüsslich die Milch aus der Schale. Die Eichhörnchen wurden so zutraulich, dass sie schließlich eines Tages alle Windeln von der Wäscheleine verschwinden ließen. Ich glaubte an ein Wunder, als ich hoch oben in der Baumkrone einer Fichte endlich das weiße Windelnest entdecken konnte. In dem großen Aquarium verloren hin und wieder dickbauchige Fischweibchen ihre Babys, die sich dann wie kleine Fallschirme zum Sandboden niedersenkten. Schließlich musste Mohrchen im Winter auf Nachbars Terrasse mit Hilfe heißen Wassers aufgetaut werden. Wegen einer angebeteten Hundedame war er dort festgefroren aufgefunden worden.

Auf dem Dach hatten wir eine äußerst praktische Erfindung angebracht. Nach Einbruch der Dunkelheit konnte man auf dem Dachboden an einer Schnur ziehen, die jeweils die Richtung der Fernsehantenne veränderte. Da es unerwünscht war, westdeutsche Sender einzuschalten, war dieses Prinzip allgemeiner Brauch. Aus diesem Grunde war die erste Zeit des Fernsehens für mich mit ähnlich gemischten Gefühlen gekoppelt wie damals während der Nazizeit das Abhören der deutschen Nachrichten im Londoner Rundfunk.

Meine ersten Fernsehrollen waren abenteuerliche, gewagte Unternehmen. Bei nahe fünfzig Grad Hitze stolperten wir in Live-Sendungen über Kabel oder zogen uns, im Off, am Fußboden kauernd um. Damit wir von der anderen Seite wieder ins Bild kommen konnten, schlichen wir hinterrücks um Kameras herum oder robbten am Fußboden entlang. Ich spielte auf diese Art »Mirandolina« und das Zweipersonenstück »Monsieur Lamberthier«. Als einmal dabei ein Kabelträger im Overall bestürzt feststellen musste, mitten ins Bild geraten zu sein, zog er sich zierlich mit mozartesken Schritten zurück, als wäre er eine der handelnden Personen. In dieser Pionierzeit des Fernsehens war die Teamarbeit außerordentlich kameradschaftlich, später leider nicht mehr so.

»Nora« sollte vier Jahre lang nicht mehr vom Spielplan des Deutschen Theaters verschwinden. Es war ein großer Erfolg. »Amphitryon 38« dagegen – worin ich die Alkmene spielte – wurde nach wenigen Vorstellungen durch das Zentralkomitee verboten, nachdem man festgestellt hatte, es handele sich nicht um Heinrich von Kleists Fassung, sondern um einen Dichter »westlich-dekadenter« Prägung, nämlich Giraudoux.

Die Regisseurin Joan Littlewood vom Workshop-Theater in London inszenierte eine neue Fassung der »Lysistrata« von McColl, mit mir in der Titelrolle. Das Stück hieß »Der Ölzweig« Ihr Prinzip war es, möglichst keine Regie zu führen, die Schauspieler lediglich zu eigenen Inspirationen zu animieren. Das hatte verständlicherweise ein heilloses Durcheinander zur Folge! Die meisten drängten sich nach vorn an die Rampe, die Frauen fielen chaotisch über die Männer her. Wie so oft im Leben sprachen alle durcheinander, ohne dem anderen überhaupt zuhören zu können. Das Ganze wurde ein turbulentes Fest, bei dem mir jeden Abend im Maxim-Gorki-Theater der Angstschweiß ausbrach. Die Spannung lag eigentlich nur darin, nicht zu wissen, wie die Aufführung zu Ende gehen sollte, und ob überhaupt.

Vom Ministerium für Kultur waren mir außergewöhnliche Privilegien eingeräumt worden. Um mir den weiten Weg nach Ostberlin über die Dörfer zu ersparen, erhielt ich einen Passierschein. Damit konnte ich das Brandenburger Tor durchqueren, nachdem ich die Autobahn und die Avus entlanggefahren war. Das gab natürlich auch Gelegenheit, kleine illegale Einkäufe zu tätigen. Vor allem fehlten der Familie Vitamine. Frisches Obst und Gemüse gehörten in der DDR noch zu den Seltenheiten, für die man extra Schlange stehen musste.

So fuhr ich also fast täglich die Bismarckstraße entlang und am Schillertheater vorbei. Immer öfter fragte ich mich, wann ich wohl wieder hier auf den Brettern des Theaters stehen würde.

Seit 1957 vermehrten sich Gerüchte, dass eines Tages eine Mauer durch Berlin die Stadt für immer teilen würde. Insgeheim fühlte ich mich wie vor dem Absprung, obgleich ich noch nicht wissen konnte, wann der Zeitpunkt gekommen ist.

Im Münchener Sorgerechtsprozess gab es keine neuen Entscheidungen. Wegen der Abwesenheit von Mutter und Kind hatte man das Verfahren vorläufig ausgesetzt. Auf jeden Fall musste ich wenigstens die Zeit bis 1959 abwarten. Erst mit vierzehn Jahren konnte Barbaras Entscheidung bei Gericht anerkannt werden, ob sie bei der Mutter leben will oder nicht.

Herbert hatte mich nach einer »Nora«-Vorstellung im Deutschen Theater abgeholt, wir fuhren in die Nacht hinein nach Hause. Nachdem wir bereits daran vorübergefahren waren, wurde es uns bewusst, dass im gegenüberliegenden Straßengraben ein Wagen umgestürzt lag.

»Wolfgang«, schrie ich auf und wäre am liebsten aus dem fahrenden Wagen gesprungen.

Die Fahrbahn konnte erst am Kontrollübergang Babelsberg gewechselt werden. Volkspolizisten erkannten uns dort sofort und versuchten, mich zu beruhigen. Sie wussten bereits, dass Wolfgang Kieling wie durch ein Wunder nicht die geringste Verletzung erlitten hatte, obwohl sich der Wagen mehrmals überschlagen hatte. Herbert wartete behutsam, bis ich mich wieder gefangen hatte. Meine Gefühle für Wolfgang hatten sich nicht geändert, das wusste er.

Am übernächsten Tag fuhren wir drei zusammen in unserem Wagen die gleiche Strecke entlang. »Dort vorn ist es gewesen«, erklärte uns Wolfgang. »Plötzlich kam ein Reh von der Seite aus dem Gebüsch, ich hätte nicht ausweichen können, trat auf die Bremse.« Schweigend heuchelte ich, diese »Story« zu glauben. Schauspieler geben nun einmal ungern zu, nach dem Theater zuviel Alkohol getrunken zu haben.

Plötzlich geschah es. Aus eben dem Gebüsch sprang ein Reh über die Fahrbahn und verschwand gegenüber. Herbert hatte im letzten Augenblick ausweichen können.

»Seht ihr, ich habe es leben lassen!« triumphierte Wolfgang.

Unsere im Westen geschlossene Ehe wurde vier Jahre später im Osten geschieden. Wir hatten die Einigung so gründlich vorbereitet, dass keiner von uns beiden anwesend sein musste.

Als ich wenige Monate später mit Herbert vor dem Standesbeamten stand, war dies für uns eine selbstverständliche Konsequenz. Vor der professionellen Ansprache sagte der Standesbeamte zu mir. »Nun Ihnen, liebe Braut, brauche ich wohl über die Ehe nicht mehr viel zu sagen.« Da erst wurde mir bewusst, dass ich im Begriff war, das fünfte Mal eine eheliche Allianz einzugehen.

Wieder einmal fuhren wir die Bismarckstraße entlang. Mein Blick war an der Fassade des Schillertheaters hängengeblieben, als ich fast unbewusst Herbert bat: »Kannst du hier parken und auf mich warten?«

Der Weg war mir wohlbekannt, am Bühnenportier vorbei, die breiten Stufen hinauf. Im Intendanzbüro flog ich Boleslaw Barlog geradewegs in die Arme. »Ich komme bald«, frohlockte ich atemlos, »was soll ich spielen?«

Ich war bereits wieder auf die Treppe geflüchtet, als ich ihn mir nachrufen hörte: »Was du willst, du verrückte Nudel!«

Herbert fragte: »Was war?«

»Ach nichts.«

Erst, nachdem wir das Brandenburger Tor passiert hatten, griff ich das Thema vorsichtig auf: »Liebling, diese Fahrten werden wir nicht mehr allzu oft machen können. Ich muss mit den Kindern zurück, noch bevor die Grenze zu ist.«

Herbert nahm meine Hand, er vermied es, mich anzusehen. »Ich habe es gewusst«, sagte er tonlos.

Dies bedeutete unsere Trennung, obwohl wir nicht daran dachten, die Ehe zu lösen.

Meine Odyssee hatte noch immer kein Ende gefunden. Höchstoffiziell reichte ich mein Rückkehrgesuch in westliche Gefilde beim Ministerium für Kultur ein. Auf eine Verzögerungstaktik gefasst, ließ ich mich auch beim dritten Vorstoß nicht abweisen und erzielte damit endlich den ersehnten Erfolg. Allerdings musste Herbert vor einem Ausschuss die Erklärung abgeben, seinerseits die Staatsbürgerschaft der DDR nicht aufzugeben. Ihm sollte eine regelmäßige »Verkehrserlaubnis« eingeräumt werden, mich in Westberlin zu besuchen.

Ungebrochenen Mutes mietete ich im Grunewald eine kleine Mansardenwohnung. Wichtigste Voraussetzung schien mir die Nähe der Schule für

Barbara und des Kindergartens für Susanne zu sein. Solange mein Mobiliar aus Kleinmachnow noch nicht zurückgeführt war, diente ein riesiges Bett als Schlaf- und Spielwiese für uns drei Mädchen. Darin wurde gefrühstückt, und es wurden auch Schularbeiten gemacht. Vor allem aber hielten wir uns darin die kugeligen Bäuche vor Lachen, wenn ich für meine Kinder den Clown spielte.

Wenn Herbert zum Wochenende erschien, hatte ich das Gefühl, eine Kriegsbraut zu sein.

Schauspielschule »Gretchen«, 1936

Mutter

Vater

Die elterliche »Burg« in Leipzig

Schulanfang

Die drei Schwestern; Isolde, Beatrice und Gisela

Gisela Uhlen als junges Mädchen

»Annemarie«, erster Film, 1936/37

Mit Horst Caspar in »Romeo und Julia« von Shakespeare, 1937

Aus dem Film »Die beiden Schwestern«, 1938

Mit Heinrich George in »Heinrich IV.« von Shakespeare, 1938

Als Hendrikje Stoffels im Film »Rembrandt«, 1942

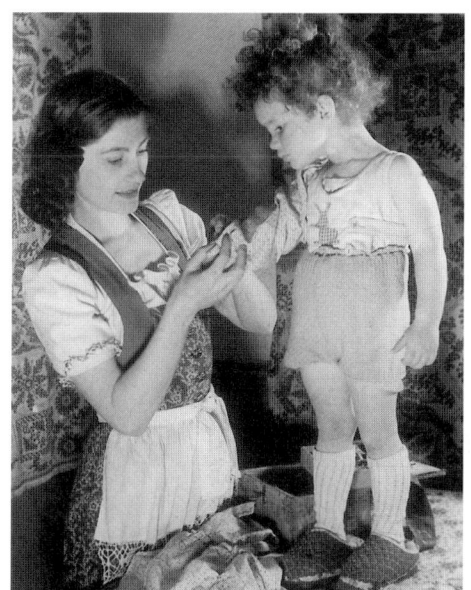

Mit Tochter Barbara, 1945 (oben) und 1952 (unten)

129

»Heilige Johanna« von Shaw, Schloßfestspiele Heidelberg, 1947

Mit Rudolf Forster in »Augenblick der Wahrheit« von Peter Ustinov, 1952

Mit Wolfgang Kieling in »Lulu« von Frank Wedekind, 1952

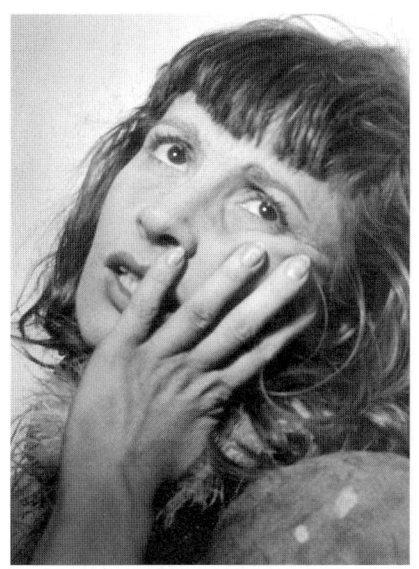

»Lulu« von Frank Wedekind, 1952

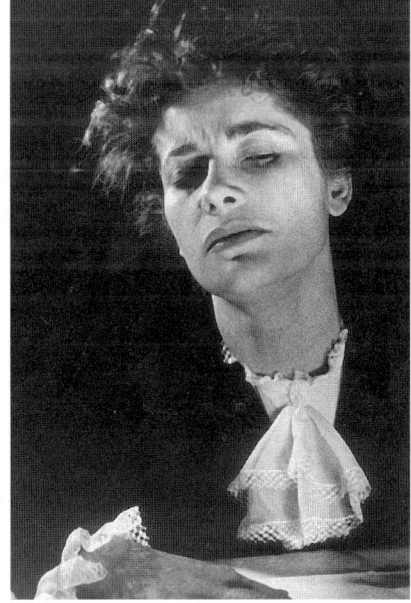

»Fräulein Julie« von August Strindberg, 1953

In der Garderobe, Schillertheater Berlin, 1953

Mit Carl Raddatz in »Drei Schwestern« von Anton Tschechow,
Schloßparktheater Berlin, 1958

Weihnachten mit den Töchtern in Berlin, 1960

»Seid nett zu Mr. Sloane« von Joe Orton, 1968

»Frauen von New York«, von Clare Booth, (Inszenierung R. W. Fassbinder)
Deutsches Schauspielhaus Hamburg, 1976

In »Die Kassette« von Sternheim,
Deutsches Schauspielhaus Hamburg, 1978

In »Geliebter Lügner« von Jerome Kilty,
Deutsches Theater in Hamburg, 1978

In »Besuch der Alten Dame« von Dürrenmatt, Festspiele Wien, 1984

Fräulein von Zahnd in »Die Physiker« von Friedrich Dürrenmatt,
Zürcher Schauspielhaus, 1990 bis 1993

Als Oskar Werner in »Der letzte Gast« von Thomas Hürlimann,
Zürcher Schauspielhaus, 1990

Als Oskar Werner in »Der letzte Gast«, Zürcher Schauspielhaus, 1990

THEATER-THEATER

»Das Beste ist, niemand bekommt richtig mit, dass du über Jahre nicht hier gewesen bist«, sagte Boleslaw Barlog und rollte listig die Knopfäuglein. »Übernimm mal erst gleich vier Rollen im laufenden Spielplan. Christa Keller will weg, um einen italienischen Grafen zu heiraten. Das hat sie nun davon.«

Das war ein Wort. Ich benutzte also meinen Schädel als wandelnden Kassettenrecorder, worin ich in wenigen Tagen Unmengen von Text speicherte. Neben Martin Held stand ich als dessen Tochter in John Osbornes »Entertainer« auf den Brettern, neben Ernst Schröder spielte ich das Mädchen im Rollstuhl in Barlachs »Die echten Sedemunds«, begegnete ich Rudolf Fernau im »Milchwald« von Dylan Thomas, in der »Dreigroschenoper« sang ich die Jenny. Außerdem hagelte es von Fernsehangeboten.

Meine Rückkehr war ohne viel Aufsehens nahtlos geglückt. Selbst mein kleiner Pudel konnte überall im Theater ein fröhliches Wiedersehen feiern. Nur »Porgy« hütete weiterhin den ostzonalen Garten bis zu dem Tage, als er plötzlich zusammen mit Herrchen im Grunewald vor der Tür stand. Statt des graziösen Taschentuches trug Herbert eine Zahnbürste in der Jackentasche.

»Ich bleibe«, war alles, was er herausbrachte. Es wurde ihm zum Vorwurf gemacht, wenn er nachts bei mir blieb.

Wegen des Sorgerechtes für mein Kind sollte mir einst verboten werden, meinen Geliebten zu heiraten. Jetzt durfte ich nicht einmal mit meinem Mann schlafen. »Ach, mein lieber Liebling«!

Die Kinder waren selig darüber, dass »Mamm« wieder ständig bei uns blieb. Sie hatten sich nicht daran gewöhnt, ersatzweise Papi zu sagen, dafür »Mamm« erfunden. Noch wussten wir nicht, wie sich der Bernhardiner an eine Etagenwohnung gewöhnen würde. Bei der Begrüßung hatte er mit seinem Schweif wedelnd die volle Tagesration der Familie nebst Geschirr vom Tisch abgeräumt.

Das Leben, wie wir es in Kleinmachnow gelebt hatten, wurde in Westberlin viel zu kostspielig. In der neuen, großen Wohnung bekam jedes Kind sein eigenes Reich und Porgy eine große, holzgetäfelte Diele als »Hunde-Hütte«.

Der gütige Barlog half uns, das nötige Geld zu verdienen. Er engagierte meinen Mann als Regieassistenten, später als Regisseur. Trotz allem gab es nun Sorgen, beruflich gingen unsere Wege auseinander, Herbert konzentrierte sich bald wieder mehr auf Film und Fernsehen, ich war monatelang mit meiner ersten Tournee unterwegs. In Georg Kaisers »Der Gärtner von Toulouse« spielte ich die femme fatale Madame Theophoe. Zwei Monate lang reisten wir hin und her, quer durch Deutschland. In dieser Zeit hatte Porgy aus Sehnsucht nach mir sich das Fell stückchenweise buchstäblich herausgerissen. Wegen unzähliger Geschwüre musste er eingeschläfert werden. Traurig zogen wir wieder um, in eine kleine Wohnung – ohne prachtvolle Hunde-Diele.

Tatsächlich vollzog sich bald die lang befürchtete politische Katastrophe, die Grenze zwischen Ost und West wurde hermetisch abgeschlossen. Wir hatten gerade noch rechtzeitig das westliche Ziel erreicht!

Ich hätte glücklich sein dürfen darüber, hätte aufatmen können – ich konnte es nicht. Immer mehr verfolgte mich eine Unruhe, die verlorenen Jahre in der DDR noch intensiver nachholen zu müssen. Doch auch Angst und Besorgnis beherrschten mich, den Kindern nicht genügend Zeit widmen zu können. Vorwürfe quälten mich, dass mein Mann mit Schwierigkeiten zu kämpfen hätte, sich in die neue Umgebung voll und ganz zu integrieren. Ich musste befürchten, meine Familie sei ihm dabei eine zu große Belastung.

Dazu kam ein großer Schmerz. Harald Braun war gestorben.

Erst wenige Wochen waren vergangen, als er plötzlich in Berlin vor mir gestanden hatte: »Wo kommst du denn her?« fragte ich.

Er schien wie verloren zu sein. »Ich bin auf einer Rundreise«, sagte er leise, »in der Zone habe ich den Rest meiner väterlichen Familie aufgesucht und alle meine Freunde, die ich lange nicht sehen konnte. Heute bleibe ich bei dir, morgen fahre ich nach Xanten. Ich wohne im Gasthof, wo wir »Zwischen Himmel und Erde« gedreht haben.«

Ich ahnte nicht, dass es eine Abschiedsreise war, die er ganz bewusst erlebte, nachdem er vor Monaten den ersten Herzinfarkt überstanden hatte. Vor seiner Abreise bemerkte ich zuletzt. »Du trägst ja eine ganz verkehrte Hose zum Jackett.« Er lächelte zerstreut: »Ach, das ist doch schnuppe.« Mit einem flüchtigen Winken war er verschwunden.

Ich habe ihn nie wieder gesehen.

In Xanten war er auf sein Zimmer gegangen, legte sich auf das Bett. Als man ihn dort fand, war er bereits Stunden vorher gestorben.

Barbara wollte sobald als möglich die Schule verlassen, sie drängte, nach München zu ziehen, um dort eine Kunstschule für Grafik zu besuchen.

Meine augenblickliche seelische Niedergeschlagenheit und die Sorge um eine bevorstehende Trennung von ihr trugen dazu bei, die räumliche Veränderung rasch zu planen, Berlin den Rücken zu kehren.

Beschämt bat ich Barlog um Lösung meines Vertrages. Herbert versuchte ich klarzumachen, dass eine Scheidung die sicherste Garantie dafür wäre, unsere Freundschaft auf Lebenszeit nicht zu gefährden.

Ich begann wieder einmal die Sachen zu packen.

Mein Abschied von Berlin wurde mit einer ziemlich peinlichen Panne gekrönt.

Zum erstenmal war ich aufgefordert worden, im SFB bei einer Show mitzuwirken, an der die versiertesten Schlagersänger wie Vico Torriani, Bully Buhlan usw. beteiligt waren. Der Komponist Werner Eisbrenner sollte den Abend musikalisch leiten. Er hatte für viele meiner Ufa-Filme die Musik gemacht, meine Chansons geschrieben und wusste aus Erfahrung, dass unsere Zusammenarbeit eine sichere Sache war. Aber gerade dieses gegenseitige Vertrauen führte zu der Katastrophe.

Das Chanson, das er diesmal für mich geschrieben hatte, war ziemlich anspruchsvoll, der variable Text mehrerer Strophen kein üblicher Blödsinn. Einschließlich der Generalprobe im Studio verlief die Arbeit nur zur gegenseitigen Zufriedenheit, darüber hinaus wurden sogar allgemeine Prognosen gestellt, an diesem Abend werde ein neuer Gesangsstar entdeckt.

Mein Auftritt in der Lifesendung war für spät nachts geplant, ich hatte alle Mühe, zwischen gähnender Müdigkeit und übernervösem Herzklopfen das Gleichgewicht zu halten. Vor allem war ich völlig perplex darüber, dass einzig und allein mein Auftritt »ohne Netz« vorbereitet war. Alle anderen ausgebufften Gesangprofis brauchten nur stumm den Mund zu bewegen oder sonstige Turnübungen zum sicheren Playback zu veranstalten. Ich entschloss mich, für alle Fälle mit dem Mokka auch Beruhigungstabletten zu schlucken.

Ein strahlender Auftritt, dann totales Entschwinden des Textes. »Tralalala« wäre ein leichtes gewesen, aber Eisbrenner hatte das Orchester abgeklopft. Er strahlte mich an: »Wie die das wieder macht, wie sie ihr Debüt spannend gestaltet«, schien er zu denken.

Wir begannen von neuem, und diese echte Tragödie wiederholte sich mehrere Male, bis ein Mensch in der Regiezentrale eine Erleuchtung und ein Einsehen zeigte, mich schlichtweg kommentarlos ausblendete.

Das musste mir passieren, nachdem ich bereits mehr als fünfundzwanzig Jahre lang mit den umfangreichsten Rollentexten der Weltliteratur hatte Ballspielen können!

Am nächsten Morgen bombardierten mich Ferngespräche. »Das war ja furchtbar, das konnte doch nicht wahr sein. Sicher haben Sie das nur so glänzend gespielt.« Ein übermäßig quicker Reporter bestätigte: »Aufregender als jeder Krimi, ich bin von der Couch gesprungen.«

Künstlerische Pannen sind nur damit zu überwinden, das Gegenteil unter Beweis zu stellen. Am Deutschen Theater in München stürzte ich mich allabendlich mit einem »Furioso« – wie die Kritik hervorhob – in Schillers Tiraden der Lady Milford in »Kabale und Liebe«.

Noch in Berlin hatte ich in der »Süddeutschen Zeitung« ein Wohnungsangebot für München entdeckt, das mir imponierte. Ich telefonierte, flog mit der nächsten Maschine runter und mietete die obere Etage einer Villa in Bogenhausen.

In dem wohlhabenden Vermieter begegnete ich einem Doppelgänger. Wie selten findet schon zufällig das Treffen mit einem Menschen statt, der am gleichen Tag und im gleichen Jahr geboren wurde! So war es unvermeidlich, dass auch parallele Ereignisse eintrafen. Wenn ich beispielsweise spät abends, von einem unstillbaren Durst befallen, nochmals das Haus verließ, begegnete ich dem Herrn prompt auch auf dem Wege zur nächstliegenden Kneipe.

Natürlich wurden unsere Kinder am gleichen Tage und im gleichen Gebäude eingeschult: Sein Sohn und Susanne verband bald eine innige Freundschaft.

Ich hatte noch für einige Vorstellungen von Shaws »Kapitän Brassbound« nach Berlin zu fliegen, spielte am Deutschen Theater München »Kabale und Liebe« (endlich keine Luise mehr!) und unter Hans Schweikarts Regie an den Münchner Kammerspielen »Held der westlichen Welt«, drehte zwei Wallace-Filme und machte acht Fernsehspiele, das alles im ersten Jahr von München aus!

Mein Privatleben bestand darin, für die Kinder, die sich gegenseitig beaufsichtigten, nachts vorzukochen und auch alle familiären Dispositionen zu treffen. Innerhalb eines Jahres zogen wir noch einmal um, in eine geräumigere Wohnung, denn Barbara wollte mitten im Schwabinger Zentrum und in der Nähe ihres Kunststudios wohnen.

Eines Morgens läutete es Sturm, ein smarter junger Mann stand vor der Tür, er hatte einen leeren Wäschekorb vor sich. »Ich soll die Sachen von Barbara Bertram abholen«, verkündete er. Ich fragte besorgt, wer er denn sei. »Ihr Freund, sie wohnt ab heute bei mir« war die forsche Antwort. Ich musste mich setzen, um meine Gedanken halbwegs unter Kontrolle zu behalten. »Es ist ein Märchen, wenn die moderne Medizin schmerzlose Geburten empfiehlt«, sprach ich zu mir, »aber das sind noch die geringsten Schmerzen, die Kinder zufügen.«

Am nächsten Morgen brachte der Postbote ein dickes Schriftstück des Amtsgerichts München. Darin wurde mir das Sorgerecht für Barbara endgültig zugesprochen.

Ferien konnte ich mir keine leisten. So kam mir in den Sommermonaten ein Gastspiel bei den Salzburger Festspielen gerade recht. Zwischen den Vorstellungen gondelte ich im Wagen von einem benachbarten See zum anderen. Das Hotel konnten wir uns sparen, da Susanne zusammen mit dem Pudel vor der nächtlichen Fahrt bereits im Wagen schlief, während ich noch auf der Bühne agierte.

Im Herbst darauf flog ich für eine Woche nach Budapest zu Filmaufnahmen. In dieser Zeit war es Barbara möglich, Susanne zu beaufsichtigen. Für jeden Tag meiner Abwesenheit hatte ich die Speisenfolge vorgekocht und eingefroren. Als ich am ersten Abend mit den Kindern telefonierte, hörte ich zu meinem Entsetzen die beiden fröhlich krähen: »Es schmeckt fabelhaft. Wir haben heute die halbe Woche vorgegessen.«

Der Flug nach Budapest war voller Überraschungen. Wie üblich, saßen zwischen München und Wien fast nur unausgeschlafene griesgrämige Herren in der Maschine, kramten in Aktenstößen oder inhalierten verbissen die Schlagzeilen der Tageszeitungen in Ermangelung eines ausgiebigen Frühstücks. Ein kleiner Junge im Vorschulalter und im frisch gebügelten Sonntagsanzug wurde zu allererst von der Stewardess mutterseelenallein in die hinterste Platzreihe gesetzt. Sichtlich gelangweilt, ließ er sich einen Fruchtsaft nach dem anderen bringen. Damm krümelte er aus den Papierhüllen der Strohhalme kleine Kügelchen, mit denen er zielsicher auf die vor ihm schwebenden Köpfe der entgeisterten Herren ballerte. Diese heuchelten zunächst »Nichtbetroffensein«, da der Kleine aber nicht locker ließ, kam doch einer der grimmigen Herren auf die glorreiche Idee, zurückzuschießen. Allmählich entwickelte sich in der rauchigen Kabine eine fröhliche Papierschlacht. Geknautschte Servietten- und Notizzettelbällchen sausten durch die Luft, verzauberten die Holzköpfe in menschliche Wesen, die sich zulächelten. Der kleine Junge hatte wahrhaftig ein Wunder vollbracht!

Der Rest der Reise gestaltete sich nicht minder ungewöhnlich. In Wien war außer mir weit und breit kein Mensch zu sehen, der nach Budapest fliegen wollte. Ich betrat also auf leisen Sohlen die etwas veraltete Maschine und traf dort auf eine weinfröhliche Versammlung. Das Flugpersonal schwenkte mit hochroten Gesichtern Tokajerflaschen und warf mir eine davon sogleich zu. Als mir klar wurde, dass auch der Pilot mitten unter dem fröhlichen Völkchen saß, drängte ich darauf, die Flasche schnell zu öffnen. Dann spülte ich mit einem kräftigen Schluck meine Angst hinunter. Dennoch kamen wir alle wohlbehalten im schönen Ungarland zur Erde nieder.

In Budapest umflorte mich von morgens bis abends die Stimulanz der Pußtaklänge. Dermaßen verfolgt, drängt sich mir die Frage auf, wie es wäre, wenn bei uns in deutschen Landen ununterbrochen das »Heideröslein« gefiedelt würde. In der herrlich großzügig angelegten Stadt fielen mir die intelligenten, gut geschnittenen Gesichter auf, im starken Kontrast zur einfachen Kleidung. Die Menschen waren meist in sich gekehrt und blieben stumm vor den prächtigen Geschäften stehen, in denen alles »auf Dollarbasis« zu haben war, was sie so sehr entbehrten. In den überfüllten Buchläden, mit anspruchsvollsten Ausgaben der Weltliteratur vollgestopft, gelang es hin und wieder, einen Menschen ins Gespräch zu verwickeln.

Vor dem Hotel wäre ich beinahe über eine alte Frau gestolpert. Mitten im Gewimmel der Stadt führte sie eine Gans an der Leine, die ihr den Einkaufswagen zog.

Der Portier hatte viel zu lange Livreehosen an, die am unteren Ende in riesige Wellen ausarteten. Bei meinem Anblick verhaspelte er sich hoffnungslos: »Äh, äh Mademoiselle Künstlerin, einen – Memont!«

Meine Bestellung im Restaurant musste ich lauthals brüllen, um die Musik zu besiegen. An manchen Tischen saßen viele einzelne ältere Herren, die trüben Herzens zu mir herüberschielten. Augenscheinlich hatten sie die Hoffnung noch nicht ganz aufgegeben, dass eine geglückte Beziehung beider Geschlechter für sie noch im Bereich des Möglichen läge. Der Kellner demonstrierte mit schwarz-gescheiteltem Haar eine »Seborinkur-Reklame«. Er war ziemlich erstaunt darüber, dass es mir gelang, aus dem Salat, trotz des beißenden Essigkonzentrates, doch noch einige lebende Tierchen herauszuretten.

Beim Anblick der zahlreichen Amerikanerinnen musste ich mich immer wieder fragen, warum sie anscheinend bereits uralt zur Welt gekommen sind. An der Stelle, wo sich normalerweise der Mund befindet, tragen sie oft einen traurigen Halbmond, der auf ihre flachen Brüste hinunterschielt.

Vom schweren Ungarwein ziemlich betütelt, kam ich gerade auf mein Zimmer, als das Telefon rief: »Kommen Sie«, säuselte es von Unbekannt, »Heute nacht. Zimmer Nummer sowieso«. Ich schmetterte den Hörer auf die Gabel, nochmaliges Läuten: »Ich kisse Sie.«

Ich wollte die Sterilitätsstreifen mühsam von allen Becken abpopeln, da wieder ein erneutes Telefonat, diesmal war es der Portier, »Morgen früh nix Salami?«

In der viel zu großen, altertümlichen Badewanne kämpfte ich tapfer dagegen an, zu ertrinken. Dann wagte ich einen Sprung ins Bett. Es krachte fürchterlich unter mir, ich spürte einen leichten Schmerz im Rücken. Zum Glück war es ein Doppelzimmer, also schob ich mich sanft und vorsichtig in das nächste Bett.

Am frühen Morgen war mir ein fröhliches Telefonat beschieden. Susanne hatte mich mit Jubel geweckt: »Mammi, ich mache einen Film«.

»Soso«, sagte ich gequält, »dann warte aber wenigstens damit, bis ich zurück bin.«

Warum eigentlich nicht? Von Ungarn zurückgekehrt, konnte ich gegen ihre erste Kinderrolle wirklich wenig einwenden, und Susanne hüpfte vor Begeisterung durch die Gegend. Seit längerem hatte sie es sich angewöhnt, meine Textbücher einzustreichen und über Stück und Rolle ihre Kommentare abzuliefern. Auf der Stellprobe wurde ich einmal davon überrascht, bei der letzten Seite des Stückes angelangt, wie mir mit ihrer Kinderhandschrift der Befehl erteilt wurde: »So, und nun kommst du aber gleich nach Hause!«

Ich hatte zur Bedingung gemacht, Susanne für die Filmaufnahmen ihrer ersten Rolle in »Der Mörder mit dem Seidenschal« nach Wien zu begleiten. Ziemlich illusionslos und konzentriert wie ein Profihase bewältigte sie ihre dramatische Rolle. Ihr einziger Kommentar war: »Ach, das kann doch jeder.«

Eben nicht. Mit den vielen Namen, die in all den Jahren bei Theater und Film an mir vorüberzogen und wieder restlos verschwanden, könnte ich buchstäblich meine Wände tapezieren!

Deutliche Aussprache, richtiges Atmen, Gehen, Stehen, Singen, Tanzen, das mag erlernbar sein, auch Nasen- und Busenoperationen sind eventuell hübsche Vorbereitungen für die erhoffte Karriere. Aber die schauspielerische Ausstrahlung, die Präsenz der Persönlichkeit, das sind Voraussetzungen, die als Geschenk des Himmels bereits in der Wiege mitgeschaukelt werden.

Ich weiß sehr wohl, mit der Meinung auf Widerspruch zu stoßen, ein Künstler sollte auch menschliche Qualitäten haben, da es für diese These leider zu viele negative Beispiele gibt. Aber schließlich gehört es auch zur allgemeinen Ansicht, dass zum Beispiel ein Politiker gewisse moralische Voraussetzungen mitbringen müsste, obwohl Korruption und charakterliche Verfehlungen dort an der Tagesordnung sind.

Deshalb halte ich einen Schauspieler, der sich nur dem Reklamefeldzug seiner eigenen Person unterworfen hat, für einen toten Mann. Gute Moderatoren sind meist gescheiterte Schauspieler, auch umgekehrt ist das möglich. Es hat nichts mit diesem Beruf zu tun, wenn sich allabendlich irgendein Fernsehereignis in dieser oder ähnlicher Weise vollzieht: Das vielgeliebte Publikum ist aufgelöst vor Begeisterung. Frenetischer Auftritts-Applaus, noch bevor eine einzige Silbe den pomadigen Lippen des »Masters« entschlüpft ist. Beschwörend hebt er die Hände zum Himmel empor, haucht ins Mikrofon« Dankeschön, danke, vielen herzlichen Dank.« Der nachtblaue Abendanzug schimmert matt, die blütenweiße Hemdbrust ist mit gesmokten Rüschen verziert, klotzige Absätze sollen den Eindruck vermitteln, der Herr sei von stattlicher Erscheinung. Er kann einfach alles, ein bisschen schauspielern, ein bisschen singen, ein bisschen tanzen. Nichts kann er besonders gut, aber alles außergewöhnlich recht und schlecht. Er ist halt ein universelles, pflegeleichtes Genie. Seine persönliche Bescheidenheit ist kaum zu übersehen. Er denkt nicht an sich, er denkt nur an seine »Sendung«. Er ist zudem ein ergebener Überbringer sozialer Wohltaten. Unsummen kann er an seine Kandidaten verteilen. Selbstverständlich ist er auch das bedauernswerte Opfer seines enormen Lebensstandards. Kann er es doch nicht verhindern, überall auf Plakaten und Werbespots präsent zu sein. Seine markigen Hände heben schwere Maßkrüge, seine Perlenzähne beißen wollüstig in riesige Bierschaumkronen, er steht vor neuen empfehlenswerten Geräten und entdeckt auf Bildschirmen just immer nur sich selbst. Er schnuppert somnambul an Männer-Deos. Auf Plastiktüten prangt sein lächelndes Antlitz nebst Empfehlungen für Hackepeter und Wurstsalat. Kein Zweifel, der unermüdliche Einsatz ist bewundernswert.

Als Jüngling wollte er vielleicht nach den Sternen greifen, jetzt kriecht er vollen Geldsäcken hinterher. Seine Berufsbezeichnung lautet noch immer: »Schauspieler«.

DAS GESICHT DES TODES

Meine Mutter war den einsamsten Tod gestorben. Über achtzig Jahre alt, lebte sie allein in Starnberg. Es war mir, trotz mehrerer Versuche, nicht möglich gewesen, sie gegen ihren Willen in einem Altenheim betreuen zu lassen.

Einige Wochen vorher war der letzte Versuch gescheitert. Rüstig zog sie einfach selbständig wieder aus, energisch verbat sie sich die »Zumutung, unter alten Menschen zu leben«.

Sie war am Morgen ins Dorf hinuntergegangen, wollte sich in der Apotheke anscheinend Hilfe durch Medikamente holen. Auf einem Stuhl ist sie dort zusammengesunken.

In das Krankenhaus Herrsching eingeliefert, war es ihr einziger Wunsch gewesen, mich zu sehen. Die Nachricht an mich wurde durch Nachlässigkeiten verfehlt, ich erfuhr erst zwei Tage später von ihrem dortigen Aufenthalt. Man hatte der alten Dame nicht geglaubt, dass ich ihre Tochter sei, nach der sie ständig rief. Zögerlich rief man mich viel zu spät an. Als ich endlich an ihr Sterbebett trat, war sie keiner Reaktion mehr fähig. Trotzdem glaubte ich fest daran, dass sie meine Anwesenheit spüren konnte. Ich sprach zu ihr, hielt ihre Hand, sah ihre Wanderschuhe wie kleine verlorene Schiffchen unter dem Bett, blickte zum ersten Male in ein Gesicht des Todes. Es war ganz glatt, fast jung, umrahmt von dunklen Haaren.

Meine Mutter verstand die Welt schon lange nicht mehr. Das Schlimmste ist wohl, sich im Leben nicht mehr mit dem Leben zurechtzufinden. Es ist, als ob man täglich einen leeren Napf vorgesetzt bekommt, aus dem man essen und trinken soll. Ich wusste, dass ich wohl der letzte Mensch war, den sie liebte, an den sie all ihre Hoffnungen gekettet hatte, aber auch ich konnte ihr nicht mehr helfen, dem Leben zu vertrauen.

Ich raste um den Ammersee herum, die Faust um mein Herz konnte sich erst wieder öffnen, als ich laut schrie.

Alle Dinge, die sie hinterließ, schrieben stumm ein Tagebuch. Ein Tagebuch darüber, dass ihre Gedanken fast ununterbrochen bei mir gewesen waren. Sie hatte die Dokumente meiner Schauspielerinnenlaufbahn sorgsam gesammelt und säuberlich geordnet. Freudige Ereignisse und tief empfundene Schmerzen hatte sie, räumlich weit von mir getrennt, geahnt und gleichermaßen mitempfunden. Die Daten der Ereignisse und Erinnerungen waren jeweils an Broschen, Ketten, Ringe geheftet, die sie mir bereits an dem betreffenden Tage vermacht hatte. Meine Mutter hatte ihr einsames Leben abgewartet, um aus der Ferne das meine mitzuerleben.

Nach zwölf Jahren durfte ich endlich wieder einmal zusammen mit Wolfgang Kieling im Fernsehen große Rollen spielen, in »Richard III.«, den er selbst verkörperte, die Elisabeth, und in Sartres »Geschlossene Gesellschaft« die unglückliche Ines. Von neuem konnte ich dabei feststellen, dass ein Kontakt zwischen Schauspielern der nicht messbare Zustand von Erregbarkeiten ist. Auch der beste Regisseur kann hier wenig steuern.

Ein Dirigent benötigt viele Jahre, um die Vollkommenheit seines Orchesters als unverwechselbaren Klangkörper zu erringen. Wie viele Jahre des Suchens und des Trainings sind für einen Artisten notwendig, bis er der größtmöglichsten Sicherheit seines Partners vertraut. Die Begegnungen der Schauspieler dagegen bleiben meist dem Zufall überlassen, seitdem der Ensemblegeist so gut wie abgeschafft wurde. Deshalb ist eine große Partnerschaft so selten geworden und damit wohl auch die Magie des Schauspielers.

Privat trafen wir uns, Wolfgang und ich, vor allem der Kinder wegen. Tochter Anette aus seiner neuen Ehe und meine Susanne liebten sich innig.

Eines heißen Sommertages stand er mit dem Kind vor unserer Tür. »Ich muss dringend zu einer Verabredung, meine Frau ist verreist, ich bin in zwei Stunden zurück.« Es verging aber mehr als eine Woche, ehe ich wieder etwas von ihm hörte. Genauso unvermutet tauchte er auf, fragte grußlos: »Anette?« und war sogleich mit dem Kind verschwunden.

Ich musste ihn nehmen, wie er war. Diskussionen oder Fragen wären ein sinnloses Unterfangen gewesen. Ich empfinde es auch als töricht, einen Menschen verändern zu wollen, entweder man akzeptiert oder man zieht endgültig Grenzzäune. Hat man akzeptiert, sollte man über alle Grenzen hinaus auch tolerieren.

Typisch für Wolfgang ist folgendes Geschehen: Überraschend besuchte er einen Freund, der ihn erfreut zu einer Tasse Kaffee einlud. Beim Eintreten ins Haus hörte dieser hinter sich gerade noch: »Warte mal, da kommt die Giehse.« Dann saß er allein mit seinem Kaffee, Stunden vergingen. Plötzlich tauchte Wolfgang wieder vor ihm auf, ohne ein Wort der Erklärung: »Bist du verrückt geworden«, fuhr der Freund hoch, »wo warst du die ganze Zeit, wo kommst du jetzt her?« Wolfgang schlürfte den kalten Kaffee hinunter. »Aus dem Krankenhaus«. Mehr war aus ihm nicht herauszubekommen.

Was war wirklich geschehen? Auf der Straße hatte die große Therese Giehse mit offenen Armen dagestanden, um ihn zu begrüßen, als er vor ihr niedersank. Ein Eiszapfen war vom Dach gestürzt und hatte ihn am Hinterkopf erwischt. Erst im Krankenhaus fand er wieder zu sich, nachdem man ihm die Platzwunde bereits genäht hatte. Keine Überredungskunst half, ihn dort zu behalten, er machte sich übergangslos daran, nach Stunden endlich der Einladung Folge zu leisten.

Mein nächstes Auftreten für das Fernsehen war in einem Einakter von Cocteau, »Der schöne Gleichgültige«. Eigentlich mehr ein Monolog, bei dem mein Partner stumm die Zeitung las und auf der Couch herumlag, während sich im Raum die Tragödie einer liebenden Frau abspielte. Spätestens vom vierten Drehtag an fiel es mir deshalb auch immer schwerer, meinen Kopf voller Texttiraden, dem faulenzenden Kollegen überhaupt noch ein freundliches Wort zu schenken.

Mit der »Kaktusblüte« begann für mich am Berliner Theater am Kurfürstendamm eine lange Reihe von Erfolgen auf dem Boulevardtheater. Über zwei Jahre lang spielte ich täglich. Zu Silvester saßen meine beiden Mädchen Barbara und Susanne in der Loge. Ich hätte mir einen schöneren Übergang in das neue Jahr nicht wünschen können.

Trotz allem blieb das Leben ziemlich kompliziert. In München noch die Wohnung, in Berlin ein Appartement. Es war wieder nicht abzusehen, wo eigentlich wahrhaftig unsere Heimat sein sollte. Für Susanne bedeutete das wiederholten Schulwechsel, für mich erwiesen sich die Unkosten, als Voraussetzung für meinen Beruf, als viel zu hoch. Außerdem war ich davon überzeugt, mir vorläufig keine festere Bindung an einen Mann leisten zu können, wenn ich Susanne nicht irritieren wollte. Sie liebte ihren Vater sehr. Ich hatte mich also dazu entschlossen, mit den schönsten Jahren meines Lebens weiterhin ziemlich großzügig zu verfahren, indem ich solo blieb.

Um die bestmögliche berufliche Chance in Verbindung mit dem höchstmöglichen Verdienst zu vereinen, machte ich Tourneen. Zunächst zog ich mit Hannes Messemer in Osbornes »Entertainer« durch die Lande, diesmal aber nicht als Tochter, wie einstmals neben Martin Held im Berliner Schlossparktheater, sondern jetzt als alte, versoffene Frau des im Stück völlig verkommenen Komödianten Archie Rice. Zum ersten Male benötigte ich für meine Auftritte kein Make-up und keine geklebten Wimpern. Nur etwas Grau für die eingelegten Falten und eine scheußliche Perücke. Das schien mir zur Abwechslung ganz praktisch und angenehm zu sein. Das »Mützchen«, wie ich meinen haarigen Kopfputz getauft hatte, behielt ich zur Tarnung einfach auf, wenn ich, erschöpft vom Spiel und von den vielen Reisen, am Bühneneingang den Autogrammjägern, die meist garnicht die Vorstellung besuchen können, entwischen wollte. »Die Uhlen kommt gleich«, flötete ich als angebliche Souffleuse den Wartenden zu und verschwand einsam in die Nacht.

Susanne hatte ich während meiner Reisen leider einer Kinderfrau anvertrauen müssen, die einen äußerst schweren Stand hatte. In Abwesenheit und vergleichsweise wurden von dem Kinde meine mütterlichen Fähigkeiten weit über alle Maßen glorifiziert.

Nach über siebzig Vorstellungen quer durch Deutschland gejagt, begannen übergangslos die Aufnahmen der TV-Fassung der »Zimmerschlacht« von Martin Walser. In diesem Zweipersonenstück, das die Hölle einer Ehe bis zur exzessiven Lächerlichkeit bloßlegt, hatte ich einen meiner liebsten Partner, Martin Benrath. Zu den künstlerischen Qualitäten eines solchen Partners kam noch hinzu, einem besonders kollegialen, liebenswürdigen Menschen zu begegnen.

Gleich nach dem letzten Drehtag musste ich nachts mit dem Wagen auf die Autobahn in Richtung Köln. Die dortige Premiere von Rattigans »Olivia« war drei Wochen später geplant. Diesmal war ich aufgrund meiner Partner zu einem Alleingang verpflichtet. Dabei war ich oft so müde, dass ich mir kaum ein Lächeln abquälen konnte. Trotzdem behauptete ich täglich, mich am Abend auf der Bühne zu erholen.

Zwischendurch holte mich irgendwann auch noch die »Betriebsnudel« Gisela Schlüter zu ihrer »Zwischenmahlzeit«. Zusammen mit beiden Kindern trat ich in einem Sketch auf und erinnerte mich meiner tänzerischen

Vergangenheit, ließ mich von zwei Herren des Balletts in die Lüfte stemmen.

Allmählich war ein Zustand erreicht, wo die Erschöpfung, durch eine Kunstpause bloßgelegt, tödlich sein kann. Also machte ich in den folgenden Jahren im gleichbleibenden Tempo weiter.

In Berlin tastete ich mich in dem russischen Stück »Der Schatten« von Jewgeni Schwarz als fast blinde Sängerin über die Bühne. Um die totale Kurzsichtigkeit vollkommen nachzuempfinden, beging ich die Unvorsichtigkeit, mir von einem Kollegen sein dickwandiges Brillenglas während der Proben auszuleihen. Bald darauf stellten sich bei mir echte Sehstörungen ein. Als mir in einer engen Telefonzelle angesichts der winzigen Schrift des Verzeichnisses der Schweiß ausbrach, entschloss ich mich dazu, von nun an eine Lesebrille zu akzeptieren.

Die teure Wohnung während meiner langen Abwesenheit und die noch teurere Kinderfrau für Susanne konnte ich mir auf Dauer nicht länger leisten. Ich musste mich entscheiden, die Möbel vorläufig in einem Speditionslager unterzustellen und Susanne in einem wunderschön gelegenen Internat am Starnberger See ausbilden zu lassen.

Von da an spielte sich der eigentliche Kontakt zum Leben fast ausschließlich auf der Bühne ab. Die elegische, weiße Königspudelhündin Anja begleitete mich auf meinen Reisen.

Statt der Kantinengespräche mit Kollegen hatte ich es immer vorgezogen, mich mit den einfachen Frauen über Tagesprobleme zu unterhalten. Beim Einkaufen riefen mir die Marktfrauen zu »Na, Gisela, wie geht es heute?« oder »Nun essen se mal tüchtig, wenn Se täglich so dicke Rollen spielen!« In den Seitenstraßen des Kurfürstendammes riefen mir die Berliner Nutten zu: »Hallo Kaktusblüte! Du warst mal wieder fabelhaft.« Viele von ihnen gingen regelmäßig ins Theater, und mein privates Image stand in krassem Widerspruch zu den Schlagzeilen der angekündigten künstlerischen Ereignisse.

Wie anders, in jeder Weise, als es in der Öffentlichkeit geschildert wird, spielt sich das Leben einer Schauspielerin in Wahrheit ab! Tatsächlich ist es der härteste Job. Für eine Frau kommt noch die Verpflichtung dazu, gut auszusehen, trotz weniger Stunden Schlaf. Es ist auch nicht unbedingt immer ein Vergnügen, auf der Straße erkannt zu werden, wenn man mit eigenen Problemen des Lebens zu kämpfen hat. Weiß man doch, wie schonungslos kritische Beobachtungen ausfallen können.

Übersensibilität ist die Voraussetzung künstlerischer Leistungen. Um sich aber in der materialistischen Welt behaupten zu können, bedarf es der berühmten Elefantenhaut. Der Schauspieler trägt von Berufs wegen seine Seele zu Markte, selbstverständlich hat das menschliche Verwundbarkeit zur Folge. Im Gegensatz zu früher aber wird der Künstler fast nur noch mit den Maßstäben einer saturierten Leistungsgesellschaft gemessen. Wen soll es da verwundern, wenn künstlerische Traditionen im Versinken sind?

Kleinigkeiten am Rande des Geschehens sind überall symptomatisch. Junge Anfängerinnen, die auf der Bühne vielleicht einen Satz zu sagen hatten, ersticken manchmal nach der Premiere unter einem Blumenmeer, von wohlmeinenden Verehrern gespendet. Als sogenannter »Star des Abends« hielt ich oftmals nur dürftige Astern eines sparsamen Kulturdezernenten in Händen. Darum ließ ich es mir zur Gewohnheit werden, meine Blumensträuße zur Premiere selbst zu kaufen und geheimnisvoll in das Theater schicken zu lassen. Es war der kleinste selbstgespendete Ausgleich dafür, dass ich zwar als Gast gefeiert wurde, doch die überlieferten Gesten aus der Zeit der Anfänge meiner Bühnenlaufbahn so hoffnungslos in Vergessenheit geraten waren.

Sorgen überschatteten meinen Alltag. Ohne Susanne entbehrte ich der Zärtlichkeit. Obwohl ich ständig bereit war, mir einzureden, dass ich es immer wieder schaffen werde, wurde es schwerer, gegen Trauer und Resignation anzukämpfen.

Ich konnte es einfach nicht begreifen. Demonstrativ war Wolfgang eines Tages nach Ostberlin gezogen, dorthin, wo er doch vor wenigen Jahren noch meinte, künstlerisch zu ersticken. Alle seine Freunde, auch ich, hatten vorher von seiner Entscheidung nicht die leiseste Ahnung gehabt. Die kleine Anette hatte er mitgenommen, hatte sie ihrer zurückbleibenden Mutter entzogen. All das war möglich gewesen, nachdem er an meiner Seite jahrelang miterlebt hatte, wie sehr eine Mutter fähig ist, um ihr Kind zu kämpfen.

Zufälligerweise besuchte mich Barbara, als wir im Fernsehen die Nachricht seiner offiziellen Übersiedlung hörten. Später erzählte sie mir, dass ich ziemlich anormal reagiert hätte: zuerst ein forcierter Lachanfall; nach einer langen, stummen Pause dann eine Versteinerung, wie die Nachwirkung eines Schocks.

In folgender Zeit musste ich feststellen, dass sogar befreundete Kollegen spontan meinen Tisch verließen, wenn das Thema Kieling zur Sprache kam und ich versucht hatte, ihn irgendwie zu verteidigen.

Damals fuhr ich wieder nach Köln. Ich spielte in Joe Ortons »Seid nett zu Mr. Sloane« eine Rolle mit ausgiebigem Seelenverschleiß. Für das bedauernswerte Geschöpf, das ich darstellte, hatte ich mich drastisch verwandelt. Unter der geschmacklosen bunten Kittelschürze trug ich den schweren Leib einer Hochschwangeren, an den Beinen rutschten schmuddelige Söckchen zu ausgetretenen Schuhen herab. Bleich und elend geschminkt, wurde der bejammernswerte Eindruck noch von einer Perücke mit ausgeblichenen Haaren verstärkt. Diese Rolle der Kathrin liebte ich deswegen so sehr, weil die Frau in ihrem völlig verkorksten Milieu und unter dem Einfluss zweier pervertierter Männer wie ein monströses Baby ihre animalischen Mutter- und Liebesbedürfnisse verteidigte. Der Unrat des Lebens und die Gewalt des Verbrechens hatten sie längst scheintot gemacht.

Wenige Minuten nach meinem Premierenauftritt überfiel mich ein Strudel von Gedanken, die sich wie ein roter Faden parallel zum Text meiner Rolle abspulten und die während der Proben nie aufgetaucht waren. Ich sagte: »Ich bekam noch einen Abschiedsbrief«, und musste dabei an Wolfgang denken, der ohne Abschied gegangen war. Ich sagte: »Mir geht alles nahe, wenn immer ich von Tragödien höre, es gibt soviel zerstörte Existenzen«, und musste dabei an meine Einsamkeit denken.

Ein seelischer Knoten schien sich zu lösen. Die psychische Spaltung war stärker als die schauspielerische Routine. Ich taumelte in die dunkle Kulisse zurück und weinte. Der Schock, der mich vor Wochen in seine Zangen genommen hatte, begann sich endlich zu lösen.

Der Skandal war vollkommen. Das Publikum mußte nach Hause gehen, ich wurde in eine neurologische Klinik gebracht.

Als mich der Krankenwagen dort einlieferte, trug ich noch die Verkleidung der Rolle, wie eine olle Putzfrau. Als der Arzt, nach meinem Beruf fragend, von mir vernahm »Schauspielerin«, entstand merklich eine Pause innerhalb seiner Nachforschungen. Dann nickte er: »Aha, komische Alte an einem kleinen Theater außerhalb.« Ich war fest entschlossen, außer meinem bürgerlichen Familiennamen nichts mehr über mich preiszugeben.

Wie das an Stätten, die der Genesung kranker Menschen dienen sollen so üblich ist, wurde zu unchristlich früher Stunde der Vorhang brutal weggezerrt; helles Morgenlicht prallte an weißgekalkten Wänden ab. In dem Stationszimmer, wo ich unter vielen anderen Frauen lag, herrschte sehr bald Jubel, Trubel, Heiterkeit. »Aber das konnten wir doch nicht ahnen«, »Na so was, endlich mal von nahem« und so weiter und so fort. Auf dem Tisch lagen meine Perücke und der alte Kittel.

Ich wurde sofort in ein Einzelzimmer gesteckt, aus dem Hotel schickte man mir Kosmetika, Chiffonhemden und viele Blumen.

Wieder einmal hatte ich Anlass genug, mich über die Veränderung im Gehabe der Mitmenschen zu ärgern, sobald sie mich erkannten, Privilegien, die ich, zugegebenermaßen, ansonsten bereit war, dankbar entgegenzunehmen.

Ein smarter junger Nervenarzt nahm mich in die Seelenmangel. Er durchschaute sehr bald die auslösenden, neuralgischen Affekte im Zusammenhang mit der Ost-West-Affäre von Wolfgang. Er prophezeite mir, im Hinblick auf meine sonst funktionierenden Realitätsbezüge, ein übereiliges Fitsein und schickte mich zum Spaziergang auf das Flachdach des Hauses.

Wie ein Tiger im Kreise herumrasend, die Arme auf dem Rücken verschlungen, erschien es mir nach der Blamage völlig unvorstellbar, jemals in meinem Leben wieder eine Bühne betreten zu können. Immer zu raschen Entschlüssen bereit, hielt ich innerlich schon Ausschau nach einem anderen Beruf, der mich und Susanne in völliger Anonymität ernähren könnte.

Aber das Theater hatte mit dem Arzt verhandelt, und ohne mich zu fragen, war ich aufs neue verschaukelt worden. In einer Woche würde ich die Premiere nachholen können, so meinte man.

Nun war es wieder nichts mit dem bürgerlichen Leben in Isolation! Wenn ich an meinen erneuten Auftritt auch nur dachte, schnürte sich mir vor Angst die Kehle zu. Wieso eigentlich wussten alle anderen immer besser als ich selbst, wozu ich fähig war? Wie ich diese Töne hasste: »Na, die schafft das schon!« oder »Bereits vor fünfundzwanzig Jahren hat sie doch bewiesen …«

Da lag ich nun im Chiffonhemd, in Glanz und Glorie separiert, von Hoffnungsfreudigen begutachtet und kontrolliert, wie in Gottes Schoß. Doch eigentlich hätte ich mir nur gewünscht, von einem einzigen Menschen in die Arme genommen zu werden und wenn es am Rande eines Straßengrabens sein sollte.

»Scheiße«, ich hatte es geschafft, Premiere bestanden, ganz großer Erfolg! Der Psychiater hatte sich mit seiner suggestiven Wirkung in die erste Reihe gehockt, hatte begeistert mitangesehen, wie ich wieder hineingekrochen war in die Leiden eines anderen Wesens, um die eigenen Probleme zu vergessen. Aber natürlich hatte er recht gehabt. Nach einem solchen Unfall hilft nur gleich wieder ein Sprung ins kalte Wasser. Ich war ihm zu Dank verpflichtet.

Köln ging vorüber, auf nach Berlin! Ein zauberhaftes Familienlustspiel »Vierzig Karat« sollte mein Herz von neuem erfreuen. Im Mittelpunkt eine forsche Vierzigerin, die aller Konvention zum Trotz einen zwanzigjährigen Jüngling heiratet. Angenehmerweise war das Problem so charmant gelöst, dass trotz alledem der Mann der Verführer blieb.

Um irgendwie und irgendwo einen innerlichen Halt zu verspüren, hatte ich mir auserbeten, dass Herbert Ballmann, mein letztes eheliches Angebinde, die Regie übernahm. Das war wie ein großes Ausatmen! Die Probenzeit verlief voller Harmonie, und der große Erfolg konnte deshalb nicht ausbleiben. Über ein Jahr spielte ich am Kurfürstendamm »Vierzig Karat« und en passant feierte ich meinen fünfzigsten Geburtstag.

Als ich abends am Bühnenportier vorbeirauschte, rief er mir hinterher: »In der Garderobe ist was abgegeben worden.« Da stand tatsächlich was ganz Großes, ein riesiger Pflanzenkorb vom Kultursenat der Stadt Berlin. Lorbeerumrahmt in Gold und Silber war eine monströse »50« oben angeheftet. Darunter: »Der Dank für viele schöne Erfolge in dieser Stadt.« Als sich die Schritte meiner Garderobiere auf dem Korridor näherten, warf ich rasch meinen Schminkmantel über die volle Pracht.

Während der Aufführung fand ich Zeit genug, in Raten das Blumengebinde für niedliche Sträußchen zu zerpflücken. Aus der Fünfzig hatte ich Geschnetzeltes gemacht und ins Klo versenkt.

Was muss das Publikum im Zuschauerraum wohl gedacht haben, als ich eines Tages in »Vierzig Karat« voller Fröhlichkeit auf der Bühne agierte und mir dabei unentwegt ein Strom von Tränen das lachende Gesicht zudeckte?

Meine Pudelhündin Anja war auf dem Wege zum Theater vor meinen Augen überfahren worden. Am Straßenrand lag sie in meinen Armen. Sterbend schien mir ihr Blick sagen zu wollen: »Das hätte ich nicht von dir gedacht.« Nur ein Tier ist fähig, sich dem befreundeten Menschen restlos anzuvertrauen, ohne jeglichen Vorbehalt sein ganzes Leben in dessen Hände zu legen. Das ist eine hohe Verpflichtung, und ich hatte versagt. Das Halsband hatte sich lösen können. Die schlimmsten Vorwürfe ließen mich nicht ruhen, dass ich ihren frühzeitigen Tod nicht hatte verhindern können.

KINDERQUATSCH UND LIEBE

Endlich! Endlich konnte ich Susanne wieder bei mir behalten. Alles sah so aus, als werde sich mein Leben in nächster Zeit wieder ein wenig normalisieren. Eine sehr lange Vorstellungsreihe am Berliner »Theater am Kurfürstendamm« lag vor mir. Nach der französischen Komödie »Vierzig Karat«, von den gleichen Autoren, Barillet-Gredy, »Vier Fenster zum Garten«, dann Jean Anouilhs »Cher Antoine«.

Am Stadtrand, in Kladow, hatten wir ein flaches, kuscheliges Haus. Zwei volle Jahre lang stand ich ohne Unterbrechung auf der Bühne des Kurfürstendamm-Theaters. Manchmal wollte es mir wie eine nicht enden wollende Bergbesteigung vorkommen. Ziemlich müde tauchte ich am Abend in meiner Garderobe auf. Aber verteufelt! Bereits nach den ersten Sätzen auf der Bühne ging der Gaul unter mir durch, wuchsen mir unsichtbare Flügel. Jede Reaktion des Publikums war ein Genuss für mich, gleichgültig, ob ich mich darüber freuen konnte oder ärgerte.

Es dauerte nicht lange, und schon wimmelte es in unserem Kladower Häuschen wieder von Tieren. Eine Siamkatze beobachtete friedlich den Käfig mit pfeifenden Dompfäffchen., Susanne züchtete Goldhamster und hopste hinter einem schwarzen russischen Zwerghasen her. Im Garten grasten behäbige Schildkröten. Zwei Hunde-Damen, die Afghanin Asoka und die Boxerin Katinka, verunsicherten unsere Gartenzäune oder pflückten in stiller Eintracht Beeren von den Sträuchern. Ich stand am brodelnden Herd, teilte nach allen Richtungen Futter aus. Die Gartenarbeit galt als willkommene Entspannung, wenn auch Freunde behaupteten, es wäre jedesmal wie in der »Walpurgisnacht« gewesen, wenn ich mit dem Rasenmäher quer durch die Gegend stob. Außerdem betätigte ich mich auf ganz neuem Gebiet: Katzenzüchterin. Ein prämierter, in Züchterkreisen prominenter Siamkater war mir seit geraumer Zeit telefonisch angepriesen worden. Da er gerade als Deckkater in seinem Tourneeplan freie Termine hatte, fand die Katzenhochzeit mit »Sirikit« sehr bald statt.

Nach der von der Natur vorgegebenen Zeit schwankte sie wie eine gefüllte Gans umher, auf die gewohnten graziösen Sprünge verzichtend.

In einer durchwachten Nacht, kurz vor Weihnachten, schälten sich aus ihrem runden Leib sieben winzige Kätzchen, die zunächst wie kleine weiße Mäuse aussahen. Als »Hebamme« hatte ich alle Hände voll zu tun.

Endlich gingen die täglichen Vorstellungen am Kurfürstendamm zuende, ich konnte gemütliche Abende zu Hause genießen. Die Theaterunruhe, die stets bereits am Nachmittag begonnen hatte, war überflüssig geworden; dafür tauchte die Frage auf, was anzufangen, wenn nicht Theater spielen. Die Übergangszeit ist schwer zu verkraften. Überhaupt war für mich mein Beruf immer riskanter geworden, immer mehr ein Seiltanz ohne Netz. Zwar verlor das Lampenfieber an Bedeutung, dafür erfasste mich mehr ein Entgegenfiebern zu neuen Rollen. Durch Lebenserfahrung wurde die Selbstkritik schonungsloser, künstlerische Ansatzpunkte komplizierter. Ereignisse meines Lebens packten mich oft so gewaltig, dass ich meinte, auch bei schauspielerischem Einsatz das Risiko erhöhen zu müssen. Die Liebe blieb für mich immer das Thema. Vielleicht ist es möglich, ohne Liebe zu forschen, zu erfinden, zu manipulieren und vieles mehr, was Erfolg und Geld verspricht, nicht aber liebende Frauen zu verkörpern. Das erfordert Selbstaufgabe, die bis an die Grenzen psychischer und physischer Kräfte reicht. Es sind die in der Liebessehnsucht Ertrinkenden, die der Liebe Ausgelieferten, die in dem Unerreichbaren grenzenloser Vereinigung auch Todesnähe suchen.

Nun aber befand ich mich auf dem Wege der »Alten Dame«, der skurrilen alten Weiber, der Abschiednehmenden, der Todgeweihten. Vor allem war meine Sehnsuchtsrolle die »Irre von Chaillot«. Ein Thema, das Giraudoux in Sorge um die Menschheit Jahrzehnte voraussah. Sie, Aurélie, ist die einzig Normale, sie wird für verrückt erklärt, weil sie alle Menschen, denen es gelingen könnte, die Welt zu vernichten, umbringen will. Giraudoux hat sein Stück »ein Märchen« tituliert.

Das verkrustete Herz der »Alten Dame« von Dürrenmatt konnte ich mir nur zugänglich machen, indem ich sie wie eine altgewordene Julia spielte, die nach dem Tode ihrer großen Liebe, Romeo, selber nicht sterben konnte. Als »Madame la Morte« nimmt sie Abschied von ihrem Rachegedanken, indem sie die Jugendliebe ermorden lässt.

Und dann das Fräulein von Zahnd in Dürrenmatts »Physiker«, die ich mit dem Zürcher Ensemble auch in Moskau spielen durfte. Sie sagt: »Ich bin die letzte Normale meiner Familie«, während sie längst Manipulationen des Infernos zu steuern glaubt. »Nicht zu Gunsten dieser Welt«, kommentiert sie.

Zum ersten Male hatte mich das Lampenfieber auch im Parkett erwischt, als Susanne mit 16 Jahren in Hamburg die Julia spielte. Ich kämpfte einen redlichen Kampf zwischen sentimentalen Muttergefühlen und dem kritischen Verstand des Profis. Ich war davon so überfordert, dass ich liebend gern in diesen zweieinhalb Stunden selbst beide Rollen auf einmal verkörpert hätte, um der Passivität des Zuschauers zu entfliehen. Ich kapitulierte restlos. Mein Verstand reduzierte sich bis zur Naivität einer theaterunkundigen Waschfrau. Mein Gefühl lief Sturm gegen Romeo, wegen der an ihn verschwendeten Liebe. Standhaft kämpfte ich gegen Tränen an, wusste nichts mehr davon, selbst einmal Julia gewesen zu sein, an der Seite von Horst Caspar.

»Ooch, die Julia ist man aber noch ein rechtes Baby,« flüsterte eine Hamburgerin hinter vorgehaltener Hand. »Pscht«, zischte sensationslüstern die Nachbarin, »da vorn sitzt doch Gisela, die Mutter.«

Ich begann, kleine Geschichten zu schreiben, verfasste auch ab und zu Gedichte. Noch ahnte ich nicht, dass die Harmonie meines augenblicklichen Tagesablaufs nichts anderes sein sollte, als die Stille vor einem gewaltigen Sturm.

Noch war ich wenig verwundert gewesen, dass Susanne nach dem Gastspiel der Julia verändert zurückkam. Sie war reifer, stiller geworden. Als sie aber eines Tages wie ein Papagei verkleidet nach Hause kam, wurde ich hellhörig. Sie stöckelte auf schwarzen Lackstiefeln, trug seidenglänzende Hosen, einen Pulli mit schreiender Aufschrift und auf dem Kopf eine karierte Schiebermütze. Ihre eigenen Sachen trug sie wie eine Couchrolle unter dem Arm. Als ihr die Kinderschar der Katzen auf samtenen Pantoffelpfötchen entgegensprang, verzog sie sich auffallend rasch in ihr Zimmer. Zum ersten Mal verschloss sie sich mir gegenüber. Gespräche sexueller Aufklärung, die sich durch das Zusammenleben mit vielen Tieren ziemlich selbstverständlich ergeben hatten, lagen bereits hinter uns. Jetzt begann sie aber, was menschliche Beziehungen betraf, sichtlich dem Niveau der illustrierten

Journale zu vertrauen. Meine Argumente schlug sie in den Wind. Gute Literatur, auf die ich hinwies, rührte sie nicht an. Meine Fürsorge wurde ihr lästig. Ziemlich hilflos geworden, legte ich ihr schließlich meine Texte auf ihren Nachttisch.

So schrieb ich eines Tages: »Der Begriff Lieben ist zu einem Wort für eine Betätigung degradiert worden. Im Trend der aktuellen, allgemeinen Aufklärung. Überall wird geliebt, wahllos, beziehungslos, verantwortungslos. Kreuz und quer, ohne Zärtlichkeit, ohne Liebe. Obwohl man im Erfinden eindeutigerer Worte nicht gerade zimperlich ist, muss »lieben« als Sammelbegriff für alles herhalten. Allerdings unterscheidet der Franzose sehr genau zwischen »faire l' amour« – Liebe machen und »aimer« – lieben. Doch wer macht sich überhaupt noch Gedanken über den Unterschied von Sinnlichkeit, Erotik und Sexualität? Simpler Sex ist einfach alles, hemmungsloser Exhibitionismus, sportliche Ertüchtigung, Anschauungsunterricht oder verordneter Brechreiz in Schwarzweiß und in Farbe. Für »Liebe statt Krieg« wird mörderischer Sex praktiziert, wird der Fluchtweg eingeschlagen über den Edelkitsch zur Lovestory, um in anspruchsloser Armut von »Love« wenigstens die Story zu erhaschen.«

Immer öfter kam Susanne nicht nach Hause. Nach einer Auseinandersetzung mit mir zog sie in stummem Protest die Bettdecke über beide Ohren. Am nächsten Morgen entdeckte ich unter dem aufgebauschten Kissengewölbe eine leere Höhle, sie war verschwunden.

Die Sorge überwog den Schrecken, sofort machte ich mich mit dem Wagen auf die Suche nach ihr.

Wie lächerlich! Eine Mutter, die auf der Polizei Suchanzeige nach ihrem Kind aufgeben will. Müde lächelnd winkten die Beamten ab: »Da hätten wir viel zu tun! Eines Tages kommt sie wieder, wenn sie Geld braucht, oder Sie hören von ihr, wenn etwas Ernsthaftes passiert ist. Dann werden die Eltern in jedem Fall benachrichtigt.«

Oh, Gott. Was für ein Trost. Auf der Straße hätte ich laut schreien mögen.

Zuhause verspürten die Tiere mit feinsinniger Abhängigkeit meine labile Stimmung, suchten meine körperliche Nähe.

Zunächst ratlos, kehrte ich schnell wieder zu meiner gewohnten Aktivität zurück. Telefonisch versuchte ich, alle möglichen Nachforschungen nach Susanne in Gang zu bringen. Die zentrale Kriminalpolizeistelle in der Gothaer Straße, bei der ich nicht locker ließ, entschloss sich endlich, die Suchaktion doch zu starten.

Ich suchte Freundinnen aus Susannes Schulklasse und deren Eltern auf, um vielleicht etwas über ihre Pläne in der letzten Zeit zu erfahren. Einem Gerichtsreporter war meine Anzeige bei der Polizei aufgefallen. Als er mich anrief, bat ich über ihn die Presse, mir zu helfen. Es war mir in meiner hilflosen Situation völlig gleichgültig, unter welchem Tenor die Schlagzeilen laufen würden. Einzig und allein galt meine Sorge der Hoffnung, Susanne gesund wiederzufinden.

Ich weiß nicht, wie ich die nächsten Tage und Nächte durchgestanden habe, ohne Schlaf, ohne Essen. Unentwegt starrte ich zur Tür oder zum Fenster hinaus. Das gemütliche Häuschen war mir plötzlich ein Gefängnis. Der bunt blühende Garten sah mir wie eine Friedhofsdekoration aus. Die Tiere durchstreiften immer wieder suchend das Kinderzimmer.

Die entscheidende Wendung trat nach eine Woche vergeblichen Wartens ein. Gegen 23.00 Uhr erhielt ich einen mysteriösen Anruf. Mit französischem Akzent flüsterte eine männliche Stimme: »Wir haben Susanne, sie lebt, ist aber ohne Bewusstsein«. Er forderte 450 000 Neue Franc und wollte wieder auflegen.

Den Hörer noch in der Hand, wählte ich fiebernd die Kripo in der Gothaer Straße an. Der Nachtdienst hatte von meiner Suchanzeige bereits gehört, man ließ sich den Anruf von mir gelangweilt schildern. »Gut, wir geben das weiter. Ihnen bleibt nichts anderes als abzuwarten.«

Endlich, sieben Uhr morgens, ein Anruf. »Kripo, M1, bleiben Sie zu Hause, wir kommen zu Ihnen.«

Ich trat vor den Spiegel, wollte kaum meinen Augen trauen. Meine Augenbrauen waren über Nacht weiß geworden, als ob ein Schneewind darüber gefegt wäre.

Den schmalen Gartenweg entlang kamen fünf Männer auf das Haus zu. »Wir sind M 1, Mordkommission, wir haben den Fall übernommen«, sagten sie knapp.

Ich setzte mich in den Kreis der kräftigen, biederen Beamten mit dem Gefühl, es trüge mich kein Boden mehr, als wäre ich selbst aus dünnstem Glas. Meine Antworten auf die verschiedensten Fragen hörte ich nur von weitem. Irgend etwas Unbestimmtes hatte mich eingefangen in ein Netz, das sich langsam zuzog. Die Angst hatte mein Herz umkrallt, es stand nicht mehr in meiner Gewalt, mein aufgesetztes Lächeln zu verändern.

Um mich herum begann jetzt hastig eine gut organisierte Tätigkeit. Abhörapparate wurden dem Telefon zwischengeschaltet. Am Boden der kleinen Diele stand ein riesiges Auffanggerät, daneben ein Tonband. Vom Dach herunter, durch den ganzen Garten, bis zum Tor wurden versteckt Kabel gezogen. Das kleine Haus war in Eile ein perfekter Kommandostand geworden.

Rasch war der ganze Spuk zu Ende. Zurück blieben zwei Beamte, die in regelmäßigem Turnus abgelöst werden sollten. Sie verständigten sich fortwährend mit ihrer Zentrale. Fassungslos hörte ich, dass die Aktion den Namen »Spätsommer« trug. Die Kommandos gingen hin und her unter dem Motto: »Hier Bienenhaus, wir rufen Biene.« Ach so, schoss es mir durch den Kopf, es ist also nur ein schlechter Scherz, eine billige Komödie! Vielleicht träume ich auch nur. Gerade, als mich die Lust kitzelte, aufzulachen, holte mich einer der Beamten in Susannes Zimmer und damit in die Wirklichkeit zurück. »Sie können die blaue Farbe von den Möbeln wieder abwaschen. Fingerabdrücke sind bereits überall gemacht worden.«

Ich registrierte »Fingerabdrücke«, es handelt sich also um ein Verbrechen.

Was war inzwischen tatsächlich geschehen? Der mysteriöse Anrufer hatte sich auch bei der Münchner »Abendzeitung«, »Hamburger Abendpost« und der »Bild«-Redaktion mit seiner Drohung und den gleichen Forderungen gemeldet. Die Polizei musste daher die Sache ernst nehmen und eine Entführung vermuten.

Tag und Nacht blieb ich in den Kleidern. Ab und zu kaufte einer der Beamten Proviant ein. Da täglich in der Presse neue Berichte erschienen, traute ich mich nicht mehr aus dem Hause.

Als ich einmal doch in der Mittagszeit einen nahen Supermarkt betreten hatte, um Tierfutter zu besorgen, streichelte die Kassiererin meine Hand, während sie mir das Wechselgeld zurückgab. Sofort begann ich lautlos zu schluchzen. Danach entschloss ich mich, keine Anteilnahme mehr an mich herankommen zu lassen. Ich war dem nicht gewachsen.

Von überall kamen aufgeregte Briefe, die mich trösten sollten. Zum Teil wollte man mir Hinweise geben, wo Susanne stecken könnte, oder davon berichten, wie andere Kinder überraschend ihr Elternhaus verlassen hatten. Mein treues Berliner Theaterpublikum machte sich Sorgen. Andererseits aber wollten Lieferanten auch überraschend prompt ihr Geld haben. Man konnte ja nicht wissen, was noch alles passieren würde!

Der Erpresser hatte sich noch mehrere Male kurz gemeldet. Ein Beamter bewachte ständig das Telefon, ein anderer saß nachts im Garten, mit einem Infrarotfernglas bewaffnet. Es war zu vermuten, dass Erpressungen auch schriftlich ins Haus kämen, und zwar nicht nur auf dem Wege der Post.

Barbara, Susannes ältere Schwester, erwies sich in dieser schweren Zeit als meine treueste Freundin, sie sorgte sich um Susanne wie eine zweite Mutter. Sie hatte in München zu tun, der telefonische Kontakt mit ihr war die einzige Ansprache eines nahestehenden Menschen, die mir geblieben war. Hilfe erhoffend hatte ich Wolfgang Kieling unter großen Schwierigkeiten an das Telefon bekommen. Er war inzwischen aus Ostberlin zurückgekehrt, hatte aber seine kleine Tochter Anette unverständlicherweise dort zurückgelassen. Wie hatte er sich verändert! Trotz der Pressenachrichten über Susannes Verschwinden hatte er sich nicht bei mir gemeldet, und seine Reaktion sollte für mich eine große Enttäuschung sein.

»Was regst du dich auf, die kommt schon wieder, wenn sie sich ausgetobt hat.« Das war alles. Aus der Entfernung vieler Jahre wurde mir nun erst klar, warum eine Trennung von ihm unvermeidlich gewesen war.

Sechs weitere Tage voller Ungewissheit folgten. Eines morgens kam ein Polizeibeamter im Eilschritt auf unser Haus zu. Mit einer Art Zuckerzange trug er vorsichtig einen Brief vor sich her, gewissenhaft darauf bedacht, dass die Fingerabdrücke nicht verwischt würden.

Dieser Brief war das erste Lebenszeichen von Susanne nach zwölf Tagen, ein zwei Seiten langer Brief vom 1. 8. 71:

Meine liebe Mucke!

Bitte mach Dir keine Sorgen um mich, mir geht es gut. Verzeih, dass ich weggelaufen bin, aber mir blieb einfach keine andere Wahl. Ich wollte Dir schon früher schreiben, doch ich war mir selbst noch nicht im klaren, wohin ich gehen und was ich machen sollte. Ich habe in den letzten Tagen viel gelernt und viel gesehen. Ich habe gelernt, wie es ist, wenn man nicht weiß, wo man nachts schlafen kann oder wie man am nächsten Tag etwas zu essen bekommt. Aber ich habe auch gelernt, was echte Kameradschaft ist und was es heißt, wirklich zusammenzuhalten.

Bitte lass mir noch ein paar Wochen Zeit. Ich komme auf jeden Fall zurück, doch erst, wenn ich in der Zeitung lese, dass Du Dir keine Sorgen mehr machst und Du diese Polizeiaktion stoppst; denn wie kann man freiwillig heimkommen, wenn man überall im Land von der Polizei gesucht wird? So fühle ich mich nur bedroht, und ich weiß nicht, was ich tue, wenn mich die Polizei mit Gewalt nach Hause oder in ein Heim bringen will. Ich komme zurück, aber nur freiwillig. Bitte versteh das. Wahrscheinlich war es eine Art Trotzreaktion von mir, die natürlich völliger Quatsch war.

Ich melde mich Ende nächster Woche telefonisch bei Dir. Ich liebe Dich.

Tausend innige Küsse
   Deine Susanne

P.S. Bitte gib den Tieren je einen dicken Kuss von mir.

ABNABELUNGEN

Die beiden Beamten hatten sich abgewandt, als ich auf dem Boden kauernd, endlich von der Anspannung erlöst, vor Glück lachte, lachte, lachte.

Nach diesem Lebenszeichen von Susanne wurde der Ausnahmezustand meiner polizeilichen Bewachung sofort aufgelöst. Ich blieb allein im Haus zurück. Trotzdem gingen die Ermittlungen wegen Susannes Aufenthalt weiter. Der Poststempel hatte verraten, sie war in München gelandet, sonst nichts.

Barbara begab sich dort auf die Suche. Sie hatte von jungen Leuten gehört, Susanne sei in einer Diskothek gesehen worden, es könne aber auch eine Verwechslung sein.

Inzwischen hatte die Hamburger Polizei den anonymen Erpresser verhaftet, nachdem er seine letzte Forderung von einer Telefonzelle aus der Presse gegenüber nochmals wiederholen wollte. Es war ein einfacher Mann, der von der Vermißtenanzeige gehört hatte und auf simpelste Weise schnell zu viel Geld kommen wollte. Er erhielt eine Gefängnisstrafe.

Ein blasser junger Mann stand vor dem Haus. Wie ein Phantom war er plötzlich aufgetaucht. Die langen Haare lagen ihm auf den Schultern, der schmale Mund war für seine Jahre erstaunlich hart und verkniffen. Er hatte einen stechenden Blick. »Ich bin Jörg-Christian Knötig. Ich habe mal mit Susanne in einer Diskothek getanzt«, sagte er leise.

Während er im Haus eine Cola trank, erfuhr ich von ihm, dass er Susanne empfohlen hatte, nach England zu trampen. »Warum?« fragte ich verständnislos. Keine Antwort auf meine Frage, mehr für sich: »Ich werde Susanne finden. Vielleicht über die Münchner Drogenstation.« Er erläuterte mir, dass er diesen Sammelpunkt gescheiterter junger Menschen bereits kenne. »Aber Susanne?« fragte ich ihn noch, dann verließ er mich entschlossenen Schrittes. Ich ahnte, dass mit dieser Bekanntschaft ein neues Kapitel der Verwirrungen um Susanne aufgeschlagen war.

Am Abend des siebzehnten Tages nach ihrem Verschwinden rief mich die

Polizei an: »Wir haben das Versteck gefunden, sie wohnt in der Leopold-straße bei einem befreundeten Kameramann. Wir haben Auftrag, sie heute nacht abzuholen und Ihnen wieder zuzuführen.« Ich erschrak: »Nein, ich komme morgen früh mit der ersten Maschine nach München. Sie hat sicher viel durchgemacht. Man darf sie nicht wie eine Verbrecherin behandeln!«

Daraufhin gingen viele Telefonate hin und her zwischen Berlin und München. Schließlich verlor man mit mir die Geduld: »Sie wissen nicht, was Sie wollen, Frau Uhlen«, gab mir die Polizei zur Antwort. »Wenn Ihrer Tochter heute nacht etwas passiert, müssen Sie die Verantwortung allein tragen.« Die Verantwortung, dachte ich, hatte ich nicht immer alle Verantwortung allein auf mich genommen?

Meine Gefühle während des Fluges waren voller Verzagen und Skrupel. Würde unser Zusammenleben je wieder so werden wie zuvor? Musste ich mir nicht darüber klar sein, dass die Zeit entgültig abgelaufen war, in der ich meinen Tagesablauf mit einem meiner Kinder teilen konnte.

In München empfing mich Barbara mit der Nachricht, dass, entgegen meiner Hoffnung, die Sache ganz anders verlaufen war. Die Polizei hatte sich doch verpflichtet gefühlt, Susanne aus ihrem Versteck zu holen. Der Abtransport war ihr nicht erspart geblieben. Wieder war es mir nicht gelungen, eines meiner Kinder vor dem Zugriff der Behörden zu bewahren. Unser Zusammentreffen fand in einem kahlen, von der Morgensonne mitleidlos bestrahlten Zimmer im Präsidium in der Ettstraße statt. Susanne war scheu und voller aufgestautem kindlichen Trotz. Aus dem Blick ihrer großen dunklen Augen erkannte ich sofort, dass ich als Mutter vorläufig keine Chance mehr hatte. Mir blieb die Hoffnung, vielleicht einmal ihr Vertrauen als Freundin wiederzugewinnen. Deshalb vermied ich zunächst jede Aussprache.

Nach Berlin zurückgekehrt, kapselten wir uns auf Susannes Wunsch hin erst einmal vollkommen gegen die Außenwelt ab. Natürlich wurde uns das von der Presse übelgenommen. Jetzt hatte man erst recht auf sensationelle Erklärungen gehofft, skandalträchtiges Zusammenprallen von Mutter und Tochter. Als wir weder auf Telefon noch Hausglocke reagierten, wurde nachträglich als dürftige Sensation konstruiert, alles wäre von uns ein verabredetes Theater gewesen. Mir wurde zum Vorwurf gemacht, die Presse wäre mir gerade recht gewesen, um nach Susanne zu suchen. Aus der Bevölkerung bekam ich viele verständnisvolle Briefe, auch viele Bitten anderer Frauen, ihnen bei den Erziehungsproblemen ihrer Kinder zu raten.

Das Leben musste weitergehen, die Chefin der Hamburger Kammerspiele, Ida Ehre, erwartete mich bereits zu einem Gastspiel mit »Vierzig Karat«. Einstmals hatte mich als junges Mädchen in dem Heinrich-George-Film »Schicksal« der reifere Werner Hinz verführt. Jetzt sollte ich als reifere Frau neben seinem jugendlichen Sohn, Michael Hinz, stehen, der meinen Liebhaber spielte.

Susanne kam zur Premiere nach Hamburg. Sie bemerkte: »In Berlin warst du viel besser, viel unbeschwerter und fröhlicher.« Mein Gott, sie hatte recht! Ich musste endlich versuchen, die vergangenen Ereignisse zu vergessen.

Susanne ging wieder zur Schule. Sie wurde ständig von Jörg Knötig begleitet, der sie nicht mehr aus den Augen ließ. Ich dachte, dass es gut sei, sie jetzt ihren Entscheidungen selbst zu überlassen. Wenn sie wenigstens eine so gute Schülerin blieb wie bisher. In einer Hinsicht hatte sich Susanne völlig verändert. Nach dem Presseskandal war ihr verhasst, von der Öffentlichkeit kritisiert zu werden. Deshalb wollte sie auch nicht mehr Schauspielerin werden. Jörg, der sie eifersüchtig bewachte und selbst aus bürgerlichem Hause stammte, hatte sie dahingehend stark beeinflusst.

Nach dem Hamburger Gastspiel konnte ich für wenige Wiederaufnahmeproben für die Berliner Aufführung »Cher Antoine« in Berlin sein, dann zog ich damit bis kurz vor Weihnachten auf einer Tournee im Lande herum. Einer der liebenswertesten Kollegen, Peter Mosbacher, war mein Partner.

Unglaublich, wie viele unbekannte Städte in Deutschland prächtige Theaterbauten besitzen, die leer stehen. Die treuen Kulturgemeinden setzten sich mit den Gastspielen und mit den Stücken sehr eingehend auseinander. Sie bereiteten sich viel besser darauf vor, als es in Großstädten möglich ist. Aus diesem Grunde vermittelt das Wanderleben, so wie es einst die berühmte Caroline Neuberin, ihren »Hanswurst« an der Seite, gewohnt war, auch heute noch den Schauspielern eine intensivere Bestätigung ihrer künstlerischen Mission.

Selbstverständlich müssen auf den sogenannten »Nudelbrettern« ab und zu auch Konzessionen gemacht werden. So mussten wir bei einer Aufführung verwundert feststellen, dass während des Spieles hin und wieder ein Zuschauer hautnah bei uns stand oder anscheinend irgendeine Funktion auf der Bühne übernehmen wollte. Es stellte sich heraus, dass das einzig vorhandene Klo nur auf dem Wege über die Bühne zu erreichen war. Einige Passagen mussten daher im Geräusch der Wasserspülung untergehen.

Das Weihnachtsfest konnte im Kreise der Familie gefeiert werden, das heißt, ich saß, von der Reise erschöpft, stumm zwischen meinen Töchtern unter dem Baum, den sie für mich geschmückt hatten.

Das nächste Jahr begann mit Proben für Shaws »Heiraten« im Berliner Renaissance-Theater. In der Garderobe las ich während der Pausen immer wieder Susannes Briefe, die sie mir während meiner Tournee geschrieben hatte. Aus ihren Worten glaubte ich die Bestätigung herauszulesen zu können, dass unser Vertrauensverhältnis wieder hergestellt ist.

Ich hatte mich getäuscht.

Nachdem ich keinen Einspruch mehr dagegen erhoben hatte, dass Susanne die meiste Zeit mit ihrem Jörg zusammenlebte, überschlugen sich die Hiobsbotschaften. In der Schule konnte sie nicht versetzt werden, weil ihre Zeugnisse, wie sie selbst formulierte, »ein Beweis dafür waren, dass sie nie hingegangen war«. Aus dem Rheinland reiste der Vater von Jörg in Berlin an, er bat um eine Unterredung mit mir, weil sein Sohn nach dessen eigener Aussage sein Studium nicht nur aufgegeben hatte, »sondern jetzt noch den Doktortitel daranhängen werde.«

Zu mir hatte Jörg einen Satz gesagt, der nach seinem frühen Tode eine makabre Bedeutung bekommen sollte: »Leider, Frau Uhlen, werden Sie sich im Laufe der nächsten dreißig Jahre mit mir abfinden müssen.« Ich bedankte mich mit den Worten: »Schön, dass Sie mir ein so hohes Alter zugestehen«.

An diesem Abend hatte ich die widerstrebende Susanne mit nach Hause genommen, nicht ohne das Versprechen abzugeben, dass die beiden sich jederzeit sehen könnten. Nur bei mir schlafen sollte sie, damit ich sie jeden Morgen pünktlich vor der Schule abliefern kann.

Während der nun folgenden Wochen hatte ich das Gefühl, als sei ich in ein zu enges Korsett geraten, die Stäbe drückten mir ins Fleisch und verwundeten mein Herz.

Inzwischen erhielt ich eine Aufforderung, auf dem Jugendamt zu erscheinen. Dort teilte mir ein junger Mann frommfröhlich mit, die Kinder hätten das Recht, fern ihrer elterlichen Wohnungen zu hausen und die Eltern auch noch zu verklagen, wenn sie ihren unbestimmten Aufenthalt nicht ausreichend finanzierten.

Was sollte ich mich noch aufregen! Wußte ich doch, unzählige Eltern hatten gleichlautende Bescheide erhalten. Allerdings wußte ich damals noch nicht, dass wenige Zeit später dieselben Behörden die Jugendlichen wegen terroristischer Umtriebe anprangern würden

Wieder einmal war Susanne spurlos verschwunden, dieses Mal aber zusammen mit Jörg.

Fast schon routinemäßig gab ich die Meldung an die Polizei. Ich konnte es mir kaum mehr leisten, mir meine echten Sorgen anmerken zu lassen, ohne lächerlich zu erscheinen. Das Leben ging im Stillstand weiter. Im Hause zurückgezogen versuchte ich, gegen Gedanken anzukämpfen, von denen mich jeder einzelne verwundete.

Eine Woche war bereits vergangen, da ließen Mitschüler mich wissen, Susanne habe in letzter Zeit oft von Gretna Green gesprochen.

In wenigen Stunden hatte ich sämtliche Kontakte laufen, die für mich im Bereich des Möglichen lagen. Die englische Botschaft in Deutschland ermittelte beim Konsulat in Edinburgh. Dort wurde mir ein schottischer Anwalt genannt, der seinerseits Verbindung aufnahm mit seinem Korrespondenten in Gretna Green. Der heiße Draht zu mir und meinem Berliner Anwalt wurde stündlich strapaziert.

Susanne und Jörg waren tatsächlich vor wenigen Tagen in Gretna Green angekommen, sie warteten die Frist ab bis zum Tage ihrer Eheschließung. Am zehnten März waren sie eingetroffen. Genau zwölf Tage später konnte die Formalität erledigt sein. Am zwanzigsten März erst war ich auf ihre Spur gekommen.

Stundenlang, während ich auf telefonische Nachrichten wartete, verfolgte ich auf der Karte von Susannes Schulatlas die Route, die beide in einem altersschwachen klapprigen VW zurückgelegt hatten. Ich erfuhr, dass sie jetzt darin bei eisiger Kälte auf einem schottischen Campingplatz ihre Tage und Nächte verbrachten.

Von allen Seiten wurden mir Informationen über das Heiratsparadies überbracht, die mir bisher unbekannt geblieben waren. Auf diesem Rummelplatz trafen sich zum größten Teil gescheiterte Existenzen. Prinzessinnen waren dorthin von ihren Chauffeuren entführt worden, um den Widerstand der Adligen-Clique gegen eine Eheschließung zu brechen. Uralte, bereits vom Tode gezeichnete Millionärinnen vereinten sich dort mit ihren halbstarken Liebhabern, um so familiäre Verfügungen über ihre Hinterlassenschaft zu umgehen. Die Traumvorstellungen einer bunt zusammengewürfelten makabren Gesellschaft, ihre Verbindung, allem zum Trotz, zu legalisieren, entwickelten sich meist an Ort und Stelle zum Alptraum. Die notdürftigsten Unterkünfte waren ständig überfüllt, in dem reichlich primitiven Dorf hatte man deshalb einige große Campingplätze errichtet. Fast ohne Gegenleistungen wurde das Geld den Leuten förmlich aus der Nase gezogen.

Ich begann, diesen Jörg Knötig zu hassen. Immerhin war er einige Jahre älter als Susanne und hatte meine große Sorge während ihres ersten Verschwindens miterlebt. Ich fasste den eisernen Entschluss, die Legalisierung dieser sinnlosen Kinderehe zu verhindern. Ich erreichte einen Aufschub von zwei Tagen, mehr nicht. In dieser Zeit war es mir freigestellt, meinen Einfluss an Ort und Stelle geltend zu machen. Mein Flugticket bereits in Händen – überkam mich plötzlich die Furcht vor hässlichen Szenen, die aus der Erinnerung nicht mehr auszulöschen wären. Von den Anwälten hatte ich erfahren, dass ein sofortiger Antrag auf Annullierung dieser Ehe in Deutschland möglich war. Ich verzichtete auf die Reise. Die Eheschließung wurde am 24. März in Gretna Green vollzogen.

Ich hatte mich in große Schulden stürzen müssen. Vier Anwälte in Berlin, London, Edinburgh und Gretna Green waren für mich tätig. Gerichtskosten, Spesen und Auslandstelefonate hatten tausende Mark verschlungen. War ich denn wahnsinnig geworden?

Nein, ich war nicht von der Überzeugung abzubringen, dass ich für den kindlichen Blödsinn meiner minderjährigen Tochter voll verantwortlich sei. Wenigstens musste ich ihr die langwierige Desillusion der ersten Scheidung ersparen. Wusste ich doch um die Schmerzen langsam absterbender Gefühle.

Die Presse hatte diese Affäre groß ausgespielt. Alte Bilder aus meinen früheren Charakterrollen wurden herausgekramt, auf denen ich verhärmt aussah oder ein besonders grimmiges Lachen zeigte. Diesmal war ich die rachsüchtige Mutter, böse Schwiegermutter oder die alternde Schauspielerin.

Einer der wenigen Menschen, die mir gegenüber zu diesen Veröffentlichungen Stellung nahmen, war Susanne selbst. Von ihr erhielt ich einen Brief : »Es tut mir leid Mama, dass Du so öffentlichen Schmähungen ausgesetzt bist.

»Je größer die Liebe, desto größer der Hass«, lautet ein altes Rezept menschlicher Leidenschaften. Für die Liebe einer Mutter kann es nicht zutreffen. Deshalb war ich von nun an bemüht, mit Verstand und ohne Traurigkeit Susanne aus meiner Liebe zu entlassen, sobald sie dieser nicht mehr bedurfte.

Ein neuer Abschnitt meines Lebens verlangte neue Konsequenzen. Für mich allein war das Haus sinnlos geworden, der Tierzoo nicht mehr zu bewältigen. Ich behielt zwei Siamkatzen, Mutter und Tochter, und die gestromte Boxerhündin Katinka.

Nach vierunddreißig Jahren machte ich mich zum erstenmal wieder auf die Suche nach einer Wohnung, ganz für mich allein, und fand eine geeignete Zweizimmerwohnung in Berlin-Grunewald. Noch einmal durfte ich mit meinen vielen Büchern, die im Laufe der Jahre mehrere Wände von oben bis unten ausgefüllt hatten, mit meinen vielen Erinnerungsstücken und ideellen Schätzen, ein neues Zuhause einrichten. Das sollte sich nicht mehr wiederholen können.

Vor allem aber musste ich Geld verdienen, um finanzielle Löcher zu stopfen. Wie jedes Jahr gastierte ich bereits seit Mai an den Hamburger Kammerspielen, anschließend in Aachen mit demselben Stück, das ich bereits über Monate in Berlin gespielt hatte: »Vier Fenster zum Garten«. Dazwischen lagen die Aufnahmen zweier Fernsehspiele, bei denen Herbert Ballmann mein Regisseur war. »Jenny Treibel« nach Theodor Fontane und ein Psychokrimi »Ein Tag im Regen«, worin ich eine Frau im Rollstuhl spielte, die einen Versicherungsschwindel gestartet hatte. Anschließend nach Berlin zurück an das Theater am Kurfürstendamm für das Stück von Sauvajon »Die Kinder Edouards«.

Am Tage der Generalprobe wurde ich überraschenderweise von Jörg angerufen, zum ersten Male. Er war ziemlich kleinlaut: »Susanne ist sehr krank.« Nachts hatten sie wegen ihrer heftigen Schmerzen den Notarzt holen müssen. Ich konnte sofort für eine Aufnahme im Westendkrankenhaus sorgen, mich telefonisch mit den Ärzten verständigen. Nach der Premiere stand ich in der Nacht an ihrem Bett. Die Erkrankung ihrer Nieren musste als Folgeerscheinung von Unterkühlung auf der Reise nach Schottland angesehen werden.

Ich kam täglich, einmal erschrak ich: Es war an einem sonnigen Wintertag. Im halbverdunkelten Raum glaubte ich einen schwarzen Todesengel zu erkennen, der sich über ihr Bett gebeugt hatte. Nach meinem Eintreten hatte er sich aus der Umarmung gelöst, wortlos. Das schmale, weiße Gesicht, von seinen langen schwarzen Haaren umrahmt, verließ Jörg das Zimmer.

Zum ersten Male erlebte ich das Weihnachtsfest nur in eigener Gesellschaft. Ich fühlte mich weniger verlassen als von der Einsamkeit behütet. Ein Leben lang hatte ich gelernt, mit der Vereinsamung auf der Bühne, gegenüber einer unbekannten Ansammlung des im schwarzen Loch lauernden Publikums, die vollständige Konzentration zu erreichen. Jetzt empfand ich sie als eine neue Konzentration auf das Leben.

Am Sylvesterabend stand ich auf der Bühne. In der Pause, wenige Minuten vor Mitternacht, durfte ich vor geschlossenem Vorhang eine fröhliche Ansprache an das Publikum halten. Das war mir nicht ganz leicht gefallen.

Danach erhielt ich einen Brief eines Besuchers dieses Abends: »Sie haben uns mit ihrem strahlenden Lächeln überaus beglückt.«

»Irgend etwas ist verlorengegangen, das den Menschen gehört«, schrieb ich, versuchte mich in meiner Freizeit mit ersten Gedanken für das Buch zu befassen, das ich vielleicht einmal schreiben würde. Vielleicht war es gut, einmal ein anderes Licht zu suchen als das der Bühnenscheinwerfer. Memoiren zu schreiben, dazu fühlte ich mich noch zu wenig vom Leben amputiert. Mit Angst vor Wiederholungen scheute ich die Nabelschau, das Wiederkäuen des eigenen Lebens, den Reklamefeldzug des eigenen Ichs. Aber ich empfand eine Befriedigung immer dann, wenn ich kleine Erlebnisse oder Betrachtungen aufs Papier bringen konnte, wusste ich doch, dass alle schönen Künste Disziplin verlangen, ebenso die Eingliederung in den Zeitplan. Aber vorläufig hielt das Theater mich noch ganz in seinem Bann.

Auch zu Beginn des nächsten Jahres spielte ich Tag für Tag in Berlin, Hamburg und München; dort wohnte ich in einer kleinen möblierten Wohnung in Schwabing, von Büchern fast zugedeckt. Die Witwe des Dichters Günther Weisenborn hatte sie mir vorübergehend überlassen. In dieser spartanischen Enge setzte ich mich eines nachts an die Schreibmaschine und begann, mein erstes Buch zu schreiben: »Mein Glashaus«.

FASSBINDER UND SEINE 27 FRAUEN

Ein blödsinniger Traum kehrte immer wieder. Ich sah eine große Papierrolle, übersät mit wegweisenden Pfeilen, immer in eine Richtung hin. Aber in entgegengesetzte Richtung rollte ich das Papier herunter, mehr und mehr, bis ich davon zugedeckt war. Wollte dieser Traum Ahnungen bloßlegen, etwas versäumt zu haben? Fing mein Unterbewusstsein an, auf eine mir noch unbekannte Bedrohung zu reagieren?

Kurz vor meinem allabendlichen Auftritt in der Kleinen Komödie am Bayerischen Hof in München in dem Stück »Die Kinder Edouards« erreichte mich ein Anruf aus Berlin. Susanne rief mir zu: »Mammi, deine Wohnung ist vollständig ausgeräumt worden.«

Ich hatte ihr die Schlüssel übersandt, damit sie mir meinen Wintermantel nach München schicken konnte.

Unmittelbar nach dieser Mitteilung ging der Vorhang auf. Während ich mich auf der Bühne darum bemühte, gute Laune zu verbreiten, flogen die Gedanken im Kopf wirr durcheinander wie bunte Bälle. Am Ende dieses ereignisreichen Oktoberabends starrte ich im Spiegel auf mein frisch abgeschminktes, fettglänzendes Gesicht. Ich grinste, kam ich mir doch vor wie ein gerupftes Huhn. »Na schön«, sagte ich zu mir, »nun biste mal wieder am Nullpunkt angelangt.« Sofort nachdem die täglichen Vorstellungen in München beendet waren, flog ich nach Berlin. Zuvor wurde das Stück tagsüber noch für das Fernsehen aufgezeichnet, außerdem eine Rolle im »Kommissar«. Das bedeutete für die letzten Wochen täglich fünf Stunden Schlaf, mehr nicht.

Hand in Hand stand ich mit Susanne da, fassungslos betrachteten wir die »Pracht« der völlig leeren Wohnung. Ich erstattete bei der Staatsanwaltschaft Anzeige wegen Diebstahls gegen Unbekannt. Von Berlin wollte ich vorläufig nichts mehr wissen. Nachdem ich die Formalitäten für einen Nachmieter erledigt hatte, kehrte ich dieser Stadt trüben Herzens den Rücken.

In München-Schwabing bezog ich ein Appartement, so unpersönlich wie möglich. Ich wollte kein »geliebtes« Zuhause mehr haben. Eigentlich war ich ganz froh darüber, von nun an zu den »Reisenden ohne Gepäck« zu gehören.

In meiner lakonischen Stimmung registrierte ich mit Galgenhumor, wie die Presse es verstand, meine jetzige Situation wieder einmal ins Gegenteil zu verkehren. Obwohl es kaum wegzuleugnen war, dass mich irgend jemand aller Dinge beraubt hatte, die ich mir durch meine Arbeit innerhalb eines Lebens erworben hatte. Ich war abgebrannt bis aufs Hemd. Aber was für Moritaten musste ich über mich in den Gazetten lesen? Alles sei nichts anderes als ein von mir forcierter Publicity-Rummel. Ich sei zwar verschuldet, aber überhaupt nicht bestohlen worden.

Ich weiß nicht, welcher Erbmasse ich es zu verdanken habe, dass es mir gelang, aus irgendeiner Ecke die Überzeugung hervorzukramen, die Wahrheit käme eines Tages ans Licht. Ich rief mir einen der Lieblingssätze von Horst Caspar ins Gedächtnis, wenn bei Kleist Jupiter zu Alkmene sagt: »Sei ruhig, ruhig, es wird sich alles dir zum Ruhme lösen.«

Barbara hatte mich gebeten, in Bochum das Weihnachtsfest auszurichten. Am 20. Dezember beabsichtigte sie, ihre erste Ehe in Las Vegas einzugehen, anschließend stand in Bochum ein großes Familienfest ins Haus.

Susanne meldete sich bei mir ganz unverhofft. Sie war mit Jörg bei dessen Eltern in der Nähe von Köln. Ihre Stimme am Telefon hatte ein weiches Timbre: »Mamutschka, ich möchte dich sprechen.«

Wir saßen allein vor dem bereits geschmückten Baum. Nur ihre großen Augen sprachen. Ich fasste Mut zu der Frage: »Bist du glücklich?« Im Nu kullerten ihr die hellen Tränen aus den Augen. Diese Erlösung mitanzusehen hatte für mich nicht den geringsten Anflug von Traurigkeit. Über ihre Wangen rannen zwei kleine Bäche klarsten Gebirgswassers und tropften auf ihr pralles Blüschen.

»Nein«, rutschte es ihr heraus, »überhaupt nicht.« Ich hörte mich forsch antworten: »Na also, dann müssen wir etwas dafür tun, dass du wieder glücklich wirst.« Uff, es war mir gelungen, jede Sentimentalität hinunterzuschlucken.

Es wurde verabredet, dass ich so schnell wie möglich den Produktionen in München Bescheid sagen solle, Susanne wolle sich wieder für Rollenangebote interessieren.

Bereits Anfang des nächsten Jahres spielte sie eine Rolle im »Kommissar«, dann machten wir gemeinsam einen »Tatort«, nachdem ich für mehrere Monate eine völlig ungewohnte Pause einlegen musste – ich war einfach zu erschöpft. Mit dem Verlust meines Eigentums waren viele Erinnerungen versunken – daran musste ich mich erst gewöhnen. Susanne zog zu mir in dasselbe Schwabinger Appartementhaus. Zwei Etagen unter mir richtete sie sich ihre erste eigene Wohnung ein.

Die Presse kolportierte: »Susanne Uhlen ist bei ihrer Mutter ausgezogen und wohnt jetzt zwei Etagen tiefer.«

Wir lachten darüber und halfen uns gegenseitig, so gut es ging.

Ein Gastspiel in Aachen bereitete ich vor, Audibertis »Zimmerwirtin« und eine Tournee mit Camus' »Das Mißverständnis«.

Kurz vor meiner Abreise läutete es bei mir Sturm, mit der Türe flog Susanne in meine Diele. Als sie dann aufrecht, fast unbeweglich vor mir saß, wusste ich: Etwas Entsetzliches musste geschehen sein. Ich ließ ihr Zeit, schwieg ebenfalls. Tränenlos stammelte sie die Worte: »Jörg ist tot, verblutet auf der Straße, mit seinem neuen Motorrad war er in den Urlaub gerast.«

Wir blieben weit voneinander entfernt sitzen. »Der Todesengel«, konnte ich noch denken. Dann sah ich ihr nach, wie sie aus der Wohnung stürzte.

Die Bestätigung, dass die Ehe annulliert worden war, hatte ich bereits am 26. Juni vor einem Jahr erhalten. Jetzt wäre Susanne Witwe geworden.

Ein arbeitsreiches Jahr kam auf uns zu, wir besuchten uns gegenseitig, schrieben Briefe. Meine Managerin hatte für mich ein Angebot des Schweizerischen Fernsehens bereits abgesagt, aber ich hatte das Gefühl, ich sollte es doch noch einmal überprüfen und mich dafür entscheiden. Ich träumte vom Zürcher See und davon, einmal wieder ausspannen zu können, vielleicht sogar wieder einmal ein Privatleben zu haben.

Die Fernsehfassung des Theaterstücks »Die Hellseherin« von Rousseau war für mich nicht nur eine äußerst aufregende schauspielerische Aufgabe, sondern traf vom Thema her auch ein privates Anliegen. Es beschäftigte sich mit der Fähigkeit, durch Telepathie Zukunftsvisionen empfangen zu können, entlarvte aber die Scharlatanerie, aus dieser zeitweiligen, vagen Fähigkeit eine professionelle Tätigkeit zu entwickeln.

Ich blieb in Zürich hängen, und es war mir keine Überraschung. Das Zürcher Schauspielhaus bot mir die Rolle der Gutsbesitzerin Raissa Gurmyshskaja im »Wald« von Ostrowski an.

Das umfangreiche Textbuch auf dem Schoß, prostete ich zur Jahreswende unsentimental meinem Spiegelbild zu.

Das Jahr 1976 war das Jahr meines vierzigjährigen Bühnenjubiläums. Dies wollte ich aber nicht verlauten lassen. Es waren meine vierzig Jahre, und vierzig Jahre sind noch kein halbes Jahrhundert!

In der elterlichen Familie war es Tradition gewesen, dass am Geburtstag der Kinder die Mutter geehrt wurde, die am Tage der Geburt die eigentliche Arbeit getan hatte. Ich nahm mir also vor, falls ich die fünfzig Jahre auf der Bühne erreichen sollte, all der Menschen zu gedenken, die mich auf der Bühne einmal glücklich gemacht hatten.

Waren es nicht weit mehr als vierzig Filme, fünfzig Fernsehrollen, fast achtzig Bühnenrollen gewesen? Wann hatte ich aufgehört zu zählen? Wieviel Liebesszenen hatte ich hingehaucht, wie oft hatte ich dabei meinen Partner am liebsten zum Teufel gewünscht? Wie viele Tode war ich gestorben? Aber dem Leben zugeneigt anschließend fröhlich in die Garderobe gehüpft? Wieviel Bände voller Texte wurden in meinem Kopf registriert? Wieviel Tränen vergossen, wieviel Kochtöpfe voller Schminke in mein Gesicht geschmiert?

All das hatte für mich viel weniger Bedeutung als die Tatsache, dass jeder neue Einsatz für eine Rolle immer noch gefahrvoll geblieben war. Erfahrungen sind austauschbar, Risiken nicht. Eines aber wusste ich, für den Schauspieler kann die sogenannte schöpferische Pause nicht außerhalb des Theaters stattfinden.

Mitte Februar war in Zürich Premiere. Mit meiner Rolle im »Wald« befand ich mich endlich auf dem besten Wege zur Darstellung alter Damen.

Auffallend oft stand vor meinen Auftritten ein junger Mann in den Kulissen und fixierte mich. Ebenso häufig begegnete ich ihm nach den Vorstellungen am Bühneneingang. Wenn ich zu meinem Wagen eilte, sandte er mir Blicke nach, als ob ich vergessen hätte, ihn mitzunehmen.

Bei einem der nächsten Künstlertreffen, wo ich ausnahmsweise mal auftauchte, saß er neben mir, wie selbstverständlich. Er gehörte zu den Bühnentechnikern und hieß mit Vornamen Beat. Als ich nach Hause fahren wollte, zählte er mir die Anzahl der Gläser Wein vor, die ich getrunken hätte, setzte sich ohne Umstände an das Steuer meines Wagens. In meiner Wohnung fand er sich sofort in der Küche zurecht, machte des Nachts noch Kaffee und auch am nächsten Morgen. Ich hatte einen Liebhaber eingefangen, den ich nicht so leicht mehr los werden sollte.

Ich fragte ihn, wie alt er sei, weil ich ihm anschließend erklären wollte, siebenundfünfzigjährig nicht mehr die Absicht zu haben, mich einem Mann um die Dreißig zu widmen. Unbeirrt klärte er mich darüber auf, dass er bald dreiundzwanzig werde und bereits wüsste, ich hätte die Sechzig überschritten. Wie hätte ich ihn da noch korrigieren sollen, dass er sich bei mir um drei Jahre geirrt hatte? Es war wirklich zu albern. Wir ließen das Thema einfach fallen.

Nach vielen Jahren gab es für mich nicht immer nur endlose Texte zu lernen, sondern wieder auch Dialoge des Lebens.

Es »frühlingte« am Zürichsee! Ich stand hinter Fenstern im Schutze von Vorhängen, lauschte den Geräuschen vorbeifahrender Autos, wartete auf den Klang seines anhaltenden Wagens, bereitete festliche Mahlzeiten vor, bei Kerzenlicht. Sah öfter zweifelnd in den Spiegel. Beim Spaziergang ermüdete ich weniger rasch als er, den Motor meines Wagens ließ ich laut aufheulen, die Bremsen quietschen, das Leben wurde wieder ein übermütiger Spaß.

Ich war eine Frau, die die Schauspielerin vergaß, eine Liebhaberin, die keine Schminke nötig hatte. Ich lernte keine neuen Rollen, ich lernte von neuem das Leben zu leben. Ich war glücklich, einfach so.

Beat nahm mich mit zu seinen Eltern, er schlug vor, wir sollten heiraten. Zuerst fragte ich: »Warum?« Dann entgegnete ich seinen Argumenten: »Niemals!« Er ließ nicht locker, bis zu meinem: »Warum eigentlich nicht?«

Die Reaktion meiner Kinder sollte für mich den Ausschlag geben. Beide beantworteten meine vorsichtige Mitteilung spontan mit: »Das ist doch prima! Warum machst du dir überhaupt Gedanken? Hoffentlich wirst du glücklich.«

Trotzdem versuchte ich durch räumliche Trennung die Entscheidung noch hinauszuschieben, wohnte vorübergehend bei einer Freundin in München. Beat ließ nicht locker, telefonierte hinter mir her, hatte bereits die notwendigen Formalitäten für die Hochzeit in die Wege geleitet. Ich kapitulierte. Am 26. Juni heirateten wir in Basel.

Auf der Fahrt zum Standesamt wurde ich von meinem Mann über sämtliche Kantone der Schweiz aufgeklärt.

Susanne hatte mich in Zürich besucht, sie überreichte mir eine kleine Eule aus Plüsch, unser Lieblingstier und Familiensymbol. Die Eule hatte einen sehr runden Bauch. Ich verstand, Susanne erwartete ihr Wunschbaby.

Für das Nichtstun war ich unbrauchbar geworden. Anstelle der Hochzeitsreise flog ich mit Beat nach London für Außenaufnahmen eines TV-Spiels. Überall blieb ich in den Läden für Babyausstattung hängen und dachte an Susannes Kind.

Aber das Londoner Klima wollte mir nicht bekommen, ich war übermüdet, wurde nervös, die nächste Theaterpremiere lag mir bereits in den Knochen.

Das Stück »Frauen in New York« von Clare Booth versprach eine Sensation. Als man am Hamburger Schauspielhaus Rainer Werner Fassbinder die Regie anbot, hatte der »Hausregisseur« bereits die Flucht ergriffen vor der vorprogrammierten Hölle, wenn sich 27 Frauen gegeneinander ausspielen sollten. Viele Probenwochen waren vorgesehen. »Ich mache das«, gab Fassbinder auf seine lässige, flapsige Art von sich, »aber ich kann das nur innerhalb von fünf Wochen machen. Mehr Zeit habe ich nicht. Danach muss ich einen neuen Film anfangen, zur Zeit schneide ich noch am letzten. Aber ich kann das ja nebenher machen.« – Verrückt!

Mir waren zwei Rollen zugedacht. Vor der Pause eine typisch amerikanische Mama, die pausenlos komisches Zeug quatscht. Nach der Pause eine männermordende Comtesse, alkoholumnebelt. Zuerst im Reitdress, die Peitsche schwingend auf der Suche nach einem ihrer Liebhaber, dann volltrunken in rauschender Abendrobe. Fassbinder sagte bei unserer ersten Begegnung nur: »Na, Sie haben ja Erfahrungen genug!« Wahrscheinlich hielt er mich für eine »UFA-Zicke«, weiter nichts. Aber bald geriet er ins Staunen, denn ich erschien zu keiner weiteren Probe.

Die Presse zog mal wieder lautstark über mich her, wegen meiner neuen Ehe mit einem 34 Jahre jüngeren Mann. Ich hasste Schlagzeilen, zog sogar in Erwägung, die Rollen abzusagen, bis wieder Ruhe herrschte. Aber dann fiel mir der zynische Satz des Regisseurs ein, und nun wollte ich es ihm doch zeigen! Eine Nacht lang nahm ich mir diese »Comtesse« vor, arbeitete wie im Fieber an den verrücktesten Ideen. Am nächsten Morgen auf der Probe ging alles sehr rasch vorüber. Fassbinder bemerkte nur: »Ach, da sind Sie ja wieder mal!« Ich begann sehr milde: »Ich hatte mir folgendes gedacht ...« Er ließ mich kurz vorspielen, dann: »Da reden wir noch drüber.«

Am nächsten Morgen stand Fassbinder leicht verschleiert und bleich vor dem gesamten Ensemble: »Ja, gestern, da ist was passiert. Da kommt eine Frau, spielt mir eine kurze Szene vor und danach wusste ich erst, wie das ganze Stück inszeniert werden sollte.«

Von nun an lief alles zwischen uns fast ohne Worte ab. Ich vertraute mich ihm voll an. Wenn jemand in dieser Weise so über seinen Schatten der Eitelkeit springen kann, zeigt er Größe.

Auf der Bühne war ein riesiger Ballsaal aufgebaut, in der Mitte eine hohe Wendeltreppe mit Empore. »Da kommste von da oben runter – nich – und dann hysterischer Ausbruch. Wieder mal hat ein Kerl sie beschissen. Ungefähr in der Mitte der Treppe fällste zusammen. Wenn man dich abträgt, denkt jeder, nu isses aus, nun bringt se sich um. Oder so.« Ich reagierte ungläubig: »Meinst du wirklich? Ach ... ach, du, ich möchte anders.« Bei mir war er erstaunlich duldsam: »Na, mach mal.« Ich demonstrierte: »Also ganz oben brülle ich los, torkele, falle, kugele die ganze Treppe abwärts – aus.« Ein wehleidiger Blick von ihm, immerhin war ich Mitte der Sechzig: »Aber wie kommste dann unten an?«

Ich machte es ihm einfach vor. Ich kannte doch noch meine alten Tricks einer Tänzerin. Sein Gesicht blieb ohne Ausdruck: »Tut das nicht weh?« Ich sagte: »Alles tut weh.« Er blieb passiv: »Jeden Abend? Und die blauen Flecke?« Ich winkte müde ab: »Habe immer blaue Flecke.«

So haben wir es dann gemacht. Nein, halt! Auf einer Probe kam ich noch vorher zu ihm: »Das ist doch bescheuert, wenn man mich unten abträgt. Also: großes Erstarren nach meinem Sturz. Pause. Ich raffe mich wieder auf, grinse besoffen und tanze völlig unvermittelt im Walzerschritt ab. Als ob nichts gewesen wäre.«

Es war wunderbar mit Fassbinder! Mit ihm hätte ich ein Leben lang Theater machen können. Lebenslänglich ausprobieren, was alles auf der Bühne möglich ist. Er regte meine Phantasie ständig an. Bei einem anderen Regisseur wäre mir vielleicht gar nichts eingefallen. Seine verrückten Impulse reizten mich.

186

Er hat aufgeschrien, gegen alles. Das war seine Kraft. Deshalb waren die Leute von der Gestaltung seiner Filme so erschlagen. Er kämpfte verzweifelt um den Glauben, dass die Menschen vielleicht doch noch miteinander umgehen könnten. Er zeigte Lichtblicke auf – und die Grenzen gegenseitigen Verstehens. Er hasste die Heucheleien der Gesellschaft, den Missbrauch in der Liebe. Damals schon hat er sich gegen die Profanierung der Medien gewehrt. Vor seinem Tode begann er zu resignieren. Dennoch konnte er nicht anders, er trug eine Sendung in sich. Fassbinder versuchte, den Ausnahmezustand seiner Individualität zu bewahren, im ständigen Kampf gegen das konventionelle Machertum, das man ausgerechnet ihm angedichtet hat. Er war für alle Schauspieler, die mit ihm arbeiten durften, die letzte Hoffnung, von einem Regisseur verstanden und vor allem behütet zu werden. Ich hätte für ihn jeden Vertragsbruch riskiert …, ich trug damals schon Sorge, er könne zu früh verglühen.

Seine Mutter erzählte mir, bereits mit fünf Jahren antwortete er auf die Frage, was er später werden will: »Filme machen.« In einem Alter, in dem man doch davon noch gar keine Vorstellung haben kann. Was er sah und erlebte, hat Fassbinder immer in laufende Bilder umgesetzt.

Kurze Zeit nach unserer beglückenden Theaterarbeit durfte ich die »Trümmer«-Mutter in seinem Film »Die Ehe der Maria Braun« spielen. Ich erhielt dafür das Filmband in Gold.

Der befürchtete Krach während der Arbeit von »Frauen in New York« fand nicht im Theater statt, dafür aber in meinen häuslichen vier Wänden. Beat hatte einmal verlauten lassen, mit meinem Tempo nicht immer mitkommen zu können. Es war aber der innere Rhythmus, den er gemeint hatte, der sich bei uns als zu unterschiedlich herausstellen sollte. Es wurde sehr schnell unmöglich, weiter die gleiche Luft zu atmen.

Zunächst sind es Kleinigkeiten, die ein Zusammenleben gefährden. Meine Erfahrungen oder auch meine Prinzipien waren es, die Beats Initiative lähmten. Es fiel ihm schwer, mit den Augen zu ertasten, was meine Hände zu sehen imstande waren. Auch machten es ihm die Menschen sehr schwer, sie wollten ihn an meiner Seite nicht akzeptieren. Wir begannen uns zu fragen, ob es nicht besser wäre, auf eine Liebe zu verzichten, als ständig darunter zu leiden.

Die Entscheidung darüber, eine gegenseitige Selbstzerfleischung zu beenden, musste ich auf mich nehmen. Nach so kurzer Zeit sogar die gewaltsame Trennung. Es geschah an einem Nachmittag. Wir bewohnten in Hamburg-Blankenese die möblierte untere Etage einer alten Villa. Während ich im Theater arbeitete, saß Beat stundenlang dort und starrte in das flackernde Feuer des Kamins oder spazierte in dem verwunschenen Garten unter alten knorrigen Bäumen umher. Wir fühlten uns beide nicht glücklich, trotz der harmonischen Umgebung lag eine ungewisse Spannung in der Luft.

Ich war gerade dabei, meine Rollentexte auf ein Tonband zu sprechen, um mich später auf diese Weise selbständig abhören zu können.

Es wurde eine lange Aussprache. Ich hatte sie damit beendet, dass ich nach oben ging, in ein separat gelegenes Zimmer, um wieder allein sein zu können. Da erst bemerkte ich, dass das Tonband weitergelaufen war, eine Stunde lang.

Nichts kann so durchsichtig sein, wie eine Stimme, die sich nicht verraten will, die das Gefühl abwürgt. Nichts ist so traurig, wie ein Auflachen gegen den inneren Zorn, ein Lachen des beginnenden Hasses.

Die Presse jubelte über eine Ehe von siebenundfünfzig Tagen. Ich hatte diese Tage nicht gezählt, ich wollte sie nicht bereuen.

Bei der Premiere »Frauen in New York« war von Anfang an das Publikum in bester Stimmung. Ich trug viel zu seiner Belustigung bei, als »femme fatale«. Als sich Fassbinder von mir verabschiedete, wusste ich, dass wir zusammen sehr bald einen Film drehen würden. Eine Brücke wird abgerissen, eine neue taucht auf.

FASZINATION

Das Theater muss sein Geheimnis bewahren, auch wenn es den Menschen ganz enthüllt.

Der große Theatermann Piscator ließ in den zwanziger Jahren in Berlin Bühnenbilder entstehen, die eigentlich nur Gerippe waren. Versatzstücke, Gitter, Leitern und Stahltreppen. Damit erreichte er Anregung der Phantasie, Illusionen gingen allein vom Schauspieler aus. In einer seiner Inszenierungen begegnete eine junge Frau ihrer ersten Liebe, sie blieb einsam auf der Bühne zurück, dann begann sie, nach einer Pause, die metallene Wendeltreppe hoch hinauf zu steigen. Nichts weiter. Er hatte es so inszeniert, dass es unmöglich gewesen wäre, die Liebessehnsucht, das Glücksgefühl mit Worten oder anderen Mitteln nur annähernd so stark zu vermitteln.

Der Rhythmus ihrer Schritte steigerte sich von Stufe zu Stufe. Ein gleichbleibender dünner Ton drang aus ihrer Kehle, der sich parallel zu der Anspannung ihrer Körperbewegungen nach oben schraubte.

Ein anderes Beispiel für authentisches Theater: Die große Tänzerin Anna Pawlowa war gestorben. Trauerfeier in der Pariser Oper. Der schwere Bühnenvorhang öffnete sich wie ein großes Tor. Eine leere, weite Bühne. Die Musik von Saint-Saëns erklang. Das Licht eines einzigen Scheinwerfers huschte über die dunklen Bühnenbretter, verharrte, sprang hoch, zog Kreise, wirbelte Pirouetten, löste sich schließlich auf.

Max Terpis, der große Choreograph, stand allein hoch oben auf den Eisenträgern der Beleuchterbrücke, setzte den schweren Scheinwerfer ab, schweißgebadet und tränenüberströmt. Mit dem gebündelten Licht hatte er jede Phase des berühmten Tanzes der Pawlowa, »Der sterbende Schwan«, nachgetanzt.

Kein Wort mehr, keine Abschiedsworte.

Atemlos verharrte die Trauergemeinde. Ganz langsam schloss sich der schwere Vorhang wieder, als verbeuge er sich vor dem Bühnenboden, der die Füße einer genialen Tänzerin getragen hatte.

»Das Theater kann, von allen guten Geistern verlassen, das traurigste Gewerbe, die armseligste Prostitution sein«, hat Max Reinhardt gesagt. Eine Weisheit, die für immer gelten wird. Auf die guten Geister kann man sich aber nicht verlassen, man muss sich schon selbst darum bemühen, sich auf die Mittel des Theaters zurückbesinnen. Vor allem aber alles von der Bühne verbannen, was mit Recht zum Privilegium des Fernsehens geworden ist: Langatmige Debatten, fade Diskussionen. Politisches Theater erreicht deshalb nur selten jemanden, da die, die gemeint sind, nicht ins Theater gehen. Ob ein Abend spannend oder entspannend wird, das ist eine Frage, die man sich vor dem Bildschirm stellt. Für das Theater reicht dieser Anspruch nicht aus. Theater muss erschüttern, gleichgültig, ob diese Erschütterung Lachen, Weinen oder Neugier auslöst.

Die Faszination kann natürlich nicht von denjenigen ausgehen, die Theater konzipieren, die ihre Visionen verwirklicht sehen wollen. Faszination kann nur von denen kommen, die auf den Brettern stehen. Das sollte jeder Regisseur einsehen, wenn es um das Glück der gemeinsamen Entstehung eines Theaterabends geht.

Max Reinhardt sprach von »Enthüllung« des Theaters, denn: »Der Weg zu uns selbst und zu unseren Nächsten ist sternenweit«. Nun, dieser Weg dürfte inzwischen noch viel weiter geworden sein! Die »Enthüllung« ist umso notwendiger, aber auch grausamer.

Ich glaube, der »Wahnsinn unseres alltäglichen Lebens«, fortdauernder »Nervenkitzel« verlangen von den Künstlern, neue Akzente zu setzen. Naivität, eine gewisse Unbefangenheit, können für die Erneuerung des Theaters aktivierend sein. Aber sicher nicht umfassendes Unvermögen, das sich unter anderem in unkontrollierten Zufällen auf der Bühne breit macht, oder in angeblich progressiven Regietaten, die darin gipfeln, »Feind der perfekten Szene« zu sein. Wenn jeder für sich allein demonstriert, ist jeder gegen jeden.

Es stellt sich die Frage, welche Neuentdeckung die Theaterbesucher wieder interessierter machen könnte für den Elementartrieb, Theater zu spielen, für die Kunst des Schauspielers, die »Befreiung von der konventionellen Schauspielerei des Lebens« ist, wie Max Reinhardt feststellte.

»Der Schauspieler hat seine Kindheit heimlich in die Tasche gesteckt und sich auf und davon gemacht, um bis an das Lebensende weiter zu spielen«, verkündete Max Reinhardt und: »Er ist der Mensch an den äußersten Grenzen zwischen Wirklichkeit und Traum und er steht mit beiden Füßen in beiden Reichen«.

Wieviel Stunden arbeitet der Schauspieler, wenn er von 10–16 Uhr auf der Probe steht, ab 19 Uhr wieder im Theater erscheint, um Vorbereitungen für die Vorstellung zu treffen, die erst nach 23 Uhr beendet ist? Zwischendurch immer wieder neue Texte lernen, Studien und Übungen machen und dann immer wieder die eigene Haut zu Markte tragen! Leider sind in den Ensembles zu oft Schauspieler zu finden, deren mangelnde Initiative es zulässt, gequälte Befehlsempfänger zu sein. Die unter diktatorischer Regie leiden wollen, obwohl sie wissen, dass im totalen Einsatz vor dem Publikum letztendlich sie allein verantwortlich sind. Die Alternative, sich mit dem Regisseur um jeden Preis künstlerisch solidarisch zu erklären, ist möglicherweise nichts anderes als mangelnde Zivilcourage. Ein Regisseur, dem zu Hause nichts eingefallen ist, stört die Proben auch dann, wenn er sich vom Schauspieler inspirieren lässt. Die konzeptlos vergeudete Zeit muss einzig und allein der Schauspieler aufholen, für den es gilt, am Premierenabend Souveränität auszustrahlen.

Große Regisseure liebten ihre Schauspieler, die ihnen die Möglichkeit schenkten, ihre Ideen lebendig zu machen. Ohne diese gewisse Abhängigkeit voneinander, ohne diese Liebe geht es nicht. Während einer Rollenentwicklung lebt der Schauspieler mit der darzustellenden imaginären Figur zusammen. Sie wird in ihm immer stärker, kann zeitweise sogar sein privates Leben verändern. Es ist die schwerste und wichtigste Phase, »der Rolle unter die Haut zu kriechen«. Ein schonungsloser Vorgang. Für einen besessenen Schauspieler aber auch eine große Befriedigung. Vor allem ist diese »Geburt« unabhängig vom Erfolg oder von vernichtender Kritik. Sie ist durch nichts mehr rückgängig zu machen! Große Schauspieler wie Emil Jannings, Heinrich George, Horst Caspar, vor allem Werner Krauss, machten das spürbar. Krauss war in jeder Rolle so verändert, dass man zunächst den Schauspieler Krauss nicht erkannte. Ich hatte das große Glück, in den Filmen »Zwischen Himmel und Erde« und »Der fallende Stern« seine Partnerin zu sein. Monatelang konnte ich beobachten, wie er immer mehr sich selbst verließ, um in die Rolle zu schlüpfen, er kehrte kaum mehr in seinen persönlichen Alltag zurück. Oft blieb er im Kostüm, sein ganzes Wesen, sein soziales Verhalten veränderten sich. Von Gustaf Gründgens zum Beispiel war es bekannt, dass er wochenlang in Schwarz gekleidet blieb, solange er den Hamlet spielte. Modische Arabesken können den Schauspieler irritieren, solange er um die Entstehung einer Rolle ringt.

In Deutschland hatte sich leider kein Autor gefunden, der auf eindringliche Weise über die Bewältigung menschlicher Probleme der Nachkriegszeit schreiben konnte. Das blieb erstaunlicherweise dem Engländer Edward Bond überlassen. In »Sommer« schildert er das Schicksal zweier extrem unterschiedlicher Frauen, im Rückblick auf die verschenkten Jahre ihres Lebens. Die deutsche Uraufführung spielten Agnes Fink und ich. Über meine Rolle »Xenia« schrieb die Kritik: »Sie ist eine Art weiblicher Ödipus, indem sie immer wieder von neuem auszieht, die Wahrheit zu suchen. Sie kommt immer wieder zurück, und jedes Mal dringt sie weiter vor ...«

Die Probenzeit am Hamburger Schauspielhaus war für mich sehr zwiespältig, die Interpretationen sah ich anders als der junge Regisseur. Boy Gobert war ein sensibler, sehr kluger Intendant. Wenn ich ihn um Rat fragte, konnte er meine Zweifel beseitigen. Nach der Premiere kam er zu mir: »Gisela, ich habe selten erlebt, dass ein Schauspieler so fahrlässig Theater spielt, wie Sie heute Abend.« Ich erschrak: »Fahrlässig, also schlecht?« Er nahm mich in den Arm: »Nein, so ohne doppelten Boden, ohne Netz. Ich hatte Angst, Sie könnten abstürzen.«

Mit infamen Verleumdungen versuchte man damals, ihn als Intendanten abzuschießen. Eines Tages ließ er ein Rollenfoto von sich, auf dem er mit Eiern beworfen war, als Plakat drucken. Ich stürzte in sein Büro: »Warum?« Er lächelte: »Um den Menschen zu zeigen, wie stark ich bin, wie ich über diesen Querelen stehe.« Und doch starb er später am Herztod.

Ich flog nach Wien. Das Burgtheater hatte mir eine einmalige Rolle angeboten. »Marie Tudor« war die Dramatisierung des Lebens der Tochter Heinrichs VIII. von Victor Hugo, in der prägnanten Übersetzung von Georg Büchner. Eine Frau, zwischen Ehrgeiz und Liebe, zwischen Traditionsbewusstsein und Vernichtungszwang. Eine Rolle von einem Ausmaß, als ob man an einem Abend »Maria Stuart« und »Elisabeth« zugleich in einer Person verkörpert.

Die Proben waren herrlich. Die Organisation und fürsorgliche Betreuung dieses Hauses alter Traditionen hatte viel Beruhigendes für mich.

Während dieser Zeit spielte ich noch immer »Frauen in New York« am Deutschen Schauspielhaus in Hamburg und hatte teilweise bereits Proben in Berlin. Wochenlang befand ich mich daher täglich in einer anderen Stadt, auf einer anderen Bühne oder zwischendurch im Flugzeug. Die enormen Anstrengungen waren für mich weniger belastend als aktivierend, die Überwindung von Zeit und Ort beglückend, die Unterschiedlichkeit der Aufgaben eine ständig neue Stimulanz. Nach den Vorstellungen oder auch bereits in der Pause erhielt ich die neuen Flugtickets für die nächste Route und den genauen Zeitplan.

In Hamburg ruhte ich mich auf der Couch der ehemaligen Garderobe von Gustaf Gründgens aus, in Wien im Hotel »Ambassador«, in Berlin im »Kempinski«. Manchmal vertauschte ich die Flugreise mit einer Nacht im Schlafwagen.Eigentlich entsprach dieses Leben meinen Träumen, von oben herabzuschweben auf die Bühnenbretter, unter die blendenden Sonnen der Scheinwerfer.

Im Casino der Burg traf ich Paula Wessely wieder, sie erschien mir kaum verändert, im Gegenteil, ihre Ausstrahlung war noch konzentrierter. Es ist herrlich, wenn der Dialog zwischen zwei Menschen nach vielen Jahren ohne Unterbrechung einfach fortgesetzt werden kann, als ob es überhaupt keine Pause gegeben hätte. Paula machte mich darauf aufmerksam, wie sehr der große Raum des Burgtheaters den Menschen verschlingt, wieviel Kraft man benötigt, vor allem wieviel innere Präsenz, um darin nicht unterzugehen.

»Die Frauen von früher, nicht so angeschlagen wie unsere Generation, haben wie ein Fels auf diesen Brettern gestanden«, plauderte sie pausenlos weiter. »Die Bleibtreu zum Beispiel hat jahrelang gleichbleibende Kraft verschwenden können. Erst im hohen Alter kam sie darauf, sich über ihre körperlichen Gebrechen zu wundern.« Eines Tages fuhr sie aus ihrer Ruhe auf und fragte: »Was isn dös scho wieder?« Sie sank zurück, tot.

Das Alter kann man sich nur vermasseln, wenn man es zu versäumen wünscht. So wie der Tag das Entrée ist für die Nacht, so ist die Jugend Vorbereitung auf das Alter. Das Leben sollte so wertvoll geworden sein, dass man ruhig sterben kann. Irgend jemand hatte einmal gesagt, die Jugend, das ist der Text, die Reife der Dialog, das Alter der Kommentar.

Nach Wien kosteten mich leider die dreieinhalb Monate Boulevardtheater in Berlin eine sehr große Überwindung. Ich konnte und wollte nicht begreifen, dass das Boulevardtheater in Deutschland so auf den Hund gekommen ist. In Frankreich dagegen wird die alte Tradition gewahrt, bleibt es gesellschaftliches Anliegen, stellt äußerst hohe Ansprüche an Schauspieler und Publikum, verlangt sorgsamste Ausstattung. In Berlin sollte ich meine Ambitionen begraben, sollte mich über die Anspruchslosigkeit dürftiger Arrangements mit schlechtem Gewissen hinwegsetzen müssen.

Mit dem französischen Stück »Arc de Triomph« von Mithois nahm ich Abschied von einer Bühne, auf der ich jahrelang zu Hause gewesen war.

Berlin war heiß und staubig, im engen Appartement musste ich jedes Mal nach der Heimkehr meine Boxerhündin Katinka suchen. Unbeweglich fand ich sie hinter dem Plastikvorhang unter der Dusche stehend, sie wartete auf den Augenblick, bis ich sie kühl berieselte.

Am Deutschen Schauspielhaus in Hamburg hatte ich bereits wieder mit Proben begonnen, für Sternheims »Die Kassette«. Ein böses Stück. Die totale, subalterne Abhängigkeit vom Geld, vom Besitz. Die Menschen gehen deshalb über das Leben hinweg, skrupellos, indem sich ein jeder in seine Spekulationen zurückzieht, entlarvt er sich und die anderen, verstrickt sich im eigenen Untergang. Manipulationen, wie sie an der Tagesordnung sind, seelische Grausamkeiten, wie sie in allen Ecken wuchern. Äußerer Schein, der sich als Talmi entpuppt. Eine Anklage des Dichters, die nichts verändern konnte. Die Aufführung in Hamburg sollte aufgrund der Regie ein totaler Sternheim-Abend werden: »Die Kassette« ging in »die Hose«. Aber dafür wurde wenige Wochen später die Aufführung des Stückes »Geliebter Lügner« von Jerome Kilty stürmisch bejubelt. Will Quadflieg verlas die Liebesbriefe des Herrn Bernard Shaw an dessen Geliebte Stella Patrick Campbell, für die ich im Florettgefecht der Worte parieren durfte.

Ich war entschlossen, gleich nach meiner letzten Vorstellung wieder nach Zürich überzusiedeln, außerdem sollte wenige Wochen später im Zürcher Schauspielhaus Premiere sein für Albees »Wer hat Angst vor Virginia Woolf«, eine Rolle, die schon lange auf meinem Wunschzettel stand.

Ein Psychodrama, ein Ehechaos, eine drei Stunden lange Seelenoperation, was konnte mich daran reizen? Das Vokabular dieses Stückes war längst zur gesellschaftlichen Gewohnheit geworden, die Flucht in den Alkohol nichts Außergewöhnliches mehr. Ehemalige Schockwirkungen konnten manchmal an die Grenzen des Lächerlichen führen. Aber gerade darum interessierte es mich, darzustellen, wie armselig die Menschen sind, wenn sie sich in einer Ehe gegenseitig zerfleischen, wenn sie versuchen, eine menschliche Beziehung vor der Außenwelt aufrecht zu erhalten, die längst zur lebensbedrohenden Qual geworden ist. Das Spiel um das Kräfteverhältnis zwischen Mann und Frau sollte doch endlich von Strindberg losgekommen sein!

Das Publikum strömte in Scharen, trotz unterschiedlicher Kritik war es vom Thema angezogen. Der Beifall wollte nicht enden, spät am Abend mochten die Menschen nicht von ihren Plätzen weichen. Es war eine Vorstellung, nach der ich mich jedes Mal krankenhausreif fühlte, die mich aber herausforderte, weil sie keine Möglichkeit bot, diesen Problemen auszuweichen.

Ich werde immer wieder gefragt, warum ich so oft geheiratet habe. Ich hatte das große Glück, nicht nur einmal an die Liebe glauben zu können. Mein Wunsch war eine große Abhängigkeit, mich von einem Mann behütet zu fühlen. Vielleicht hat dies deshalb nicht funktioniert, weil ich mich bei persönlichen Arrangements nicht gern stören lasse. Mit meinem »Laß‘ mich nur, ich mach das schon!« habe ich mir manche Chance verbaut. Die Chance, Vertrauen zu schenken, aber auch die, mich nicht permanent überzustrapazieren. Das wäre sicher etwas, was ich anders machen würde, falls ein zweites Leben zur Diskussion stünde. Meine Ehen waren turbulent und köstlich. Es gab für mich keinen Grund, die Hoffnung auf eine lebenslange Bindung zu verlieren. Ich meine aber, dass es genau so ein Irrtum sein kann, zu glauben, die Unabhängigkeit in der Ehe bewahren zu können wie darauf zu hoffen, dass in einem unehelichen Zusammenleben gegenseitige Verantwortung stärker wird oder wächst. Es ist verlogen zu behaupten, eine derartige Beziehung sei riskanter als eine Ehe, die eine Idee für das Leben ist. Eine lose Bindung bleibt ein Abkommen auf Zeit.

In Zürich gewann ich auf einmal die Konzentration, zwischen den Vorstellungen, Tag und Nacht, zu schreiben. Ich kam von meinem Buch nicht mehr los, obwohl ich jedes Mal, wenn ich mich von neuem an die Schreibmaschine setzte, Lampenfieber hatte, wie früher vor meinen Premieren. War ich aber am Zuge, so fiel es mir schwer, die notwendigen Pausen auch nur für eine provisorische Mahlzeit einzulegen.

Die Wände meines Turms, indem ich mich befand, wurden immer transparenter, durchsichtig, wie ein Glashaus – dies wurde der Titel für mein erstes Buch: »Mein Glashaus«. Ich pflegte Angewohnheiten, die ich zu einer Lebensphilosophie hochstilisierte. Um während der Nacht mein Unterbewusstsein ganz davon zu befreien, ließ ich bereits am Nachmittag keine Gedanken negativer oder materieller Art an mich heran.

Manchmal saß ich und pustete Seifenblasen in den Raum, wie ein Kind, ließ sie langsam schweben und zerplatzen. Flach auf dem Boden liegend, verspürte ich mit Hund und Katzen auf gleicher Ebene eine wunderbare animalische Verbundenheit, oder ich spielte ferngesteuert auf dem Bildschirm meines Fernsehers Erröten und Erblassen der jeweiligen Moderatoren, vor allem aber der Politiker, entsprechend ihrer Glaubwürdigkeit – Kindereien? Nein, jeder Mensch sollte sich zur Entspannung eigene Ventile suchen, je nach Laune und Temperament.

Eines Nachts wurde ich angerufen, eine mir fremde Frauenstimme fragte: »Sind Sie es selbst?« Ich sagte verschlafen: »Ich weiß nicht, aber ich hoffe es.« Die Frau redete, redete, erzählte aus ihrem Leben, bat zwischendurch darum, ich möge die Geduld nicht verlieren, ihr zuzuhören. Immer mehr kam sie von ihrem eigentlichen Thema ab, das sie mir erläutern wollte, von ihrer unglücklichen Ehe. Sie erzählte Träume ihrer Kindheit, von ihrer Mutter. Die Schilderungen aus der Vergangenheit wurden breiter, langsamer, mühseliger aus der Erinnerung zurückgeholt. Zutiefst erschrocken begann ich, sie auszufragen über Milieu, über Zusammenhänge ihres Aufenthaltes, über ihren Namen. Sie fing zu weinen an, bedankte sich für unser Gespräch, schien langsam zu versinken. Ich hatte genug Anhaltspunkte bekommen, um den Hörer aufzulegen, sofort die Polizei zu benachrichtigen.

Am nächsten Morgen erinnerte ich mich des Gespräches so vage, als wäre es ein Spuk gewesen. Aber nach Wochen hörte ich ihre Stimme wieder am Telefon, diesmal war sie klarer, bewusster. »Ich verdanke Ihnen mein Leben. Gerade noch rechtzeitig konnte mir der Magen ausgepumpt werden. Ich hatte keinen Menschen mehr, nur noch meine Verehrung für Sie.«

»Danken Sie Gott«, sagte ich ungeschmeichelt, »und gehen Sie ab und zu mal ins Theater.«

DIE WANDERBÜHNE

Meine Droge ist das Leben. Es ist die einzige Droge, die Leben nicht gefährdet, nicht zerstört. Diese Droge besiegt Ängste, ist wie ein Sog, immer von neuem zu beginnen. Sie hat einst meine Krankheit geheilt, auf dieses Leben verzichten zu wollen. Es ist die besitzergreifendste Droge, die genusssüchtigste. Sie verlangt den ganzen Menschen. Sie stärkt die Erwartung des geschenkten Todes, der das einzige unbestrittene Erbe der Menschen ist.

Die Droge Leben benötigt keine Rezeptur, keine Gebrauchsanleitung. Sie motiviert sich selbst, macht alles möglich. Sie verlangt Kreativität, vage Hoffnungen akzeptiert sie nicht.

Träume entstehen aus Gedanken, die man auf den Weg schickt, falls man die Inszenierung seines Lebens in eigenen Händen behält. Ich habe akzeptieren müssen, oft keine Hilfe erwarten zu können. Das macht Angst, wenn man darauf nicht vorbereitet ist. Meine Droge half mir, künftig eigene Kräfte zum Überleben zu mobilisieren, frisch verwundet zu wissen, warum ich nicht verblutet bin.

Wahrhaftig, das Leben ist weniger lustig, als es einmal war! Die Journaille wechselt wahllos von der »Liebe zu dritt« über den »bestialischen Krieg« zum »Sexualmord an Kindern«. Feuilletons berichten über literarische Neuerscheinungen und deren geglückte »Fäkalsprache«. Sie feiern eine derzeitige Erneuerung der Theaterdramaturgie. Herrliche Aussichten für einen Schauspieler!

Wenn ich in den letzten Jahren die Flucht der Büros subventionierter Theater entlangging, überfiel mich stets ein ungeheures Heimatlosengefühl. Dieser protzige Bürokratismus, der sich da überall breit gemacht hat, steht in krassem Gegensatz zu den düsteren Gängen vor Künstlergarderoben, die lieblos ausgestattet blieben. Früher »hausten« die Schauspieler darin, jeder demonstrierte mit seiner persönlichen Ausgestaltung seine eigene Note. Jetzt lümmeln sich Beamte in den feudalen Büros. Schon deshalb zog ich es viele Jahre vor, auf Tourneen zu spielen. In den sogenannten Provinzstädten wartet das Publikum Monate im voraus auf das Theaterereignis. Die Stücke werden gelesen und in den Schulen diskutiert. Oft trifft man auf Gemeinden und Menschen in einer fast noch heilen Welt.

Drei »Zugpferde« in einer Familie. Zugpferde sind Schauspieler von Rang und Namen, um Tournee-Vorstellungen zahl- und erfolgreich verkaufen zu können. Wolfgang Kieling war mit Joe Ortons »Seid nett zu Mister Sloane« auf Tour. Susanne Uhlen reiste mit Goethes »Stella«, ich mit Camus' »Das Missverständnis«. Das gab mir zu denken! Wäre es nicht naheliegend, selbst zu planen, Erfolg und Verdienst auf eigenes Risiko zu nehmen? Vom Blitz dieser Erkenntnis getroffen, gründete ich am Tage meines 45jährigen Bühnenjubiläums die »Wanderbühne Gisela Uhlen«.

Theater im traditionellen Sinne wollte ich machen, keine Effekthascherei. Selbstverständlich immer auf der Suche, literarische Vorlagen zeitgemäß zu transponieren, zu aktualisieren, aber nicht zu verfälschen. Spielpläne zu diskutieren, das Publikum mitarbeiten zu lassen. Ich war der Meinung, dass man ein Publikum hinlenken kann auf Probleme, die es immer gegeben hat und immer wieder geben wird.

Meine Tourneelisten hatten sich über zehn Jahre angehäuft. Ich kannte alle Theatergemeinden, Städte und Hotels. So habe ich wieder einmal von vorn angefangen, mit 62 Jahren. Als Unternehmerin eines selbständigen Theaterbetriebes. Ich verstand mein Geschäft. Es wurde so erfolgreich, dass der Neid um mich herum aufblühte. Die Konkurrenz tat alles, was mir schaden sollte. Aus der Luft gegriffene Gerüchte konnten zum Glück meine Erfolge nicht schmälern. Die Kritiker schrieben: »Endlich ein Tournee-Theater mit Staatstheater-Niveau.« Wir spielten Ibsens »Gespenster«, Regie Boleslav Barlog, jahrelang am Schiller-Theater mein Intendant. Susanne war Regine, ich Frau Alving, Robert Hunger-Bühler entdeckte ich in der Schweiz für den Oswald. Als Kontrastprogramm lief eine Boulevard-Komödie »Ankomme Dienstag ...« mit Fritz Wepper. Er hatte lange nicht auf der Bühne gestanden und musste erst einmal abspecken. Weitere Pläne: »Die Party« von John Arden. In London wurde das Stück uraufgeführt, mit Charles Laughton in der Hauptrolle. Wolfgang Kieling sollte spielen, zusammen mit Susanne, auch im Stück seine Tochter. Ich hatte vor, »Nora« zu inszenieren, ein Stück, das mich mehr als 30 Jahre begleitete. Diesmal sollte Susanne die Nora sein. Ebenso hatte mich jahrelang Osbornes

»Entertainer« in Bann gehalten. Mit Martin Held spielte ich zunächst in Berlin die Tochter Jean, später mit Hannes Messemer dessen Frau Phoebe. Diesmal sollte Wolfgang Kieling Archie Rice sein, Susanne die Jean, ich wieder Phoebe. Wenn man das Glück hat, so viele Jahre mit einem Stück »verheiratet« zu sein, kann man sich schwer davon trennen. Jede Rolle auf den Punkt besetzt. Als Krönung planten wir »Die Irre von Chaillot« von Jean Giraudoux. Alles war auf Jahre im voraus abgeschlossen. Da musste sich Wolfgang Kieling plötzlich einer Operation unterziehen. Er konnte den Krebs nicht besiegen. Er starb 1985 nach entsetzlichem Kampf, der über fünf Monate dauern sollte.

Alles aus. Ich machte noch weiter, wie im Traum, spielte die »Irre von Chaillot«. Aber die Absagen jahrelanger Planungen rissen mich in ein finanzielles Loch. Hätte ich dennoch weitergemacht, wäre alles noch zu retten gewesen. Aber ich habe versagt. Der Kummer saß zu tief. Mit Wolfgangs Tod konnte ich nicht rechnen. Sein Schicksal ließ mich verzweifeln. Ich habe mich lange gequält, ehe ich mich entschloss, die »Wanderbühne« endgültig aufzugeben.

Ein Teil meines Lebens hatte mich verlassen. Ich war kraftlos geworden. Aufgeben ist ein großer Fehler. Trotz dieser Erkenntnis werde ich nie ähnliche Sprüche akzeptieren, wie: »Hätte ich nur ...« – »Wenn ich doch ...« Das ist vergeudete Zeit.

Wo war sie, meine Droge? Alles erschien mir sinnlos. Worum noch kämpfen? Brauchte ich diese Droge noch, die mich so lange behütet hatte?

Jemand stand hinter mir, hatte seine Hände auf meine Schultern gelegt. Können Tote rufen? Ich wusste auf einmal , wenn ich einsehen könnte, dass Wolfgang nun immer bei mir ist, könnte ich seinen Tod überwinden. Ich erkannte plötzlich kleine Zeichen, Botschaften, die er mir schickte. Irgend etwas hatte sich während meiner Abwesenheit im Raum verändert. Ich sah Dinge, die ich vorher nicht wahrgenommen hatte. Eine langbeinige Spinne umkreise sein Bild. Eine Kraftprobe, alles sah ich in neuem Lichte. Jetzt wusste ich es: ich hatte mit Wolfgang einen Komplott geschlossen.

Im Krankenhaus hatte er mich gewarnt: »Pass auf! Die Menschen sind zynisch, sind gemein.« Er konnte jedoch nicht ahnen, wie ich nach seinem Tode diesen Menschen ausgeliefert war. Die Presse erfand törichte Schlagzeilen. Als ich wegen Wolfgangs Leiden Termine storniert hatte, ohne den wahren Grund preiszugeben, beschimpfte mich ein Theaterleiter, ich sei unseriös. Dieser Herr rief später noch einmal an, ich solle ihm den Ausfall bezahlen. Ich konnte nun vom Tode sprechen. Er erwiderte: »Nun ja, Schlagzeilen hat er doch immer gemacht.«

Meine Seele war so wund, dass ich ununterbrochen körperliche Schmerzen verspürte. Ich hätte mir einen chirurgischen Eingriff gewünscht. Ich glaubte, Blut könne vielleicht die Schmerzen vom Herzen waschen. Nun musste ich um meine Existenz kämpfen, schonungslos. Die Presse verleumdete mich, absurde Anschuldigungen wurden erfunden.

Ich nahm wieder Kontakt mit dem Leben auf, dem Leben mit meiner Droge.

Eine Idee hielt mich im Bann, ich baute Zahlentürme auf. Sture Berechnungen gehörten nun zu meinem Leben. Verbissen spielte ich Systemlotto, es artete direkt in Arbeit aus. Ich gewann. Nach wenigen Wochen hatte ich viel Geld. Wenigstens so viel, um dringendste Schulden zu bezahlen. Das tat ich in aller Hast und Eile. Es war eine große Befreiung für mich. Allerdings später, als das Geld längst verteilt war, gab man mir den Tip, es ein Jahr liegen zu lassen. Dann hätte ich genug Zinsen gehabt für die Schulden. Dazu noch den Rest für mich.

Ich lachte und lachte, typisch für mich, Spekulationen gegenüber bin ich taub und blind. Niemand kann aus seiner Haut, aber ich hätte auch die Verpflichtungen gar nicht so lange ertragen.

Ich war glücklich. Ich machte mir das Leben einfacher, unkomplizierter, zog weg vom Zürichsee, in die Altstadt. Kein Auto mehr, weniger Kosten, näher dem Zürcher Schauspielhaus. Wenige Tage später bekam ich das Textbuch »Der letzte Gast«, meine Rolle: Oskar Werner. Meine Droge hatte mich wieder in ihre Arme genommen.

OSKAR WERNER

Ganz, ganz nahe dem Himmel, über den Dächern von Paris, mit dem Blick auf den Elyseepalast, das wurde für einige Zeit mein Domizil. Ganz, ganz klein, ein Appartement wie ein Vogelnest, auf dem schönsten »Haute Couture«-Boulevard, der Rue du Faubourg St. Honoré. Seit meinen Mädchenjahren träumte ich von Paris. Mit 21 Jahren durfte ich bereits an der »Comédie Française« die Luise in Schillers »Kabale und Liebe« spielen, ein Gastspiel des Berliner Schiller-Theaters. Nun hatte ich die runde 70 überschritten und war selig in meinem »pied á terre«.

Achim Benning inszenierte die Schweizer Erstaufführung »Der letzte Gast« von Thomas Hürlimann. Zum ersten Male spielte ich eine Männerrolle. Bei Shakespeare übernahm ich oft eine sogenannte Hosenrolle. Aber diesmal musste ich mich mit einem alten Mann identifizieren, mit dem tragischen des großen Schauspielers Oskar Werner. Ich betete darum, dieser »Jahrhundert Rolle« gewachsen zu sein.

Mit dem Stück »Der letzte Gast« hat der Schweizer Autor Thomas Hürlimann unsere Umweltsituation direkt auf den Menschen bezogen. Vergleichsweise gegenübergestellt die morschen Bäume, die verschäumten Meere, die versumpften Seen und die am Ego erstickenden Menschen. Verseucht – gekippt.

Ein alter Mann, dem Alkohol restlos verfallen. Er hatte sich die letzten Jahre längst von der Gesellschaft verabschiedet, konnte kaum noch spielen, ohne einen Eklat heraufzubeschwören. Hürlimann hat diesen Abschied, diese Flucht aus der Welt auf seine Weise interpretiert, indem Oskar Werner zum Beispiel den Abschiedsmonolog des Richard III. dazu benutzt, dem lautstarken Spektakel der Gesellschaft zu entfliehen. Der Vortrag wird bejubelt, der Zweck nicht erkannt. Für mich schien dieses dramaturgische Mittel jedenfalls symptomatisch zu sein für die Situation der Künstler auch in unserer sogenannten Wohlstandsgesellschaft: Unverständnis und Missbrauch herrschen vor, falls der »Macher« sich nicht seiner Umgebung anpaßt. Mit dieser Anpassung geschieht aber das Allerschlimmste: es wird die Schraube nach unten in Bewegung gesetzt, das niedere Niveau wird legalisiert.

Während meiner Arbeit an der Rolle des Oskar Werner habe ich alles über sein Leben recherchiert, was nur möglich war, habe seinen totalen Abstieg schonungslos verfolgt. Tatsächlich hat er während vieler Nächte, vom Alkohol fast ohnmächtig, am Boden irgendeines Künstlerlokales gelegen, ohne die Beachtung seiner fidelen Kollegen zu genießen. Als lapidare Erklärung auf Befragen nannten die nur seinen Namen.

Ich glaube, es war eine Fügung, dass ich dem wirklichen Oskar Werner persönlich nie begegnet bin. So konnte er für mich zur Kunstfigur werden. Dabei waren wir fast zur gleichen Zeit mit eigenen Tourneetheatern auf Wanderschaft gegangen. Es ist anzunehmen, dass unsere Motive die gleichen waren. Nun, da ich so vieles über ihn wusste, empfand ich eine große Liebe für ihn. Ich wollte ihm und ähnlich betroffenen Künstlern ein Denkmal setzen. Es wäre zu leicht gewesen, von der Bühne herab eine lächerliche Figur zu zeichnen, einen schwachen, vielleicht sogar verachtungswürdigen Menschen. Ich habe alles darangesetzt, die Motive zu finden, warum er sich selbst aufgeben musste. Einsames Zurückbleiben hinter zerbrochenen Idealen.

Auf der Suche nach der Wahrheit war er gescheitert, nur noch fähig, auf seine Weise langsam Selbstmord zu begehen. Benning spielte dem Ensemble einmal ein Band seiner Wiener Lieder vor und bemerkte dazu: »Ich war bei den Aufnahmen dabei, er war völlig betrunken.« Aber das Lachen blieb uns Schauspielern im Halse stecken, als wir die Reinheit seiner Stimme, die Zartheit seiner Empfindungen erkannten.

»Gisela Uhlen, schwarz gekleidet in Anzug und Pelzmantel, mit weißem, männlichem Gesicht und ausdrucksstarken Augen, zeigt in starker Präsenz die Resignation dieser Figur, die sich in Shakespeare-Fetzen zu deklamatorischen Hochleistungen aufschwingt, um gleich darauf klein, zerbrechlich, mit kaum hörbarer Stimme den Tod zu suchen, in einem Stuhl zu hängen, Fernet zu verlangen. Sie macht, vom Publikum gefeiert, die Tragik wie die Komik Oskar Werners bis in Nuancen begreifbar.«

»Die Uhlen tritt auf, wie die alte Sarah Bernhardt als Hamlet – ganz das deplazierte Monstre sacré, die greise Jünglingin, verwüstet und verwundbar, zerstreut und zerstört, lächerlich und respektgebietend. Der Selbstgenuss im eigenen Virtuosentum ... Sie war in ihrer kongenialen Rolleninter-

pretation nicht nur virtuos, sie setzte auch ihrem Kollegen ein darstelleri- sches Denkmal.«

Als ich das gelesen hatte, schwebte ich über allen Wolken. Ich wollte mir ein Geschenk machen, ein Geschenk auf Dauer, das ebenso ein neuer Absprung werden könnte. Kein Ausruhen auf imaginärem Lorbeer. Also wanderte ich zur Berlitz-School, um so schnell wie möglich meine Franzö- sischkenntnisse aufzumöbeln.

Tagsüber büffelte ich Vokabeln, abends stand ich mehrmals in der Woche als Oskar Werner auf der Bühne. Ich dachte ständig an Paris und brachte es tatsächlich fertig, in der »Welt« eine winzige Anzeige zu ent- decken, das Angebot eines »Studios« gegenüber dem Elysée. In den Som- merferien hauste ich also in meinem »nid d' oiseau«, perfektionierte meine Sprachkenntnisse und sah mir mutterseelenallein völlig ungestört Paris an.

Am Abend vorher plante ich meine Marsch- und Besichtigungsrouten, fühlte mich in meinen Entscheidungen herrlich frei und konnte ganz anonym genießen. Entweder trug ich weichgekochte Jeans oder wickelte mich in lange, selbstentworfene Röcke, für die ich kostbare französische Stoffe erwarb. »Fetzen«, die absolut kein Vermögen kosteten. Denn sonst hätte ich mir angewöhnen müssen, die hypermodischen Auslagen im Sturmschritt zu passieren, wegen der Schwindsucht meines Geldbeutels.

Als ich gerade dabei war, an meinem Briefkasten mein Namensschild provisorisch anzubringen, reichte mir der Briefträger ein großes Kuvert. Es war mein erstes Drehbuch in französischer Sprache, und zwar für den Film »Toto le Héros«. Ich sollte die Jugendliebe des Michel Bouquet spielen, die ihm im Alter wieder begegnet.

Endlich mal wieder ein herrliches Drehbuch, eine Filmidee, wie sie in Deutschland leider im Papierkorb landen würde, dachte ich, auf der Suche nach meiner Rolle im Manuskript.

Ebenso wie meine Behausung in Paris war sie nicht groß, aber sehr, sehr nahe dem Himmel. Eine außergewöhnliche Frauengestalt am Ende des Films. Ich nahm die Rolle an, weil ich überzeugt war von der künstlerischen Qualität des Projekts. Der Film »Toto le Héros« von dem jungen Regisseur Jaco van Dormael erhielt tatsächlich nicht nur in Cannes die »Goldene Palme«, sondern überall noch viele internationale Auszeichnungen. »Le Figaro« schrieb: »Ein Wunder des Kinos«.

Der Typus des Künstlers hat sich verändert. Total. Früher war der darstellende Künstler, ob bei Tanz, Oper oder Schauspiel, unverwechselbar. Allein durch sein Engagement, sich dem Theater mit Haut und Haaren verschrieben zu haben. Er genoss Achtung und Privilegien, war gewissermaßen Vorbild. Heute ist der Schauspieler total runter vom Podest. Er kann sich nicht dagegen wehren, der kleinkariertesten Kritik ausgesetzt zu sein. Warum das? Weil er nur der leicht durchschaubare Nachbar ist, allabendlich, alltäglich in jedermanns Stube zu beglotzen. Von dem man alles weiß, seine Familienprobleme, sogar seine Bettgewohnheiten. Eine kleine, unverdrossene Publikumsgemeinde liebt noch ihre Schauspieler, hängt aber nicht mehr so an ihnen wie früher. Das ist schade. Seinerzeit wurden sie nicht nur angehimmelt – vor allem geehrt.

Wenn in Berlin um 23 Uhr oder später der Vorhang gefallen war, standen wir bis nach Mitternacht am Bühneneingang. Die Menschen um uns wie Trauben, um Autogramme zu ergattern. Und wir nahmen uns natürlich die Zeit, uns mit ihnen zu unterhalten. Wir wussten, dass sie in der Nacht vorher, bis zum Morgengrauen, mit Klappstühlen bewaffnet vor der Theaterkasse Schlangen bildeten, einzig nur, um diese Vorstellung zu erleben.

Das gibt es heute höchstens noch bei Michael Jackson, Madonna etc. – und natürlich bei den ganz großen Opernsängern. Aber eigentlich ist es heute mehr die Show, der riesige Apparat, die Technik, sogar auch die PR-Arbeit, die die Massen fasziniert. Das reicht bis zu einer gewissen Gleichschaltung durch die Medien. Insofern nichts Neues, denn so liefen manipulierte Naziveranstaltungen auch. Jetzt hat es zwar weniger einen politischen Anstrich, aber nach wie vor werden die Massen manipuliert. Akteure sind austauschbar geworden. Es sind künstliche Produkte nach allen Regeln der Medienforschung. Erschreckend. Gespenstisch. Und wenn das Fernsehen sogenannte Nachwuchsshows veranstaltet, lässt sich alles perfekt simulieren. Prince, Jackson, Madonna usw. – alles perfekt auf den Punkt! Fast noch besser. Nachvollzogen von irgendwelchen Leuten, die sich profilieren wollen.

Mit dem Monolog eines Schauspielers funktioniert das nicht. Höchstens eine Karikatur kann man von ihm zeichnen: Typische Gesten, typischen Gesichtsausdruck. Ab und zu interessiert sich ein gelangweilter Feuilletonist für seine Motive, oder die Skandalpresse versucht ihn abzuwerten, aber inzwischen zunehmend weniger im Zusammenhang mit dem Theater.

Da sind es die Intendanten, die Schlagzeilen machen, wenn ihnen das Geld nicht ausreicht für blödsinnig teure Projekte. Die Kunst ist beliebig geworden. Erfolg und Qualität werden in einen Topf geworfen. Hast du Erfolg, dazu noch in den Medien, wird schlicht unterstellt, es sei eine große künstlerische Leistung vollbracht worden. Auf primitivste Art und Weise ist Erfolg zu erzielen, seltener jedoch mit künstlerischen Leistungen. Die Massen strömen, wenn das Individuelle bereits verloren gegangen ist.

Im Fernsehen wurde mit sogenannten Kulturträgern, Beamten der Ministerien und Kulturdezernenten darüber diskutiert, was aus dem Theater werden solle. Es soll angeblich keine Funktion mehr haben, nur Geld kosten – also schließen! Der Abbau von Subventionen hat bereits massiv begonnen, parallel dazu die Verteilung führender Theaterposten an Leute, die nicht im geringsten dazu befähigt sind. Jeder durchschaut diese Situation, aber die Entwicklung ist nicht aufzuhalten, wenn Leute verantwortungslos mit Billigangeboten operieren. Natürlich werden sie von gleichgesinnten Dilettanten unterstützt. Das Negativste an dieser Situation aber ist, dass dieser Missbrauch unter den Augen kaltgestellter Profis geschieht. Dieses mafiose Treiben funktioniert, wird zur betrügerischen Manipulation. Das Ansehen des Theaters verliert an Glaubwürdigkeit durch diese Leute, die sich einschleichen nur ihres persönlichen Profits wegen.

Angeblich eingesparte Gelder werden für Fehldispositionen verwirtschaftet oder an anderer Stelle vergeudet, vor allem dann, wenn die »Macher« es nach zwangsläufigen Misserfolgen verstehen, sich plötzlich zu distanzieren. Sie verlassen ihre Posten fluchtartig. Allerdings nicht, ehe sie riesige Abfindungssummen kassiert haben. Die Karawane ist weitergezogen. Übrig bleiben fassungslose Schauspieler.

Aber um ihre Existenz bangend, sind sie bereit, auf das nächste Intendantenkarussell schweigend aufzuspringen. Diese machtlose Ergebenheit liegt in der Konstellation ihres Berufes. Sie müssen, unbeeindruckt von aller Misere, auf der Bühne weiter agieren. Diese Kraft aufrechtzuerhalten und dazu noch in ihren Rollen zu überzeugen. verlangt all ihre Konzentration. Wer kann als Außenstehender schon beurteilen, was das bedeutet! Vor der Realität die Augen zu verschließen, allabendlich »abzuschalten« und dann noch der Kritik des Publikums ausgesetzt zu sein!

EPILOG

Ein Rückblick auf mehr als 80 Jahre! Ich erzähle, wie es einmal war, wie es ist, wie es wohl nie mehr sein kann. Ich will nicht davon loskommen, mich für die Menschen zu interessieren, zu versuchen, sie zu verstehen. Diese Ruhelosigkeit beherrscht mein Leben. Meine Erfahrungen will ich vermitteln als Hinterlassenschaft, von Generation zu Generation, denn die Gefahr des Vergessens ist groß. Wenn Menschen Wände durchschreiten, sich dahinter verlieren, können sie keine Antwort mehr geben auf die Frage: »Weißt Du noch?«

Vielleicht ist die harte Arbeit, das Leben zu leben, auch eine Übung für den Tod. Kriegsgenerationen sind von Kindheit an bedroht von roher Machtherrschaft und Zerstörungswut. Politiker aber kümmern sich wenig um Einzelschicksale und Opfer. Alle Fortschritte, die nicht von der Vernunft gesteuert werden, zerstören die wahrhaftigen Wunder unserer Erde. Im Tempo einer Uhr ohne Zeiger geht die Welt zugrunde. »Der Mensch dankt ab.« Diese Worte hinterließ Eugène Ionesco als Warnung. Und Stephen Hawkins kann seine Worte nur noch dem Computer anvertrauen: »Ein Überleben wird nur im Weltall möglich sein.«

Als am 11. September 2001 die Schreckensbilder vom Untergang des größten amerikanischen Finanzzentrums, des World-Trade-Centers, und des Machtzentrums Pentagon übertragen wurden, musste ich immer wieder an das Versinken europäischer Kulturen denken. Ich sah Dresden, Berlin, Leipzig, Trümmer, Trümmer überall. Ich sah mich zwischen den Frauen auf dem Berliner »Anhalter Bahnhof« sitzen. Sie warteten, ihre Kinder umarmend, auf den letzten Zug zur Flucht. Sah wieder die Tiefflieger mit den Maschinengewehren in den Kanzeln über unseren Köpfen. Nach dem Krieg nannte man die davongekommenen Frauen »Trümmerfrauen«. Nach der »amerikanischen Tragödie« werden durch Medien die Menschen stimuliert, sich an hoffnungsvolle Veränderungen des politischen Denkens zu klammern, an ganz neue Strukturen sozialen Verhaltens für das Zusammenleben der Völker.

Und was geschieht? Auf den Bildern von New York sind Menschen zu erkennen, die sich zuwinken mit Nationalflaggen in Händen. Das reichste Land der Erde bombardiert permanent unkontrollierbare Streubomben, die auf die Ärmsten der Armen niederregnen. Wehende Fahnen dienen später als blutige Leichentücher. Brutale Angriffe werden als »Vergeltung« fortgesetzt. Die Rüstungsindustrien florieren.

GISELA UHLEN
IN THEATER, FILM UND FERNSEHEN

THEATER

1933   *Verlorene Liebesmüh*. Von William Shakespeare
Leipziger Schauspielhaus (Freilichtaufführung im Bitterfelder Volks-park)
Leitung: Otto Werther
Gisela Schreck (später Uhlen): Page Motte

1936   *Faust*. Von Johann Wolfgang Goethe
Theater in der Saarlandstraße, Berlin
Insz.: Lily Ackermann.
Gisela Uhlen (GU): Gretchen
Das Käthchen von Heilbronn. Von Heinrich von Kleist
Stadttheater Bochum
GU: Käthchen
Insz.: Saladin Schmitt Mit Willy Busch u. a.
Der zerbrochene Krug. Von Heinrich von Kleist
Stadttheater Bochum
Insz.: Saladin Schmitt
GU: Eve Mit Willy Busch u.a.

1937   *Romeo und Julia*. Von William Shakespeare
Stadttheater Bochum
Insz.: Saladin Schmitt
GU: Julia Mit Horst Caspar u. a.
Romeo und Julia. Von William Shakespeare
Schloßfestspiele Heidelberg
Insz.: Bruno Walther Iltz
GU: Julia Mit René Deltgen u. a.

1938   *Kabale und Liebe*. Von Friedrich Schiller
Schiller-Theater Berlin
Insz.: Ernst Stahl-Nachbaur
GU: Luise
Mit Heinrich George, Paul Wegener, Raimund Schelcher, Ernst Legal u.a.
Der Kaiser von Portagallien. Von Selma Lagerlöf
Schiller-Theater Berlin
GU: Clara Fina
Mit Heinrich George, Walter Suessenguth u. a.

1938   *Katharina Knie*. Von Carl Zuckmayer
        Hess. Staatstheater Wiesbaden
        Insz.: Max Müller
        GU: Katharina
        Mit Walter Reymer u. a.
        Kabale und Liebe. Von Friedrich Schiller
        Württ. Staatstheater Stuttgart
        Insz.: Helmut Henrichs
        GU: Luise
        Mit Karl John u. a.
        Gespenster. Von Henrik Ibsen
        Württ. Staatstheater Stuttgart
        Insz.: Helmut Henrichs
        GU: Regine
        Mit Hermine Körner, Erich Ponto, Albert Florath, Paul Hoffmann
        u.a.
        Kreidekreis. Von Klabund
        Kammerspiele e. V. Heidelberg
        Insz.: Willy Rhode
        GU: Haitang
        Mit Ursula v. Reibnitz u. a.
1939   *Clorinde heiratet*. Von Julius Bernhard
        Schiller-Theater Berlin
        Spielleitung:Ernst Stahl-Nachbaur
        GU: Clorinde
        Mit Ernst Schröder u.a.
        König Heinrich IV. Von William Shakespeare
        Schiller-Theater Berlin
        Insz.: Heinrich George
        GU: Dortchen Lakenreisser
        Mit Heinrich George, Ernst Schröder u.a.
1940   *Pantalon und seine Söhne*. Von Ernst Paul
        Schiller-Theater Berlin
        Insz.: Walter Felsenstein
        GU: Lavinia
        Mit Walter Suessenguth, Wolfgang Lukschy u.a.
1941   *Kabale und Liebe*. Von Friedrich Schiller
        Gastspiel an der Comédie Française,
        Gastspiel am Königlichen Theater, Kopenhagen.
        Mit Heinrich George, Horst Caspar, Paul
        Wegener u.a.

1945   *Eurydike.* Von Jean Anouilh
     Heidelberger Kammerspiele E. V. (DE)
     Insz.: Harald Braun
     GU: Eurydike
     Mit Helene Dietrich, Werner Nippen,
     Arnim Wadeck-Suessenguth

1946   *Maria Magdalena.* Von Friedrich Hebbel
     Hess. Staatstheater Wiesbaden
     Insz.: Erich-Fritz Brücklmeier
     GU: Klara
     Mit Arno Hassenpflug, Walter Reymer u.a.

1947   *Wir sind noch einmal davongekommen.* Von Thornton Wilder
     Württ. Staatstheater Stuttgart
     Insz.: Paul Riedy
     GU: Sabina
     Mit Mila Kopp, Fritz Michael Alland u. a.

     Bluthochzeit. Von Federico Garcia Lorca
     Württ. Staatstheater Stuttgart (DE)
     Insz.: Hermine Körner
     GU: Die Braut
     Mit Hermine Körner, Edith Heerdegen, Erich Ponto u. a.

     Mary of Scotland. Von Maxwell Anderson
     Württ. Staatstheater Stuttgart
     Insz.: Hermine Körner
     GU: Mary
     Mit Friedrich Schoenfelder u. a.

     Die heilige Johanna. Von George Bernard Shaw
     Kammerspiele e. V. Heidelberg
     Insz.: Willi Rhode
     GU: Johanna
     Mit Kunibert Gensichen u. a.

1951   *Colombe oder Das Glück der Liebe.* Von Jean Anouilh
     Schloßpark-Theater Berlin (DE)
     Insz.: Helmut Käutner
     GU: Colombe
     Mit Berta Drews, Erich Schellow, Elsa Wagner u. a.

     Antigone. Von Jean Anouilh
     Theater am Roßmarkt, Frankfurt
     Regie: Hans Krüger
     GU: Antigone
     Mit Hans Madin u.a.

Der Teufel und der liebe Gott. Von Jean Paul Sartre
  Schiller-Theater Berlin (DE)
  Insz.: Karlheinz Stroux
  GU: Katharina
  Mit Walter Franck, Kurt Meisel
1952 *Lulu.* Von Frank Wedekind
  Schiller-Theater Berlin
  Regie: Oscar Fritz Schuh
  GU: Lulu
  Mit O. E. Hasse, Wolfgang Kieling, Martin Held,
  Hannsgeorg Laubenthal, Walter Suessenguth.
  Augenblick der Wahrheit. Von Peter Ustinov
  Schiller-Theater Berlin (DE)
  Regie: Willy Schmidt
  GU: Die Tochter
  Mit Rudolf Forster u. a.
  Julius Cäsar. Von William Shakespeare
  Schiller-Theater Berlin
  Regie: Karlheinz Stroux
  GU: Calpurnia
  Mit Walter Franck, Mathias Wieman u. a.
  Das Leben ein Traum. Von Pedro Calderon de la Barca
  Schiller-Theater Berlin
  Regie: Werner Düggelin
  GU: Rosaura
  Mit Thomas Holtzmann u. a.
1953 *Der Doppeladler.* Von Jean Cocteau
  Frankfurt
  GU: Die Königin
  Mit Wolfgang Kieling u. a.
  Fräulein Julie. Von August Strindberg
  Theater am Besenbinderhof, Hamburg
  Insz.: Alexander Hunzinger
  GU: Frl. Julie
  Mit Wolfgang Kieling
  Minna von Barnhelm. Von Gotthold Ephraim Lessing
  Stadttheater Basel
  Insz.: Dietrich Haugk
  GU: Minna
  Mit Alfred Schlageter u. a.
  Don Juan oder Die Liebe zur Geometrie. Von Max Frisch
  Stadttheater Basel
  Insz.: Wolfgang von Stas

GU: Miranda
Mit Wolfgang Kieling u. a.
Der Kaiser von Amerika. Von George Bernard Shaw
Stadttheater Basel
GU: Orinthia
Mit Alfred Schlageter u. a.

1954   *Fräulein Julie*. Von August Strindberg
Kleine Komödie Wien
Regie: Otto Ambros
GU: Fräulein Julie
Mit Wolfgang Kieling u. a.
Ein Heiratsantrag. Von Anton Tschechow
Kleine Komödie Wien
Regie: Otto Ambros
GU: Natalia Stepanowna
Mit Wolfgang Kieling

1955   *Nora oder ein Puppenheim*. Von Henrik Ibsen
Deutsches Theater Berlin
Insz.: Wolfgang Langhoff
GU: Nora
Mit Gisela May u. a.
(bis 1958)

1956   *Die kleinen Füchse*. Von Lilian Hellman
Deutsches Theater Berlin (DE)
Regie: Wolfgang Heinz
GU: Birdie
Mit Inge Keller, Willy A. Kleinau u.a.
Der tolle Tag oder Figaros Hochzeit. Von Beaumarchais
Volksbühne Berlin
Regie: Fritz Wisten
GU: Die Gräfin
Mit Rolf Ludwig, Armin Müller-Stahl u.a.

1957   *Amphitryon 38*. Von Jean Giraudoux
Deutsches Theater Berlin
Regie: Wolfgang Langhoff
GU: Alkmene
Lysistrata. Nach Aristophanes (Der Ölzweig)
Maxim Gorki Theater Berlin (DE)
Regie: Joan Littlewood, London
GU: Lysistrata

1958   *Die echten Sedemunds*. Von Ernst Barlach
Schiller-Theater Berlin

Regie: Hans Lietzau
GU: Das Mädchen im Rollstuhl
Mit Ernst Schröder, Rudolf Fernau u. a.

Der Entertainer. Von John Osborne
Schloßpark-Theater Berlin (DE)
Regie: Hans Lietzau
GU: Jean
Mit Martin Held, Berta Drews u.a.

Die Dreigroschenoper. Von Bertolt Brecht
Schloßpark-Theater Berlin
Regie: Hans Lietzau
GU: Jenny
Mit Martin Held, Berta Drews, Carl Raddatz u. a.

Die schöne Schustersfrau. Von Federico Garcia Lorca
Schiller-Theater Berlin
Regie: Herbert Ballmann
GU: Die Schustersfrau
Mit Rudolf Fernau u. a.

Der Balkon. Von Jean Genet
Schloßpark-Theater Berlin
Regie: Hans Lietzau
GU: Chantal
Mit Rudolf Fernau, Walter Franck
Bernhard Minetti, Berta Drews u.a.

Drei Schwestern. Von Anton P. Tschechow
Schloßpark-Theater Berlin
Regie: Boleslav Barlog
GU: Mascha
Mit Carl Raddatz, Klaus Kammer, Rolf Henniger u. a.

Eine Dummheit macht auch der Gescheiteste.
Alexander N. Ostrowski
Schloßpark-Theater Berlin
Regie: Walter Henn
GU: Kleopatra
Mit Berta Drews, Else Wagner u. a.

1959 *1913.* Von Carl Sternheim
Schiller-Theater Berlin
Regie: Hans Lietzau
GU: Sofie
Mit Ernst Schröder u. a.

1960 *Der Gärtner von Toulouse.* Von Georg Kaiser
Tourneeproduktion

Regie: Werner Düggelin
GU: Madame Theopho
Mit Gertrud Kückelmann u. a.

1961   *General Quixotte oder Der verliebte Reaktionär.*
Von Jean Anouilh
Schloßpark-Theater Berlin (DE)
Regie: Carl Heinz Schroth
GU: Aglae
Mit Martin Held u. a.

1962   *Kapitän Brassbounds Bekehrung.* Von George Bernard Shaw Schloß-
park-Theater Berlin
Regie: Carl Heinz Schroth
GU: Lady Cicely
Mit Carl Raddatz u. a.
Kabale und Liebe. Von Friedrich Schiller
Deutsches Theater München
Regie: Christian Dorn
GU: Lady Milford
Mit Walter Richter, Peter Capell, Albert Lippert
Der Held der westlichen Welt. Von John Millington Synge
Kammerspiele München
Regie: Hans Schweikart
GU: Witwe Quin
Mit Heinz Schubert u. a.

1966   *Die Kaktusblüte.* Von Pierre Barillet/Jean-Pierre Gredy
Theater am Kurfürstendamm (DE)
Insz.: Rolf Henniger
GU: Die »Kaktusblüte«
Mit Günter Pfitzmann, Horst Niendorf u.a.

1967   *Der Entertainer.* Von John Osborne
Tourneeproduktion
Regie: Michael Kehlmann
GU: Phoebe
Mit Hannes Messemer, Boris Mattern u.a.
Olivia. Von Terence Rattigan
Theater am Dom, Köln
Regie: Carlos Werner
GU: Olivia
Mit Carlos Werner u. a.

1968   *Der Schatten.* Von Jevgeni Schwarz
Berliner Volksbühne
Regie: Hans Georg Utzerath

GU: Die blinde Sängerin
Mit Georg Thomalla, Willy Trenk Trebitsch, Stefan Wigger u.a.

40 Karat. Von Pierre Bariellet/Jean Pierre Gredy
Theater am Kurfürstendamm (DE)
GU: Lisa
Regie: Herbert Ballmann
Mit Gerhard Lippert, Horst Niendorf u.a.

Seid nett zu Mr. Sloane. Von Joe Orton
Theater am Dom, Köln
Regie: Erich Neureuther
GU: Kathrin
Mit Werner Pochath, Alfons Höckmann u.a.

1970   *Cher Antoine.* Von Jean Anouilh
Theater am Kurfürstendamm, Berlin
Regie: Rolf Henniger
GU: Estelle
Mit Lucie Mannheim, Peter Mosbacher u. a.

1971   *40 Karat.* Von Pierre Barillet/Jean Pierre Gredy
Hamburger Kammerspiele
Regie: Ida Ehre
GU: Lisa
Mit Michael Hinz u. a.

Vier Fenster zum Garten. Von Pierre Barillet/Jean Pierre Gredy
Theater am Kurfürstendamm, Berlin (DE)
Regie: O. E. Hasse
GU: Charlotte, Betty, Irene, Georgette
Mit Günter Pfitzmann u. a.

1972   *Heiraten.* Von George Bernard Shaw
Renaissance-Theater Berlin
Regie: Falk Harnack
GU: Die Bürgermeisterin
Mit Gretel Schörg, Käthe Braun, Werner Fuetterer, Henning Schlüter

Die Kinder Edouards. Von Marc-Gilbert Sauvajon
Theater am Kurfürstendamm, Berlin (DE)
Regie: Christian Wölffer
GU: Denise
Mit Wolfgang Lukschy, Jan Hendriks u. a.

1973   *Die Kinder Edouards.* Von Marc-Gilbert Sauvajon
Kleine Komödie im Bayerischen Hof
Regie: Otto Stern
GU: Denise
Mit Ivan Desny, Lisa Helwig, Fritjof Vierock u. a.

1974   *Das Mißverständnis.* Von Albert Camus
         Tourneeproduktion
         Regie: Werner Kraut
         GU: Die Mutter
         Mit Lis Verhoeven u. a.
         Die Zimmerwirtin. Von Jacques Audiberti
         Grenzlandtheater (Aachen)
         Regie: Walter Knaus
         GU: Madame Cirque
         Mit Anna Henrix, Thomas Rauchenwald u.a.

1976   *Der Wald.* Von Alexander N. Ostrowski
         Schauspielhaus Zürich
         Regie: Manfred Karge und Matthias Langhoff
         GU: Raissa Pawlowna Gurmyschskaja
         Mit Harald Kuhlmann, Dieter Zeidler u.a.
         Frauen in New York. Von Clare Booth
         Deutsches Schauspielhaus Hamburg (DE)
         Insz.: Rainer Werner Fassbinder
         GU: Mrs. Morehead und Comtesse de Lage
         Mit Ehmi Bessel, Irm Hermann, Eva Mattes, Barbara Sukowa u. a.

1977   *Marie Tudor.* Von Victor Hugo.
         Burgtheater Wien
         Insz.: Gerhard Klingenberg
         GU: Marie Tudor
         Arc de Triomphe. Von Marcel Mithois
         Theater am Kurfürstendamm (DE) Berlin
         Insz.: Wolfgang Spier
         GU: Françoise
         Mit Harald Juhnke u.a.
         Wer hat Angst vor Virginia Woolf? Von Edward Albee
         Schauspielhaus Zürich
         Regie: Harry Buckwitz
         GU: Martha
         Mit Ullrich Haupt, Anne-Marie Dermon u.a.

1978   *Die Kassette.* Von Carl Sternheim
         Deutsches Schauspielhaus Hamburg
         Regie: Ulrich Heising
         GU: Elsbeth Treu
         Mit Herbert Mensching, Daniela Ziegler u.a.
         Geliebter Lügner. Von Jerome Kilty
         Deutsches Schauspielhaus Hamburg

Regie: Harry Meyen
GU: Stella Patrick Campbell
Mit Will Quadflieg

1980 *Ein Frühlingstag.* Von Gerlind Reinshagen
Schauspielhaus Bochum (DU)
Regie: Claus Peymann
GU: Die Generalin
Mit Traugott Buhre u. a.

Der Milchzug hält hier nicht mehr. Von Tennessee Williams
Tourneeproduktion
Regie: Kai Braak
GU: Mrs. Goforth
Mit Dirk Galuba, Lis Verhoeven u. a.

1981 *Die Perser.* Von Aischylos
Ernst-Deutsch-Theater Hamburg
Insz.: Richard Münch
GU: Atossa
Mit Richard Münch, Günther König u. a.

Lumpen (Jeder liebt Opal). Von John Patrick
Tourneeproduktion
Regie: Gerrit Neuhaus
GU: Opal
Mit Iris Berben, Horst Jüssen u. a.

1983 *Sommer.* Von Edward Bond
Schloßpark-Theater Berlin
Regie: Nicolas Brieger
GU: Xenia
Mit Agnes Fink u. a.

Gespenster. Von Henrik Ibsen
Wanderbühne Gisela Uhlen
Insz.: Boleslav Barlog
GU: Helene Alving
Mit Robert Hunger-Bühler, Joost Siedhoff, Susanne Uhlen u. a.

1984 *Der Besuch der alten Dame.* Von Friedrich Dürrenmatt
Städt. Bühne Trier
Regie: Rudolf Stromberg
GU: Claire Zachanassian
Mit Gerhard Erfurt u. a.

Die Perser.
Bearbeitung: Mattias Braun
Kleines Theater im Park, Bonn
Regie: Marc Luxemburger
GU: Atossa

1986   *Die Irre von Chaillot*. Von Jean Giraudoux
           Wanderbühne Gisela Uhlen
           Insz.: Hartmut Albert
           GU: Aurelie

1987   *Der Besuch der alten Dame*. Von Friedrich Dürrenmatt
           Burgfestspiele Perchtoldsdorf
           Regie: Fritz Zecha
           GU: Claire Zachanassian
           Chicago. Musical von John Kander. Musik: Fred Ebb
           Deutsches Theater München
           (Produktion: Theater des Westens, Berlin)
           Regie: Helmut Baumann
           GU: Mama Morton
           Mit Katja Ebstein u.a.

1989   *Patt – oder das Spiel der Könige*. Von Pavel Kohout
           Tourneeproduktion
           Regie: Michael Günther
           GU: Die Frau
           Mit Claus Höhne u. a.

1990   *Der letzte Gast*. Von Thomas Hürlimann
           Schauspielhaus Zürich (SU)
           Insz.: Achim Benning
           GU: Oskar Werner
           Mit Matthias Scheuring, Anne-Marie Blanc, Emanuela von Fran-
           kenberg u. a.
           Die Physiker. Von Friedrich Dürrenmatt
           Schauspielhaus Zürich
           Regie: Achim Benning
           GU: Frl. von Zahnd
           Mit Ernst Jacobi, Peter Ehrlich, Jürgen Cziesla u. a.
           (bis 1993, einschl. eines Gastspiels in Moskau)

1991   *Tohuwabohu*. Von Judith Herzberg
           Schauspiel Bonn (DU)
           Insz.: Frank Hoffmann
           GU: Ina
           Mit Monika Kroll, Michael Prelle u.a.

1992   *Die Glasmenagerie*. Von Tennessee Williams
           Tourneeproduktion
           Insz.: Georg-Albrecht Eckle
           GU: Amanda Wingfield
           Mit Bernd Seebacher, Renate Blume, Jörg Panknin u. a.

1993   *Hedda Gabler.* Von Henrik Ibsen
         Schauspielhaus Zürich
         Insz.: Arie Zinger
         GU: Juliane Tesman
         Mit Anne-Marie Kuster, Roland Renner, Emanuela von Frankenberg,
         Matthias Scheuring u. a.

1993   *Cabaret.* Musical nach dem Stück »Ich bin eine Kamera« von John van
         Druten nach einer Erzählung von Christopher Isherwood.
         Theater des Westens, Berlin
         Regie: Helmut Baumann
         GU: Frl. Schneider
         Mit Manfred Lichtenfeld u.a.

1997   *Mord im Pfarrhaus.* Agatha Christie
         Theatertournee
         GU: Ms. Marple

FILM

1936   *Annemarie*
         Spielleitung: Fritz Peter Buch
         Mit Viktor v. Zitzewitz

1938   *Liebelei und Liebe*
         Spielleitung: Arthur Maria Rabenalt
         Mit Carl Raddatz, Paul Hörbiger u. a.

         Tanz auf dem Vulkan
         Spielleitung: Hans Steinhoff
         Mit Gustaf Gründgens, Sybille Schmitz u.a.

1939   *Mann für Mann*
         Spielleitung: R. A. Stemmle
         Mit Gustav Knuth, Josef Sieber u. a.

         Morgen werde ich verhaftet
         Spielleitung: Karlheinz Stroux
         Mit Käthe Dorsch, Paul Dahlke u. a.

1940   *Die Rothschilds*
         Spielleitung: Erich Waschneck
         Mit Carl Kuhlmann, Erich Ponto, Bernhard Minetti u. a.

         Die unvollkommene Liebe
         Spielleitung: Erich Waschneck
         Mit Willy Fritsch, Ida Wüst u. a.

         Zwischen Hamburg und Haiti
         Spielleitung: Erich Waschneck
         Mit Gustav Knuth, Walter Franck u. a.

1941   *Ohm Krüger*
Spielleitung: Hans Steinhoff
Mit Emil Jannings, Gustaf Gründgens, Lucie Höflich,
Werner Hinz, Elisabeth Flickenschildt u. a.

1942   *Der 5. Juni*
Spielleitung: Fritz Kirchhoff
Mit Carl Raddatz u. a.
Rembrandt
Spielleiter: Hans Steinhoff
Mit Ewald Balser, Elisabeth Flickenschildt,
Walter Suessenguth u. a.
Schicksal
Regie: Karl Hartl
Mit Heinrich George, Will Quadflieg u. a.
Symphonie eines Lebens
Regie: Hans Bertram
Mit Harry Baur, Henny Porten
Zwischen Himmel und Erde
Regie: Harald Braun
Mit Werner Krauss, Gustav Waldau u. a.

1943   *Die beiden Schwestern*
Regie: Erich Waschneck
Mit O. W. Fischer, Albert Florath, Erich Ponto, Ida Wüst u. a.

1944   *Die Zaubergeige*
Regie: Herbert Maisch
Mit Will Quadflieg, Eugen Klöpfer, Paul Hörbiger,
Hans Leibelt u. a.

1945   *Der stumrne Gast*
Regie: Harald Braun
Mit René Deltgen, Rudolf Fernau u. a.

1949   *Eine große Liebe*
Regie: Hans Bertram
Mit Michael Korrontzy, Gustav Waldau u.a.

1950   *Der fallende Stern*
Regie: Harald Braun
Mit Werner Krauss, Dieter Borsche, Paul Dahlke, u. a.

1951   *Der schweigende Mund*
Regie: Karl Hartl
Mit Oskar Homolka, Albin Skoda, Curd Jürgens, Gusti Wolf u.a.

1952   *Türme des Schweigens*
Regie: Hans Bertram
Mit Carl Raddatz, Hermann Schomberg u.a.

1955   *Robert Mayer, der Arzt aus Heilbronn* (DEFA)
Regie: Helmut Spieß
Mit Emil Stöhr u. a.

1956   *Friedrich Schiller* (DEFA)
Monolog
Regie: Martin Hellberg
Das Traumschiff (DEFA)
Regie: Herbert Ballmann
Mit Günther Simon u. a.

1957   *Reifender Sommer* (DEFA)
Regie: Horst Reinicke
Mit Willy A. Kleinau u. a.

1958   *Emilia Galotti* (DEFA)
Regie: Martin Hellberg
Mit Karin Hübner, E. O. Fuhrmann, Gerhard Bienert u. a.
Der Prozeß wird vertagt (DEFA)
Regie: Herbert Ballmann
Mit Raimund Schelcher, Gerry Wolff, Gerhard Bienert u.a.

1960   *Mit 17 weint man nicht*
Regie: Alfred Vohrer
Mit Heinz Drache u.a.

1961   *Das Mädchen und der Staatsanwalt*
Regie: Jürgen Goslar
Mit Götz George, Elke Sommer, Paul Dahlke u. a.

1963   *Das indische Tuch*
Regie: Alfred Vohrer
Mit Heinz Drache, Klaus Kinski, Hans Clarin u. a.
Die Tür mit den sieben Schlössern
Regie: Alfred Vohrer
Mit Pinkas Braun, Heinz Drache u. a.

1965   *Ferien mit Piroschka*
Regie: Franz Josef Gottlieb
Mit Götz George, Dietmar Schönherr, Marie Versini u.a.
Das Hotel der toten Gäste
Regie: Eberhard Itzenplitz
Mit Wolfgang Kieling, Klaus Biederstaedt,
Joachim Fuchsberger u.a.

1966   *Der Bucklige von Soho*
Regie: Alfred Vohrer
Mit Pinkas Braun, Eddi Arent u. a.

1968   *Lady Hamilton*
Regie: Christian-Jacque, Paris
Mit Michele Mercier, Harald Leipnitz, Nadja Tiller u.a.

1969   *Dr. med. Fabian, Lachen ist die beste Medizin*
        Regie: Harald Reinl
        Mit Hans-Joachim Kulenkampff, Martin Held u. a.
1974   *Drei Männer im Schnee*
        Regie: Alfred Vohrer
        Mit Thomas Fritsch, Grit Böttcher, Klaus Schwarzkopf u. a.
1975   *Der Edelweißkönig*
        Regie: Paul Ostermayr
        Mit Robert Hoffmann, Adrian Hoven, Werner Umberg u. a.
1979   *Die Ehe der Maria Braun*
        Regie: Rainer Werner Fassbinder
        Mit Hanna Schygulla, Günter Lamprecht, Klaus Löwitsch u. a.
1980   *Meister Eder und sein Pumuckl*
        Regie: Ulrich König
        Mit Gustl Bayrhammer, Hugo Lindinger u. a.
        Meister Eder und sein Pumuckl 3
        Regie: Ulrich König
        Mit Gustl Bayrhammer, Hugo Lindinger u. a.
1990   *Toto der Held*
        Regie: Jaco van Dormael, Brüssel
        Mit Michel Bouquet u. a.
1992   *Zürich – Transit*
        Mit Dieter Kirchleitner u. a.

Für ihre Rolle im Film »Die Ehe der Maria Braun« erhielt Gisela Uhlen 1979 das »Filmband in Gold«.

FERNSEHEN

1953   *Mr. Lamberthier*
        Mirandolina
        Das Lächeln der Giocanda
1960   *Der Groß-Cophta*
1961   *Ruf zur Leidenschaft*
        1913
        Die kleinen Füchse
        Biographie und Liebe
1962   *Der Gärtner von Toulouse*
        Aufstand der Gehorsamen
        Sind wir das nicht alle?
1963   *Dr. Joanna Marlowe*

Ein Lebenlang
Verlorener Sohn
1964 *Der Mann nebenan*
König Richard III.
Kein Freibrief für Mord
Eurydike
Der Apollo von Bellac
Der Mitternachtsmarkt
1965 *Die eigenen vier Wände*
Das Kriminalmuseum: Der Schlüssel
Die Hesselbachs (Serie)
Der seidene Schuh
1966 *Geschlossene Gesellschaft*
1967 *Das Kriminalmuseum: Teerosen*
Der Panama-Skandal
Der schöne Gleichgültige
Der Tod läuft hinterher
1968 *Der Ball*
Mathilde Möhring
1969 *Geborgenheit gilt als Gefängnis*
Hotel du Commerce
Die Zimmerschlacht
1970 *Cher Antoine oder Die verfehlte Liebe*
Lassalle
1971 *Leiche gesucht*
Der Kommissar: In letzter Minute
Frau Jenny Treibel
Ein Tag im Regen
1973 *Besuch im Landhaus*
Der Kommissar: Domanns Mörder
1974 *Die Kinder Edouards*
Spiel mit Dreien
Strychnin und saure Drops
1975 *Tatort: Als gestohlen gemeldet*
Freundin
1976 *Eichholz und Söhne (Serie)*
Die Hellseherin
Lobster
Die Insel
Tatort: Zwei Leben
1977 *Arc de Triomphe*
Frauen in New York

1978	*Der Kommissar: Ute und Mannela*
1980	*Derrick: Die Entscheidung*
	Sein erster Fall
	Uta
	Wir haben uns doch mal geliebt
	Die Katze im Sack
1983	*Die zweite Frau*
1985	*Mütter und Töchter*
1986	*Der Alte: Falsch verbunden*
	Engels und Consorten (Serie)
1988	*Der Tüftler (Serie) 1988 bis 1990*
1989	*Forsthaus Falkenau (Serie) seit 1988*
1990	*Derrick: Keine gute Idee, an Geld zu kommen*
	Tierheim (Serie): Der Rabe und das Äffchen
	Urlaub in Karatschi
1991	*Ein Fall für zwei*
1992	*Frauengeschichten (2teilig)*
	Tatort: Wolfs Revier
	Landarzt (Serie)
1994	*Tatort*
1996	*Die Katze von Kensington, nach Edgar Wallace*
1998	*Der Coup*
	Das Haus der Toten Augen, nach Edgar Wallace
	Tatort – Bilderstürmer
	Alpha Team – Bittere Wahrheit
	Tierarzt Dr. Engel – Rebecca
1999	*Tatort – Der Heckenschütze*
2000	*Die Rettungsflieger – Der Neue*